LA NÉGOCIATION COMMERCIALE EN PRATIQUE

Groupe Eyrolles
61, bd Saint-Germain
75240 Paris Cedex 05

www.editions-eyrolles.com

Patrick DAVID

Prix DCF Paris 2009

LA NÉGOCIATION COMMERCIALE EN PRATIQUE

Septième édition

EYROLLES

Sommaire

Première partie
Avoir l'esprit de négociation

Deuxième partie
Mettre en œuvre les stratégies, techniques et tactiques de négociation

Troisième partie
Savoir profiter des opportunités de progresser

Étape 7 – Les enseignements de la pratique

Annexes
Fiches pratiques

Remerciements

Aux entreprises que j'ai servies, les grandes m'ont appris l'organisation, la rigueur, la méthodologie ; les moins grandes la souplesse, la réactivité, l'autonomie.

À leurs dirigeants qui m'ont fait confiance.

À tous mes stagiaires de formation continue, professionnels en exercice qui me renvoient, au travers de stages et séminaires que j'anime, leur expérience.

Aux jeunes des écoles supérieures de commerce qui apportent leur fraîcheur et leur créativité.

Aux organismes de formation et à leurs dirigeants qui font appel à mes services. Et à ceux qui le feront désormais !

Enfin un remerciement à caractère personnel pour mon père qui fut mon premier modèle.

Préface

Pendant les vacances d'été, sur la côte normande, une jeune fille croise ses parents en compagnie du jeune homme qu'elle a rencontré il y a deux semaines. Les présentations faites, la conversation s'engage et, très vite, les activités professionnelles du jeune homme sont évoquées. Ce dernier est entré dans la vie professionnelle depuis quelques mois ; il est vendeur dans une firme anglo-saxonne ; les parents s'éloignent du jeune couple ; la conversation porte évidemment sur ce jeune homme et reste centrée sur son métier... « Il est plutôt bien, mais quelle idée de faire ce job... »

La même scène se passe à Ocean Grove, dans le New Jersey ; la réaction des parents de la jeune fille est différente... « Le jeune homme est dans le *business* » ; ils se voient déjà marier leur fille à ce jeune vendeur qui a, sans nul doute, un brillant avenir.

Cette histoire anodine illustre bien le déficit de positionnement des métiers de la vente, dans notre pays, et l'aversion présente dans la mentalité de nos concitoyens par rapport à des métiers qui ont à la fois une grande ouverture, mais permettent aussi d'affirmer la personnalité des débutants. Ce phénomène est très français et est illustré par l'extrême difficulté qu'ont les entreprises à rencontrer, dans les écoles de commerce, les facultés, des diplômés ayant l'envie de se lancer dans la vente...

La vente est sans doute l'un des moyens les plus performants pour affirmer la personnalité d'un individu. La vente, la négociation seront toujours indispensables à toute carrière professionnelle, et à la vie, en général ; communiquer avec les autres, être capable de convaincre une personne de ses convictions, c'est quelque chose qui dépasse le simple aspect professionnel.

Évidemment, tout individu n'a pas les mêmes facultés pour convaincre et communiquer avec ses semblables. Aucun cas n'est cependant désespéré, car les éléments permettant d'avoir les meilleures facultés de conviction sont issus de techniques éprouvées, qui se travaillent. Quelqu'un de doué et qui travaillera sa technique s'offrira des atouts considérables pour la suite de sa vie ; une autre personne, moins tournée vers la communication et la vente, pourra, en travaillant ses techniques, assurer un niveau suffisant.

Enfin, la morale de cette histoire, c'est bien que, des deux côtés de l'Atlantique, un vendeur ne passe pas ses vacances en solitaire !

Jean-Noël MACHON

Ex-président-directeur général, Rank Xerox France

Ex-président-directeur général, Rank Xerox Europe

Président du Developing Market, Xerox Operation (USA).

Introduction

Pour éclairer le lecteur sur le profil du négociateur, je souhaite évoquer le témoignage d'étudiants d'une grande école de commerce. Ainsi, lors d'un atelier consacré à ce sujet, ces futurs négociateurs se sont prononcés sur les thèmes suivants.

- Qu'est-ce qu'un bon négociateur ?
- Quelles sont les principales difficultés de ce métier ?
- Quelles sont les principales qualités requises ?

Voici les réponses qu'ils m'ont proposées :

- Un bon négociateur est un conseiller, un ambassadeur, un spécialiste, un expert, un leader, un gestionnaire, un psychologue, un décideur, un analyste, un communicateur, un facilitateur, un diplomate et/ou un responsable.

- Il doit faire face à la pression des enjeux et des objectifs, à la solitude, au poids des responsabilités et à la nécessité de prendre des décisions en temps réel.

- Et ses principales qualités sont l'adaptabilité, le talent, la remise en cause, la ténacité, le sens de l'écoute, l'assertivité, la motivation, la résistance au stress, la présence, la crédibilité, l'optimisme, la présentation, l'expression, la curiosité, la conviction, la persuasion, la disponibilité, la culture générale, la flexibilité, la mobilité, l'esprit d'équipe et/ou l'honnêteté.

Nous sommes loin, fort heureusement, des idées reçues, alimentées par un bouche-à-oreille tenace qui font du métier de *« commercial » une profession sous-estimée pour ne pas dire bafouée.*

Cet ouvrage va donc s'efforcer de démontrer combien négocier nécessite des atouts et des valeurs telles que celles évoquées précédemment auxquelles nous pourrions ajouter par exemple le charisme, le sens tactique, la moralité, la passion, l'esprit gagneur ou encore l'exemplarité.

En matière d'idées reçues, un mot sur le profil *type de commercial. Une majorité lui attribuera un profil* d'extraverti, avec une incroyable aisance verbale, un individu volubile à la gestuelle ample et démonstrative, à l'ego très développé forçant volontiers sur le *« Moi, je »*, *soucieux du paraître, superficiel. Nouvelle erreur ! Il n'y a pas de profil type et*, au risque de surprendre, des introvertis et des anxieux peuvent s'avérer d'habiles négociateurs, et l'humilité peut être un atout redoutablement efficace. Ainsi, à la question *« dessine-moi un commercial »*, *beaucoup de caricaturistes lui attribueraient* une grande bouche, alors que, quitte à forcer le trait, il serait plus judicieux de lui attribuer de grandes oreilles ! *En d'autres termes, il est plus efficace de savoir écouter que d'avoir le verbe facile. Voici encore un thème qui sera abordé : l'importance* de l'écoute dans la négociation.

En matière de comparaison, un bon négociateur s'apparente en fait à un sportif de haut niveau. Il y a en effet beaucoup de similitudes entre sport et négociation.

Ainsi la négociation est-elle à la fois un sport individuel et collectif. Individuel quand le commercial est sur le terrain, mais collectif quand il s'agit de s'intégrer auprès des autres services de l'entreprise.

Le négociateur vit ses entretiens comme des matchs (c'est d'ailleurs le terme utilisé à Novancia pour les entretiens filmés de négociation) et pour produire un bon match, ne dit-on pas qu'il faut deux bonnes équipes, ce que l'on peut rapprocher de la notion de « gagnant-gagnant » qui sera aussi abordée, c'est-à-dire deux acteurs (client et fournisseur) au service d'un même objectif qualitatif : une négociation équitable où chacun peut récolter des bénéfices et des motifs de satisfaction.

Nous pouvons aussi parler de l'importance de l'entraînement, ce moment privilégié durant lequel le sportif comme le négociateur travaillent leurs fondamentaux, moment privilégié où l'on travaille ses points faibles… mais aussi ses atouts.

Impossible de ne pas évoquer également l'aspect psychologique du sportif. Ainsi les clubs se sont-ils toujours entourés des services d'entraîneurs et de kinés, mais désormais font également appel à des sophrologues. C'est dire l'importance du mental.

Le souci du détail : encore un point commun entre le sportif et le négociateur.

Celui également de la ponctualité ; a-t-on déjà vu un match de haut niveau dont l'un des acteurs arriverait en retard !

Celui des outils : le soin avec lequel un professionnel choisit et entretient son matériel.

Celui de l'équilibre physique reposant sur une hygiène de vie, une alimentation équilibrée, un temps de sommeil respecté.

Comme le sportif de haut niveau, le négociateur sait admettre ses erreurs, se remettre en cause.

Décidément, être négociateur c'est être sportif, ce qui n'est d'ailleurs pas réciproque ! *Quoique, quoique, ne dit-on pas d'un basketteur ou d'un footballeur qu'il a su négocier un bon ballon ou d'un pilote automobile qu'il a su parfaitement négocier un virage !*

Alors pour bousculer de nombreuses idées reçues, pour crédibiliser cette profession, la démarche proposée aux lecteurs de cet ouvrage est faite d'expérience personnelle, de méthodes, de réflexions, d'observations et de suggestions.

Vous devez maintenant être bien convaincu qu'une bonne négociation ne s'improvise pas.

Dans ce livre, vous verrez successivement que c'est d'abord un état d'esprit (*première partie*) fait d'ouverture aux autres, de maîtrise de son expression et de volonté de persuader (*étape 1*), et il s'avère fondamental de savoir découvrir l'autre (*étape 2*). Cette dimension humaine de la négociation est un prérequis au service de la mise en œuvre des stratégies et tactiques de négociation (*deuxième partie*).

En amont de la négociation, une préparation minutieuse faisant appel à des techniques éprouvées s'impose (*étape 3*). Durant la négociation, un processus chronologique devra être respecté (*étape 4*). En aval, un suivi rigoureux permettra de fidéliser son client (*étape 5*). L'approche des grands comptes nécessitera des techniques et des comportements spécifiques (*étape 6*).

Pour progresser, le négociateur devra profiter de toutes les opportunités qui lui sont offertes (*troisième partie*). Pour ce faire, la remise en cause doit être permanente (*c'est l'auto-évaluation*) ou guidée (*c'est le coaching*) et le négociateur utilisera tous les moyens (*la formation, le marketing direct, le benchmarking, l'organisation commerciale, le développement personnel*) et tous les supports permettant d'accompagner sa progression (*étape 7*). Enfin le négociateur pourra se référer à des fiches pratiques synthétisant les fondamentaux (*Annexes*).

Dans ce livre, l'auteur n'a pas pour prétention de détenir la vérité ce qui serait pour le moins présomptueux, mais s'appuie sur de solides convictions étayées par des années de pratique, car autant l'affirmer d'emblée, le style adopté est celui d'un praticien et non d'un théoricien.

Voici pour le décor, il est temps maintenant d'entrer dans le vif du sujet.

PREMIÈRE PARTIE

AVOIR L'ESPRIT DE NÉGOCIATION

be **1** Communiquer dans le but de persuader

ÊTRE TOURNÉ VERS LES AUTRES

Mais au fait, qu'est-ce que communiquer ?

Parmi les multiples définitions possibles, celle que je propose au lecteur est la suivante.

L'échange de propos, de gestes, d'opinions, de sentiments, d'émotions…

La compréhension est l'objectif à atteindre parce que sans compréhension réciproque, la sanction tombera : ce sera le malentendu, le quiproquo…

L'action, dans le contexte de la négociation, revient à convaincre.

Ces trois étapes sont nécessaires et doivent être conduites de façon chronologique. Impossible d'agir juste sans compréhension, laquelle ne peut être obtenue que grâce à un véritable échange.

Un exercice qui comporte de nombreux pièges

Un certain nombre d'exercices ou de tests proposés lors de séminaires mettent en évidence les multiples pièges de la communication.

En voici quelques exemples.

Les pièges de la communication orale

Le très classique jeu de la « chaîne de communication » met en évidence la difficulté de communiquer sur le mode exclusivement oral.

Le principe consiste à lire un texte de quelques phrases à un stagiaire (à l'insu des autres participants) qui le répétera au suivant et ainsi de suite. L'animateur comparera le texte initial à celui restitué en fin de chaîne.

Observation : à partir de huit à dix participants, il ne reste… pratiquement rien du texte initial !

Les participants comprennent volontiers la déperdition liée à la mémorisation donc l'oubli de quelques informations mais sont beaucoup plus surpris de constater les transformations (par exemple, une 207 bleue devient une Clio rouge !), et le sont encore davantage de constater des ajouts (par exemple, un pitbull devient une meute de pitbulls enragés !).

> À l'issue de ce jeu, certains commerciaux comprennent mieux la nécessité de prendre des notes ou de confirmer par écrit un entretien important.

Les pièges de la communication visuelle

De multiples tests mettent en évidence les interprétations visuelles. Par exemple, face à une image fixe certains verront une femme âgée au visage ingrat, d'autres affirmeront voir une très jolie jeune femme ! Des segments de droite de taille rigoureusement identique sembleront être de tailles fort différentes…

> Comment s'étonner dans ces conditions que des protagonistes d'un litige ou d'un conflit, par exemple, produisent des témoignages fondamentalement différents alors qu'ils sont tous de bonne foi…

Les pièges liés aux différences de perception

Un jeu intitulé « *Vu, entendu, senti, ressenti* », souvent utilisé en PNL, consiste à énoncer une cinquantaine de mots aux stagiaires chargés d'identifier pour chaque mot leur première perception.

Par exemple, le mot « cathédrale » sera identifié :

- dans la colonne « *vu* » : pour celui qui spontanément visualise un imposant monument ;
- dans la colonne « *entendu* » : pour celui qui se remémore une volée de cloches ou un concert d'orgues ;

- dans la colonne « *senti* » : pour celui qui pensera à l'odeur de bougie ou d'encens ;
- dans la colonne « ressenti » : pour celui qui évoquera une cérémonie particulièrement émouvante.

👁 L'œil du professionnel

Nous constatons qu'en comptabilisant les totaux par type de perception d'un groupe de dix participants, le rapport de différences de perception peut aller de 1 à 8 !

Un fournisseur n'aura pas forcément la même analyse, le même « ressenti » d'un entretien que celui de son client.

Il s'agit donc de respecter nos différences et de s'adapter à son interlocuteur.

Les pièges liés aux différences d'échelle de valeurs

Le jeu « *La jeune femme mariée* » (qui peut être par ailleurs utilisé en gestion de conflits) consiste à remettre (ou à lire) aux stagiaires le texte suivant.

> *« Une jeune femme mariée, délaissée par son mari qui est trop pris par son métier, décide d'aller passer la nuit chez son amant qui habite dans la même ville de l'autre côté de la rivière.*
>
> *Au petit matin, avant le retour de son mari, elle souhaite rentrer chez elle, mais sur le pont un fou menace de la tuer et l'empêche de passer.*
>
> *Elle demande à un passeur de la faire traverser avec sa barque, mais comme elle n'a pas d'argent pour payer, il refuse catégoriquement.*
>
> *Elle retourne demander de l'aide à son amant qui refuse sans lui donner d'explication.*
>
> *Elle va sonner chez son meilleur ami d'enfance qui refuse de l'aider car il trouve sa conduite déplorable et immorale.*
>
> *Elle tente alors de passer le pont malgré le fou, mais le fou la tue. »*

L'animateur invite chaque participant à hiérarchiser la responsabilité de chaque acteur relative à ce crime (cotation de 1 à 6).

👁 L'œil du professionnel

Pratiquement chaque personnage (le mari, la femme, le passeur, l'amant, l'ami, le fou) est désigné selon les participants à des niveaux de responsabilité souvent extrêmes (le même personnage peut être perçu comme le plus responsable ou le moins responsable !). Je n'ai pas encore rencontré de groupe s'accordant sur la même hiérarchie de responsabilité.

Comment s'étonner qu'un litige opposant un client à un fournisseur soit perçu comme anodin pour l'un, très important pour l'autre ? Dans une telle situation, l'un taxera l'autre de désinvolture lequel traitera le premier « d'excessif » !

Voilà donc quatre sources majeures de pièges favorisant un dysfonctionnement de communication.

Alors, comment déjouer tous ces pièges ?

> *« Parler est un besoin, écouter est un art. »*
> J.-W. von Goethe

D'abord en comprenant le processus de toute communication dont voici les composantes.

Normalement deux acteurs

« Normalement », parce que cela peut être beaucoup plus (négociation à circuit de décision complexe) mais cela peut être moins… car faire un choix, prendre une décision est une sorte d'autonégociation au cours de laquelle certains processus évoqués dans cet ouvrage peuvent s'appliquer.

Nous appellerons le premier F (comme fournisseur) et le second C (comme client). Il est fondamental pour une bonne communication que F et C prennent en considération leurs différences (statuts, connaissances, croyances, expériences, besoins, etc.).

Le cadre ou l'environnement

Si F et C communiquent dans le même bureau, il y a identité de cadre. S'ils communiquent dans un atelier (donc un environnement bruyant, il faudra en tenir compte). S'ils communiquent par téléphone, le cadre n'est plus le même et cela change tout !

Imaginons F chargé de relancer C qui a quelque retard dans le règlement de ses dernières factures. F imagine C dans son bureau alors qu'il a peut-être transféré sa ligne sur son portable et se trouve peut-être dans son véhicule… Dans ce cas précis F devra changer de stratégie et proposer spontanément à C de le rappeler à un moment plus opportun. En effet, toute tentative de recouvrement dans ces conditions est vouée à l'échec, car on ne peut imaginer C en possession de ses documents ou en situation d'accéder à la demande de F. D'où l'importance qu'il convient d'accorder au cadre.

Le véhicule de communication

C'est le moyen par lequel l'information sera transmise. Ce peut être un face-à-face, le téléphone, le fax, un courrier, une affiche, un film, un e-mail, une disquette, etc.

Cette composante est importante car il s'agit de faire le bon choix ou les bons choix. Tout est question d'enjeu. Un appel peut se substituer à une visite pour des raisons de coût.

En revanche, si l'enjeu le justifie, il faudra peut-être superposer plusieurs canaux. Par exemple, un commercial utilisera le téléphone pour convenir d'un rendez-vous, la visite pour convaincre, le courrier pour confirmer l'entretien (attention dans ce cas à réserver le téléphone à l'usage exclusif de la prise de rendez-vous ; de nombreux commerciaux en disent trop au téléphone et lorsqu'ils se retrouvent face à leur interlocuteur, ils n'ont rien à dire de plus…).

Le message

Ce peut être une information, une directive, une argumentation, etc. L'objectif est de le rendre compréhensible ; rappelons-nous la déclinaison :

ÉCHANGE → COMPRÉHENSION MUTUELLE → ACTION

Un médecin qui me parlerait en termes spécifiquement médicaux ou un garagiste en termes spécifiquement mécaniques n'ont aucune chance d'obtenir ma compréhension !

Le message en retour

Ce que les Anglo-Saxons appellent *feed-back*.

C'est la preuve de la compréhension ou de l'incompréhension. S'il y a incompréhension, il y a sanction. Ainsi, si F téléphone à C en déclinant son identité et celle de son entreprise et que pour toute réponse de C, il entend : « Qui êtes-vous ? », « Comment ? », « Qu'est-ce que vous dites ? »… Cela signifie qu'il y a un dysfonctionnement de forme.

F devra parler plus fort, ou plus lentement, ou plus intelligiblement, en tout cas, il devra modifier son expression s'il veut être compris. Nous aurons d'autres occasions de valoriser l'importance de la forme, dans le noble exercice de la négociation, qui est souvent négligée au profit du seul fond.

Ensuite en respectant quelques principes.

Le principe d'échange permanent

Pour parvenir à la compréhension, l'échange doit être permanent. Ce principe est illustré par un exercice intitulé « Les rectangles de LEVITT ».

L'animateur réalise quelques figures géométriques à l'insu des participants. Son objectif est d'obtenir des stagiaires la retranscription la plus proche possible de son « œuvre ».

Dans un premier temps, l'animateur se contente de décrire les figures qu'il réalise en privant son auditoire de l'usage de la parole.

Dans un deuxième temps, il va réaliser de nouvelles figures qu'il décrira, et les stagiaires pourront cette fois poser des questions auxquelles l'animateur répondra par « oui » ou par « non ».

En un troisième temps, l'animateur réalisera de nouvelles figures qu'il décrira mais cette fois, avant de les reproduire, les stagiaires pourront poser autant de questions qu'ils le souhaitent jusqu'à ce qu'ils aient suffisamment d'informations pour reproduire fidèlement les figures décrites par l'animateur.

À l'issue de chaque étape sont comparées les figures de l'animateur et celles reproduites par les participants. Bien entendu, seulement lors de la troisième étape, les figures décrites sont reproduites fidèlement.

Combien de managers transmettent-ils leurs directives sur le seul mode du monologue et s'étonnent-ils de ne pas être compris ? Combien de commerciaux argumentent-ils en apnée ! (sans laisser le client s'exprimer ou en ne posant que des questions fermées), et s'étonnent-ils d'essuyer un implacable refus alors qu'ils pensent avoir été brillants ?

Le principe de responsabilité

Ce n'est pas l'intention qui compte, mais le résultat obtenu. Et si l'objectif de F est de se faire comprendre par C, c'est à F qu'incombe à 100 % la responsabilité de la compréhension. Trop de commerciaux se défaussent en indiquant : « Je lui ai bien expliqué mais "il" n'a rien compris ! ».

Le principe de perception globale

Tout communique, pas seulement les mots. Ce principe est tellement important en négociation qu'un chapitre sera dédié au « non-verbal ».

Le principe d'écoute active

S'il est un atout majeur dans la panoplie d'un bon négociateur, c'est bien sa capacité d'écoute. Atout majeur pourtant tellement sous-estimé, voire négligé. Lors de débats télévisés, nous avons tous observé l'efficacité des débatteurs plutôt discrets en début de discussion, particulièrement attentifs, s'exprimant peu, mais s'exprimant juste. Se basant sur les informations obtenues grâce à leur écoute, leurs propos sont redoutablement pertinents.

Mais qu'est-ce donc que « l'écoute active » ?

C'est un comportement qui consiste à avoir la volonté de comprendre, se concentrer, être patient, s'intéresser sincèrement et ostensiblement à son interlocuteur.

C'est aussi une forme de (saine) curiosité qui consiste à observer l'environnement, le non-verbal, à écouter chaque mot et à retenir l'essentiel, à laisser s'exprimer son interlocuteur sans l'interrompre, à prendre des notes.

C'est encore poser des questions, acquiescer, valoriser, faire préciser le sens de certains mots.

Et c'est surtout pratiquer la reformulation réciproque, c'est-à-dire vérifier la compréhension du message de son interlocuteur et celle de son propre message par celui-ci (nous aurons d'autres occasions de valoriser les techniques de reformulation, arme absolue pour lutter contre les malentendus).

Attention aux raisonnements induits qui perturbent l'écoute.

> À la question : « Deux hommes jouent aux échecs ; ils jouent cinq parties ; chacun en gagne le même nombre et il n'y a pas de match nul. Est-ce possible ? » Instantanément la réponse est « non ». Et pourtant si ! En effet, rien dans la question n'indique qu'ils sont adversaires !

Application commerciale

> Information : M. Dubois est signataire. Déduction (hâtive) : « C'est lui que je dois convaincre… »
>
> Pas forcément ! Le vrai décideur est peut-être tout autre car M. Dubois a pu mettre en place, par délégation, un processus de validation lui permettant de n'avoir plus qu'à apposer sa « griffe ».

En matière d'écoute active, prenons exemple sur les enfants qui savent beaucoup mieux écouter que les adultes. L'adulte en effet veut anticiper, a un référentiel lié à ses expériences, procède souvent par analogie et risque par conséquent un déficit d'écoute.

Il s'agit d'un principe de la communication sur les faits. Un négociateur averti communique en termes de faits et non en termes d'opinions. Il est en effet beaucoup plus rigoureux et professionnel d'annoncer des informations concrètes, quantifiées, précises que de se lancer dans des affirmations (souvent au superlatif) qui n'engagent que soi. Et ceci vaut également en situation défensive.

L'exercice suivant permet de distinguer les différences entre ces trois notions.

Il s'agit d'évoquer le nom d'une personnalité (par exemple, Gérard Depardieu) et de demander aux participants ce qu'ils en pensent. L'animateur consignera les réponses mais dans un ordre bien précis.

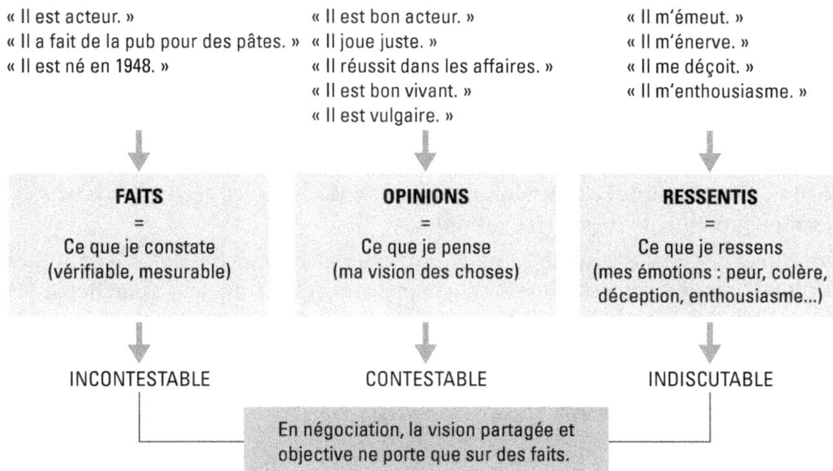

Application professionnelle

En ce qui concerne l'écoute active, il existe également cette approche.

> Un client (qui peut se permettre de parler en termes d'opinions) annoncera :
>
> « Vous ne respectez jamais vos délais ! »
>
> La simple démarche consistant à transformer cette opinion en faits relativisera considérablement la plainte du client :
>
> « C'est exact, monsieur, que nous venons de vous livrer avec 24 heures de retard, et je me suis permis de vous appeler pour vous en exposer la raison et faire amende honorable. Toutefois, un examen de votre dossier m'a permis de constater que pareil écart s'est produit à trois reprises depuis 13 ans que nous sommes votre fournisseur. Or, nous vous livrons des fournitures à raison de 45 livraisons par an… »
>
> Le client constatera par lui-même que le taux de respect des délais est de 582/585, ce qui est loin de mériter le qualificatif « jamais ».

Nous verrons dans le chapitre consacré à l'argumentation l'importance des faits, que l'on appellera alors « preuves ».

MAÎTRISER SON EXPRESSION

« Expression » doit s'entendre au sens large, c'est-à-dire l'expression sous toutes ses formes. D'une part, l'expression orale, c'est-à-dire la voix, mais aussi les mots, le langage, les temps, les phrases, les expressions, la terminologie… D'autre part, l'expression non verbale, à savoir les gestes, les postures, les mouvements, le regard, les mimiques…

Pour aborder ce vaste sujet, je vous propose de vous inspirer des techniques utilisées par les professionnels de l'expression que sont les comédiens, les journalistes et (de plus en plus) les hommes politiques.

La voix, vecteur de l'expression orale

La voix peut véhiculer une image positive : de la sympathie, du dynamisme, du tonus, de la persuasion, etc. Mais elle peut aussi trahir du stress, de la fatigue, de l'embarras, de la nervosité, de l'agacement et des contrariétés.

Ainsi, même au téléphone où nous sommes privés de la vision de notre interlocuteur, il nous est arrivé d'interrompre un familier pour lui dire, par exemple (alors qu'il ne s'est plaint de rien) : « Dis donc, qu'est-ce qui ne va pas ? Tu as une drôle de voix ? »

Analysons les principales composantes de la voix.

L'articulation – la diction

Une bonne diction est tout simplement celle qui ne nécessite aucun effort de compréhension à son interlocuteur. Le qualificatif adapté pour une bonne diction est « fluidité ».

Les comédiens notamment, et surtout ceux du théâtre, travaillent inlassablement (à la manière d'un chanteur qui fait ses gammes) des phrases totalement tordues et dépourvues du moindre sens, mais qui ont le mérite de représenter des difficultés extrêmes. En voici, quelques exemples.

- « La grande, grosse, grasse graine d'orge gris dit au grand, gros, gras, grain d'orge gris : "Vas-tu bientôt dégrangrogragraindorgegriser ?", "Je dégrangrogragraindorgegriserai dès que les autres grands gros grains d'orge gris se seront dégrangrogragraindorgegrisés." »

- « Par fax, le fisc a fixé exprès à Aix une taxe sur les fax, fictive mais excessive. »

- «Les chaussettes de l'archiduchesse sont-elles sèches? Elles sont sèches Duchesse, archisèches. »

Le débit, le rythme

Légèrement ralentir son rythme va traduire la détente et favorise la confiance. Communiquer sur un rythme effréné n'est pas gagner du temps… mais en perdre, car finalement l'interlocuteur fera répéter (pour comprendre) ou ne le fera pas, mais dans ce cas il y aura perte de compréhension.

L'intensité, le volume

La force, sans excès, traduit l'assurance, mais attention, tout est question de dosage et de nuance. La conviction ne se mesure pas en décibels! Pour travailler le volume, il existe des exercices fondés sur la respiration, exercices familiers des comédiens…

L'intonation

Voilà une dimension majeure. Ainsi, en communication écrite, nous pouvons, pour mettre en valeur des mots clés, des phrases importantes, des arguments primordiaux, soit souligner, soit encadrer, soit surligner, soit utiliser des caractères gras, etc.; en communication orale, c'est précisément l'intonation qui joue ce rôle. C'est l'intonation qui va donner du relief à la communication. Alors comment nos professionnels déjà cités travaillent-ils leur intonation?

Voici quelques exemples de phrases utilisées en techniques théâtrales.

Cette fois il n'y a plus aucune difficulté de diction, mais il s'agit de faire passer des émotions avec peu de « matière ».

- Les vacances sont terminées : (tristesse).
- Il mange la bouche ouverte : (dégoût).
- J'ai le poste : (excitation).
- Cela m'a fait plaisir de vous aider : (franchise).

Les comédiens pour s'entraîner utilisent des artifices qui vont les aider, et, une fois le ton juste trouvé, ils les suppriment :

- [Pffff…] les vacances sont terminées.
- [Bah !] il mange la bouche ouverte.
- J'ai le poste ! (bras tendu vers le ciel !)
- Cela m'a [vraiment] fait plaisir de vous aider !

Les atouts supplémentaires

Le sourire : il favorisera la chaleur, la convivialité, il rassure. L'énergie : elle traduit le tonus et favorise la persuasion.

Le silence : il peut renforcer l'impact d'un argument (enchaîner trop vite le dilue).

Le non-verbal : un chapitre lui est consacré…

Le langage, outil de précision

> *« Dans vos phrases, n'utilisez qu'un sujet, un verbe, un complément direct, quand vous aurez besoin d'un adjectif, venez me trouver. »*
>
> G. Clemenceau

Le choix des mots peut transformer l'impact d'une phrase.

- A = « Je vais essayer de régler ce problème… »
- B = « Monsieur, nous allons sûrement trouver ensemble une solution ».

Entre les exemples A et B, l'impact (il s'agit de rassurer) des termes utilisés est sensiblement différent. Le terme « ensemble » est habile, car il s'agit d'un mot associatif ; il implique l'interlocuteur qui devient partenaire. Le mot « solution » est positif, alors que « problème » est négatif. D'une façon générale, il convient de privilégier dans notre discours, les mots, les expressions, les formules qui ont pour effet de : VALORISER, SÉCURISER, IMPLIQUER, POSITIVER.

Voici quelques conseils destinés à « positiver » notre langage.

À éviter	Préférer plutôt	Commentaire
Questions interro-négatives : • *Ne voulez-vous pas ?* • *Ne croyez-vous pas ?* • *Ne pensez-vous pas ?*	Questions directes : • *Voulez-vous ?* • *Croyez-vous ?* • *Pensez-vous ?*	Beaucoup plus simple, positif, direct.
Expressions dubitatives : • *Il me semble que…* • *Je crois…* • *Je pense…*	Expressions assertives	L'expression de certitude évite l'affaiblissement des propos et apporte une plus grande force de persuasion.
Expressions bloquantes : • *Vous vous trompez.* • *Vous faites erreur.*	• *Je respecte votre point de vue, néanmoins…*	En cas de désaccord, la nuance ménage la susceptibilité de l'interlocuteur.

…/…

À éviter	Préférer plutôt	Commentaire
Expressions trop personnelles : • *Moi, je…* • *À mon avis…*	• *Nous…* • *Je…*	Le « nous » pour évoquer son entreprise : • *Nous sommes spécialistes de…* Le « je » pour valoriser son implication : • *Je m'en occupe personnellement…*
Expressions trop impersonnelles : • *« On ».*	• *Nous* • *Je*	Le « on » est trop vague. Le « je » et le « nous » sont plus valorisants.
Expressions dévalorisantes : • *Je m'excuse de vous déranger…*	• *Voici l'objet de mon appel*	L'assertivité traduit l'assurance et la spontanéité.
Expressions affaiblissantes : • *un peu, petit*	• *Simple, seulement*	Pour simplifier sans minimiser.
Expressions réductrices : • *mais*	• *et justement*	Pour rebondir.
L'imparfait : • *Je venais vous voir pour…*	Le présent : • *Je viens vous voir pour…*	Le présent est le temps de l'action.
Le conditionnel : • *Vous pourriez ainsi…*	Le futur : • *Vous pourrez ainsi…*	Le futur implique la mise en situation.
Les formules complexes. Les phrases longues.	Les formules simples. Les phrases courtes.	Pour faciliter la compréhension.
Le jargon. Les abréviations.	Le langage courant et usuel.	Pour un meilleur impact.
Les mots parasites : • *Euh…* • *OK…* • *Peut-être…*	Suppression.	Les mots positifs peuvent devenir « parasites » s'ils sont utilisés trop fréquemment.
Les mots porteurs d'une image négative : *problèmes – échec – retard – petit – obstacle – difficulté – panne – coût – dépense…*	Les mots porteurs d'une image positive : *solution – succès – bénéfice – performance – remarque – éclaircissements – expérience – investissement – gain…*	Pour une communication positive et optimiste.
Les exagérations. Le superlatif.	Les faits. L'exactitude.	Le superlatif n'est admissible que s'il est prouvé.

En guise d'application, voici quelques expressions très usuelles qui peuvent être avantageusement remplacées.

À la place de…	Dites plutôt…
Vous ne pourriez pas…	*Je vous propose de…*
Ne quittez pas…	*Je vous demande un instant…*
Je ne sais pas…	*Je me renseigne immédiatement…*
Ne vous inquiétez pas…	*Comptez sur moi (nous)…*
Pas avant le…	*Dès le…*
Je n'y peux rien si…	*La raison de cette situation est…*
On m'a dit que…	*Je constate…*
On va vous rappeler…	*Je vous propose de vous rappeler le… à…*
C'est à quel sujet ?	*Pouvez-vous me préciser la raison de votre appel ?*
Vous avez sûrement mal compris…	*Je me suis sans doute mal exprimé…*
Vous ne savez pas quand je peux le joindre…	*Pouvez-vous me dire à quel moment je peux le joindre… ?*
Personne n'a plus de questions ?	*Avez-vous d'autres questions ?*
Vous n'avez pas d'observations ?	*Avez-vous des observations ?*

Il existe un jeu qui peut être utilisé pour s'entraîner à positiver son langage, le *Psycho Game* de John Ellis.

Il s'agit de distribuer aux joueurs des cartes sur lesquelles figurent des mots abstraits. Le principe consiste à se débarrasser le plus rapidement possible de ses cartes. Pour ce faire, un joueur pose une carte de son jeu sur la table puis tire une seconde carte dans la pioche qu'il retourne également. Il devra associer ces deux mots abstraits dans une phrase positive. S'il y parvient dans le temps imparti, tout va bien, dans le cas contraire, il devra réintégrer dans son jeu les deux cartes (ce sont les autres joueurs qui décident objectivement d'accepter ou de refuser la phrase).

Une variante du même jeu peut être utilisée pour travailler le non-verbal, et c'est précisément l'objet du paragraphe suivant.

Le non-verbal qui peut trahir

Un professeur regardant fixement un élève et pointant simultanément son doigt vers la porte de la classe n'aura pas besoin de l'usage de la parole pour signifier à celui-ci qu'il est promptement « invité » à faire un tour dans le couloir !

Un élève (pour rester dans la même typologie d'exemples), à qui son professeur demande s'il a compris un exercice ou un exposé, et qui répond « oui » en se grattant la tête et en faisant une moue dubitative se sera trahi par son non-verbal. Il est évident qu'en réalité, il n'a pas compris…

Ces deux exemples illustrent bien l'importance capitale du non-verbal, laquelle s'applique bien entendu, *a fortiori*, dans la négociation.

Aussi, les gestes :

- transmettent un message et, dans ce cas, la parole n'est pas nécessaire ;
- répètent l'information et, dans ce cas, ils accompagnent la parole ;
- appuient le discours et, dans ce cas, ils renforcent les mots ;
- traduisent des émotions et, dans ce cas, ils peuvent être en contradiction avec la parole (c'est la congruence).

Pour être convaincu de l'importance du langage non verbal, citons l'exemple extrême : celui des malentendants qui parviennent à l'aide de signes et de gestes à communiquer.

La bonne distance

Edward Hall a défini quatre zones :

- La zone intime : c'est l'espace représenté par la distance d'un bras replié.
- La zone personnelle correspondant à un bras tendu.
- La zone sociale correspondant à deux bras tendus dans le prolongement l'un de l'autre.
- La zone publique qui va au-delà.

Considérons que la distance commerciale peut se situer dans les zones sociale ou personnelle, en deçà, il faut avoir de sérieuses affinités !

L'interprétation de la gestuelle[1]

Les mouvements du client ne sont pas neutres, ils peuvent donner de précieuses indications. Ainsi, le rapprochement va traduire l'intérêt, l'entente, la confiance, l'aisance, la chaleur ; en revanche, l'éloignement va traduire le doute, la gêne, le désintérêt, la crainte, voire le rejet.

Les mains ont aussi leur langage.

- Le doigt pointé traduit l'agressivité. Le bras tendu main plate paume face à l'interlocuteur est un geste « barrière » qui indique le désaccord.
- Les deux mains ouvertes paumes vers le ciel est un geste d'apaisement, si les paumes sont vers la terre cela sera un appel au calme.
- Les deux coudes posés sur le bureau et les mains jointes paume contre paume devant le visage traduisent un désir de protection.

La position assise est également révélatrice.

- Le croisement des jambes peut traduire la recherche du confort mais parfois aussi la protection.
- Les pieds serrés l'un contre l'autre traduisent la réserve, la timidité.
- Si les pieds de son interlocuteur entourent les pieds de sa chaise, c'est un besoin de s'accrocher pour se rassurer.
- Si le buste est penché en avant, il traduit l'implication, l'intérêt… voire l'agressivité.
- Si le bassin est très avancé sur le bord de la chaise et le dos incliné vers l'arrière, cela peut traduire l'aisance mais parfois la désinvolture ou le désintérêt, le désengagement.
- Le dos voûté et la tête rentrée dans les épaules traduisent le découragement.
- Le torse bombé et une posture droite sont des signes de domination.
- La tête en appui sur une main peut indiquer la réflexion, la perplexité, la lassitude… tout est question de nuance.
- Le croisement des bras (impatience-opposition) est un geste barrière si les poings sont serrés… sinon ce peut être simplement une recherche de confort.

---

1. Pour en savoir plus, lire *Les gestes vérité* de François Sulger aux Éditions Sand et *La synergologie* de Philippe Turchet aux Éditions de l'Homme.

La synchronisation

Appelée aussi « posture en écho », elle permet de se mettre en quelque sorte au diapason de son interlocuteur. Nous le faisons parfois inconsciemment. Attention au mimétisme, c'est l'excès de la synchronisation !

Ainsi, décoder la gestuelle de son interlocuteur permet de le repérer, et prendre conscience de sa propre gestuelle permet de ne pas se trahir…

VOULOIR PERSUADER

Être communicant est nécessaire mais pas suffisant ! Il convient de persuader, de convaincre.

Je vous propose les réflexions suivantes destinées à recenser et à ordonner les composantes de la persuasion.

Étape 1 : être capable d'écouter et d'observer

Tout commence par la capacité d'écoute et d'observation. Il s'agit d'écouter son interlocuteur, celui avec lequel on a rendez-vous mais aussi ceux que l'on a aperçus ou croisés au préalable (accueil, secrétariat…) qui vont parfois inconsciemment apporter des informations précieuses sur l'entreprise, l'ambiance, la culture, le fonctionnement, l'organisation. L'observation, c'est le cadre de travail de son interlocuteur (rangé ou non, décoré ou non, fonctionnel ou non, moderne ou non), mais également ce qui a pu être observé en amont ; le hall d'accueil, l'affichage, la décoration, le matériel…

Étape 2 : identifier les informations

Revenons à notre interlocuteur : en ayant su l'observer et l'écouter, nous avons pu repérer, identifier des informations, des indices, reconnaître une attitude ou un comportement caractéristiques, donc repérer son style.

Étape 3 : analyser

C'est cette identification qui va permettre l'analyse et va faciliter la compréhension du mode de fonctionnement de son interlocuteur (par analogie).

Étape 4 : faire preuve d'empathie

Il sera donc beaucoup plus aisé de s'adapter à son client et de faire preuve d'empathie. L'empathie est l'aptitude à se mettre sur la même « longueur d'onde » que celle de son interlocuteur, à s'adapter à son mode de communication.

Étape 5 : être en phase avec son interlocuteur

À partir de ce moment, les propos tenus seront perçus comme réalistes et cohérents, c'est-à-dire que nous sommes « en phase » avec notre interlocuteur.

Première composante

Toutes les conditions sont réunies pour être crédible et pertinent, c'est la première condition de la persuasion.

Deuxième composante

Si l'on y ajoute de l'assertivité, nous n'en serons que plus persuasifs.

Troisième composante

Avec en plus de l'énergie, de la conviction (orale et non-verbale) nous le serons encore davantage.

Quatrième composante

Le plus difficile, mais très efficace, c'est de pouvoir y apporter une dimension émotionnelle.

Indubitablement la réunion de ces quatre facteurs fournit un discours persuasif.

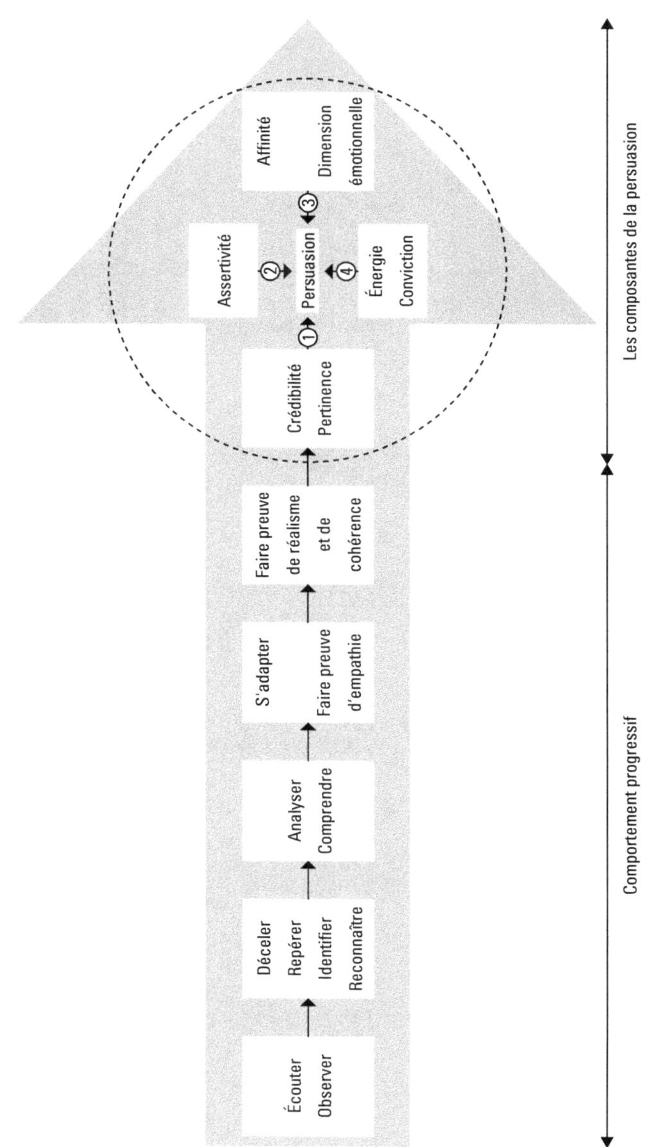
Écouter
Observer
Déceler
Repérer
Identifier
Reconnaître
Analyser
Comprendre
S'adapter
Faire preuve d'empathie
Faire preuve de réalisme et de cohérence
Crédibilité
Pertinence
Assertivité
Persuasion
Énergie
Conviction
Affinité
Dimension émotionnelle
Les composantes de la persuasion
Comportement progressif

Un atout maître dans l'exercice de la négociation est l'aptitude à repérer son interlocuteur, à le « décoder » pour pouvoir ensuite s'y adapter.

Quatre méthodes sont proposées aux lecteurs comme outils d'identification. La première consiste à reconnaître les principales motivations d'achat de notre interlocuteur, les trois autres vont plus loin et permettent d'identifier les traits caractéristiques de sa personnalité.

La prise en compte de la dimension psychologique va « booster » l'efficacité de l'argumentation. En effet, intégrer la personnalité et les motivations spécifiques de chaque interlocuteur va permettre d'adopter les mots justes, le ton juste, le comportement juste, et d'éviter le discours neutre et aseptisé au profit d'un discours adapté.

Cette dimension est l'un des facteurs « passion » du métier de négociateur, car à produit égal, à tarif égal, à offre égale… c'est la prise en compte de la personnalité qui fera la différence et qui rend chaque entretien unique.

Prenons ainsi l'exemple de deux acheteurs d'entreprises différentes qui seraient destinataires d'une proposition identique de 20 pages.

Lors de l'entretien de négociation, le premier acheteur « zappera » les 19 premières pages pour ne s'intéresser qu'à la 20e, celle de la conclusion et interpellera son fournisseur de la façon suivante :

- « Pourquoi une telle dépense ? »
- « Quel est mon retour sur investissement ? »
- « Pourquoi ai-je intérêt à traiter cette affaire avec vous ? »
- « Pourquoi maintenant ? (…) »

Le second aura un comportement non seulement différent, mais radicalement opposé ; ainsi s'attachera-t-il à analyser les 19 premières pages, celles ignorées par le premier (!), posera-t-il une montagne de questions et refusera-t-il de s'intéresser à la vingtième page, laquelle sera « suspecte » tant qu'il n'aura pas validé, contrôlé, la pertinence des réponses aux éclairages demandés.

Cet exemple illustre la nécessité pour un négociateur d'adapter son rythme, son langage, son sens tactique aux comportements, aux attentes, aux motivations de chacun de ses interlocuteurs.

LA MÉTHODE « SONCAS », CENTRÉE SUR LES MOTIVATIONS

Conçue par le groupe B. Julhiet, la méthode SONCAS est extrêmement utilisée ou adaptée par la plupart des organismes de formation.

La panoplie des motivations

Chacun d'entre nous, en situation d'achat, possède une panoplie de motivations organisée en six types. En fonction des individus et des situations, ces types de motivation sont plus ou moins représentés. Les voici.

- S pour sécurité.
- O pour orgueil.
- N pour nouveauté.
- C pour confort.
- A pour argent.
- S pour sympathie.

Désormais, SONCAS s'enrichit d'un « E » pour « Écologie » ou « Environnement » et devient « SONCASE ».

En phase de découverte, nous allons apprendre à reconnaître chez notre interlocuteur la (ou les) motivation(s) d'achat dominante(s). Par exemple, un « orgueil » commencera ses phrases par « moi, je » ; un « sympathie » multipliera les « ensemble » ; un « nouveauté » se fera repérer en recherchant ostensiblement le changement ; une « sécurité » se montrera indécis ; un « confort » sera calme et recherchera la praticité ; un « argent » comptera tout...

Repérage et comportements adaptés

Le tableau ci-après va apporter quelques indications sur le repérage de son interlocuteur et les mots positifs et négatifs ainsi qu'une synthèse sur le comportement à adopter pour convaincre, et ce, pour chacun des types.

Qui est-il ?	Comment le reconnaître	Les mots positifs	Les mots négatifs	Le comportement à adopter pour le convaincre
SÉCURITÉ	Aime réfléchir et essayer, hésite, tergiverse, souvent méfiant, fidèle à ses fournisseurs, prend rarement des décisions seul.	Références, normes, SAV, certifications, assurances, garantie, démonstration, expérience, preuve, solidité, fiabilité, stabilité…	Changement, risques, nouveauté, indécis…	Être assertif. Démontrer. Prouver. Garantir. (= Rassurer).
ORGUEIL	Fier, égocentrique, dominant, ambitieux, cassant, a des certitudes, difficile à mener, individualiste.	Vous, premier, exclusif, unique, standing, prestige, personnalisation, notoriété, renommée, titres, être une référence…	Les critiques, la vexation, l'humiliation, les détails, les papiers, banal, attendre, être contredit…	Valoriser. Impliquer. Mettre en valeur.
NOUVEAUTÉ	Curieux, recherche l'originalité et le changement, anticonformiste.	Précurseur, nouveau, avant-garde, à la pointe, technologie de pointe, différent, développement, novateur…	Standard, routine, monotonie, habitude…	Étonner, surprendre. Être enthousiaste, créatif, imaginatif Innover.
CONFORT	Calme, aime ce qui est pratique, assez conservateur.	Pratique, simple, fonctionnel, facilité, commodité, démonstration, mise en service, assistance, repères…	Complexité, complications, aventure, risques, efforts…	Avoir un langage posé. Assister. Faciliter.
ARGENT	Concret, matérialiste, recherche le gain, l'économie, aime comparer, analyser.	Économique, remise, prix, rentabilité, profit, retour sur investissement, marge, gain, gratuit, franco…	Flou, luxe, superflu, hausse, frais supplémentaires, majoration…	Comparer. Chiffrer. Démontrer la rentabilité.
SYMPATHIE	Bavard, délicat, convivial, aime faire plaisir.	Ensemble, agréable, convivial, parler, être entouré, cadeau, les relations humaines, les visites fréquentes, les confidences, partenaire…	Agressivité, dire non, être mal jugé, décevoir, la solitude, la technicité, indifférence…	Être chaleureux, attentif, attentionné, délicat, convivial. Prendre son temps. Faire plaisir. Être disponible.
ÉCOLOGIE	Sensible à l'environnement	Développement durable, respect de la nature, produits bio, commerce équitable, certification ISO 14001…	Produits chimiques, pollution…	Démontrer sa sensibilité à l'environnement.

En guise d'application, voici quelques exemples de dialogues ou d'attitudes permettant d'identifier dans les premières minutes la typologie dominante de son interlocuteur.

«Alors, quoi de neuf dans votre société?» est une accroche caractéristique de M. Nouveauté.

«Vous allez bien accepter un café», traduit l'accueil typique de M. Sympathie.

«Je vous préviens, vous avez intérêt à vous battre car j'ai reçu des propositions financières attractives de vos concurrents» émanera de M. Argent.

«J'espère que vous avez des garanties et des références de ce que vous avancez» est une précaution de M. Sécurité.

«Moi, je tiens d'ores et déjà à vous dire que je traite directement avec votre Direction» trahit M. Orgueil.

«J'espère que vous avez une offre "clé en main"», traduit la motivation fondamentale de M. Confort.

Cette méthode peut avoir des applications quotidiennes.

Pour convaincre un interlocuteur familier type «Confort» d'aller voir tel film plutôt que tel autre, au lieu d'argumenter sur le contenu du film, les acteurs… il sera peut-être plus aisé de lui faire observer que la salle est à proximité, qu'il n'y a pas besoin de sortir la voiture, de chercher un emplacement pour stationner, etc.

Certains types peuvent être complémentaires.
- Confort et Sécurité.
- Orgueil et Nouveauté.
- Confort et Sympathie.

Mais d'autres sont en opposition.
- Nouveauté et Confort.
- Nouveauté et Sécurité.

- Orgueil et Argent.
- Argent et Sympathie.

La connaissance de cette méthode permet de décoder certains annonceurs et… leurs cibles.

L'ORÉAL : « Parce que vous le valez bien… » → Orgueil.

Deux constructeurs automobiles qui communiquent sur la même cible :
PEUGEOT : « Vous n'aurez plus à choisir entre plaisir et sécurité »
→ Sympathie et Sécurité.

VOLVO : « Vous n'aurez jamais pris tant de plaisir à être en sécurité ? »
→ Sympathie et Sécurité.

Des annonceurs parviennent à cibler des typologies contradictoires.

SIEMENS : « Prenez le meilleur (Orgueil), c'est moins cher (Argent) ».

AIR FRANCE avec TEMPO : « Vous allez aussi nous aimer (Sympathie) pour nos prix (Argent) ».

D'autres changent de cibles.

PHILIPS (avant) : « Philips, c'est plus sûr ! » (Sécurité).

PHILIPS (maintenant) : « Philips, faisons toujours mieux ! » (Orgueil et Nouveauté).

Questionner pour découvrir le **SONCASE** du client

Question	Réponse du client	Interprétation SONCASE	Comportement adapté
	Qu'il soit solide. Qu'il soit fiable. Qu'il ait fait ses preuves. Qu'il soit garanti. Je veux pouvoir l'essayer.	Sécurité	**Rassurer** Preuves, démonstrations, garanties
	Qu'il soit le plus (…). Qu'il soit le mieux (…). Qu'il soit prestigieux. Qu'il soit unique, exclusif. Qu'il soit exceptionnel.	Orgueil	**Valoriser Impliquer**
	Qu'il soit original. Qu'il soit nouveau. Qu'il soit à la pointe. Qu'il soit différent. Qu'il soit novateur. Qu'il soit moderne.	Nouveauté	**Être créatif et imaginatif**
Qu'attendez-vous de ce produit ? Ou que recherchez-vous ? Ou que souhaitez-vous ?	Qu'il soit pratique. Qu'il soit simple. Qu'il soit fonctionnel. Qu'il dispose d'une assistance. Que vous puissiez le mettre en service.	Confort	**Assister**
	Qu'il soit bon marché. Qu'il soit économique. Qu'il soit rentable. Qu'il soit « bien placé ».	Argent	**Comparer-Chiffrer**
	Qu'il soit beau. Qu'il soit esthétique. Qu'il soit agréable. Qu'il soit convivial. Je vous fais confiance, conseillez-moi… Qu'il s'intègre bien dans mon environnement.	Sympathie	**Être convivial, disponible**
	Qu'il respecte les normes anti-pollution. Qu'il respecte la nature. Qu'il contribue au développement durable.	Écologie	**Montrer son attachement à l'environnement**

LA MÉTHODE « LANGAGE DES COULEURS »
CENTRÉE SUR LES COMPORTEMENTS

Avec la méthode SONCAS, nous avons abordé la notion d'argumentation personnalisée en fonction des motivations de notre interlocuteur. Il existe des méthodes qui portent cette fois non plus sur la seule notion de motivation mais sur la personnalité même de l'interlocuteur. Les études réalisées en matière de typologie sont aussi nombreuses que passionnantes, mais parmi celles-ci, une a particulièrement retenu mon attention : **le langage des couleurs**, *Target Training International LTD*.

Cette approche m'a passionné pour trois raisons majeures.

- Son accessibilité : le vocabulaire utilisé n'est pas hermétique, il est au contraire abordable et compréhensible, ainsi, bien qu'inspirée d'approches très « psy », leur lecture est aisée et fluide.

- Sa crédibilité : je pense être en mesure d'apporter un témoignage sur la pertinence des observations révélées à partir des tests proposés.

- Son applicabilité au quotidien.

  - Un test, en amont, permet de recevoir une étude sur la personnalité de chaque participant qui aura ainsi la possibilité de vérifier la pertinence de la méthode.

  - Cette approche apporte une méthode de repérage (des grandes lignes) de la personnalité d'autrui.

  - Sont expliquées les typologies complémentaires ou opposées, proches ou éloignées, et sont dispensés des conseils pour communiquer « juste » avec chacun des styles.

  - Une application est proposée pour favoriser la réussite de la négociation par une aide considérable à l'adaptation à autrui.

  - Les champs d'application sont variés avec pour domaines privilégiés la négociation et le management.

  - Des jeux de rôles de mise en situation mettent en évidence la pertinence et l'efficacité de cette méthode.

Le langage des couleurs

Les sources d'inspiration

Les sources d'inspiration sont les travaux respectifs de C.-G. Jung (1921) et de W.-M. Marston (1928), repris et développés par *Target Training International LTD* (Arizona).

Les travaux de Jung ont permis de mettre en évidence deux attitudes. D'une part, l'introversion (énergie tournée vers l'intérieur) et d'autre part, l'extraversion (énergie tournée vers l'extérieur).

Et d'analyser quatre fonctions : la pensée (décisions prises de façon logique, analytique, objective), le sentiment (décisions prises de façon subjective et personnelle), la sensation (style s'appuyant sur les réalités, le factuel et la logique) et l'intuition (style s'appuyant sur l'imagination, la créativité, l'inspiration).

Les travaux de Marston, dans un ouvrage intitulé *Les émotions des gens normaux*, décrivent quatre catégories de réactions comportementales d'un sujet, selon qu'il est plutôt agissant ou plutôt acceptant et ce, dans un environnement perçu comme hostile ou favorable.

- La dominance (activité et agressivité pour aborder problèmes et défis).
- L'influence (capacité à inciter).
- La stabilité (préférence pour un rythme et un environnement stables).
- La conformité (tendance à suivre les règles).

Le langage des couleurs

Bleu	Rouge
Les personnes de ce groupe ont un fort désir de connaître et comprendre tout ce qui les entoure. Elles aiment réfléchir avant d'agir, et risquent d'apparaître froides et indifférentes. Elles peuvent avoir du mal à répondre à une pression autoritaire et préféreront communiquer par écrit. **Qualificatifs clés :** • *Analytique* • *Réservé* • *Formel* • *Précis* • *Soigneux* • *Réfléchi*	Les personnes de ce groupe ont beaucoup d'énergie. Elles sont centrées sur l'action et sont constamment en mouvement. Elles sont positives, factuelles et peuvent être agressives. Elles sont extraverties, tenaces et capables de se concentrer sur le résultat. Elles aborderont les autres de manière directe et autoritaire. **Qualificatifs clés :** • *Ambitieux* • *Énergique* • *Décisif* • *Direct* • *Indépendant* • *Exigeant*
Vert	**Jaune**
Les personnes de ce groupe s'appliquent à être sérieuses et fiables. Elles apprécient la cohérence dans leur vie et combattront pour une cause avec obstination. Elles ne répondront pas facilement à l'ambiguïté ou à une structure impersonnelle et peuvent être timides dans leur façon d'aborder les autres. **Qualificatifs clés :** • *Méthodique* • *Calme* • *Encourageant* • *Modeste* • *Systématique* • *Fiable*	Les personnes de ce groupe sont extraverties, rayonnantes, amicales. Elles sont généralement positives et soucieuses d'avoir de bonnes relations personnelles. Elles prennent plaisir à la compagnie des autres et estiment que la vie devrait être amusante. Elles abordent les autres de façon convaincante, démocratique. **Qualificatifs clés :** • *Expressif* • *Enthousiaste* • *Amical* • *Démonstratif* • *Communicatif* • *Tonique*

Source : Cabinet Arc-en-ciel

	Rappel des critères clés	Ses attributs	Ses goûts et aptitudes
Rouge	Ambitieux. Énergique. Décisif. Direct. Indépendant. Exigeant.	Hardi, novateur, carré, direct, esprit et compétition, volontaire, tourné vers les résultats, efficace, dominateur, agressif, directif, rapide, curieux, autoritaire, téméraire, responsable, impatient, autonome, capacité à résoudre les problèmes.	A besoin de diriger. Recherche les défis. Va droit au but. Aime argumenter. Prend des risques. Veut gagner. Aime l'aventure. Mène plusieurs projets de front.
Jaune	Expressif. Enthousiaste. Amical. Démonstratif. Communicatif. Tonique. Créatif.	Persuasif, charmeur, optimisme, sens de l'humour, sociable, ouvert, impulsif, expansif, loquace, émotif, positif, aplomb, esprit d'équipe, imaginatif, chaleureux, amical, rapide, stimulant, habile.	Recherche l'estime, la reconnaissance. Aime le jeu, le plaisir. Aime la compagnie, l'équipe. Motive par son optimisme. Tourné vers le contact et l'action. N'a pas le sens de l'organisation. Habile dans la résolution de problèmes et conflits. Exprime facilement ses émotions.
Vert	Méthodique. Calme. Encourageant. Modeste. Fiable.	Le sens de l'écoute, empathie, faible prise de risques, rythme lent, peu démonstratif, patient, logique, adaptable, compréhensif, loyal, dévoué, sincère, passif, fidèle, possessif, impliqué et endurant.	Va jusqu'au bout d'une tâche. Sensible aux besoins des autres. Manifeste peu ses émotions et ses problèmes. Attaché à la famille, au groupe. Construit des relations solides avec quelques personnes. Se dévoue à un leader ou à une cause. Aborde les tâches les unes après les autres. Recherche de l'harmonie.
Bleu	Analytique. Réservé. Formel. Précis. Soigneux. Réfléchi.	Méthodique, diplomate, courtois, systématique, perfectionniste, consciencieux, patient, conformiste, sensible, prudent, loyal, dévoué, critique, objectif, goût du travail, organisé, à la recherche des faits, esprit fonctionnel.	Possède une approche méthodique pour résoudre les problèmes. Va au fond des choses. Tourné vers les faits, les preuves, les tâches. Démarche de pensée objective, rigoureuse. N'aime pas prendre de risques. Se fixe des standards de qualité élevés. Collecte beaucoup d'informations. Est tacticien.

Source : Cabinet Arc-en-ciel

	La communication verbale, le fond et la forme	Son attitude non-verbale	Son comportement
Rouge	Affirme plus qu'il ne questionne. Parle plus qu'il n'écoute. Communique beaucoup verbalement. Affirme énergiquement. Va droit au fait. Intonation variée. Volume fort. Élocution aisée. Discours rapide	Poignée de main ferme. Regard soutenu. Gestuelle conséquente. Mouvements rapides. Signes d'impatience.	Agit de manière résolue, prend des décisions. Aime contrôler. Est actif. Recherche le maximum de liberté. Froid, indépendant, rationnel. Possède le goût de la compétition. Est peu tolérant pour les sentiments d'autrui. Travaille rapidement et seul. Talent pour décider. A peur de l'échec.
Jaune	Raconte des histoires, des anecdotes. Partage des sentiments personnels. S'exprime sans formalités. Exprime facilement ses opinions. Dévie la conversation. Variations du ton et de la voix. Volume fort. Théâtral. Discours rapide.	Expressions du visage animées. Beaucoup de gestes. Orienté vers le contact. Actions spontanées.	Agit de manière spontanée et prend des décisions. Aime l'implication. Exagère et généralise. Tendance à rêver et à entraîner les autres dans ses rêves. Saute d'une activité à une autre. Rapide et animé dans son travail avec les autres. Recherche l'estime et la reconnaissance. Possède un talent pour persuader. A peur de l'isolement.
Vert	Écoute plus qu'il ne parle. Garde ses opinions. Communique peu verbalement. Ferme, chaleureux Moins de force dans le volume Intonations plus faibles. Discours plus lent.	Mouvements plus lents. Expressions de patience. Poignée de main plus délicate. Calme	Aime les relations personnelles. Est lent et réfléchi dans l'action et dans la prise de décision. N'aime pas les conflits. Soutient et écoute les autres. Recherche la sécurité et le sentiment d'appartenance. Possède un talent pour conseiller. A peur de la trahison.
Bleu	Tourné vers les faits et la tâche. Partage peu ses sentiments. Est plus formaliste et conformiste. Se concentre dans la discussion. Peu de variations. Volume bas. Discours lent.	Peu d'expressions du visage. Pas tourné vers le contact. Peu de gestes. Distant.	Agit et prend des décisions de manière prudente. Aime l'organisation et les structures. N'aime pas être impliqué. Pose beaucoup de questions sur des points de détail. Objectif et intellectuel, il veut être juste. Très dépendant du recueil d'informations. Travaille seul, lentement et avec précision. Possède un talent pour analyser. A peur de l'inconnu.

Source : Cabinet Arc-en-ciel

Les types psychologiques d'ARC-EN-CIEL®

En 1942, le docteur Jacobi reporte sur une roue la combinaison des attitudes et des fonctions étudiées par Jung dans les types psychologiques. Cette représentation « moderne » s'est avérée le modèle graphique le plus opérationnel pour servir de base à la compréhension dynamique des principales différences dans le comportement.

Le croisement de la roue du docteur Jacobi avec le langage des couleurs représente une étape décisive de ces étonnantes découvertes dans le domaine du développement des hommes et des équipes. Elle conduit à la représentation suivante :

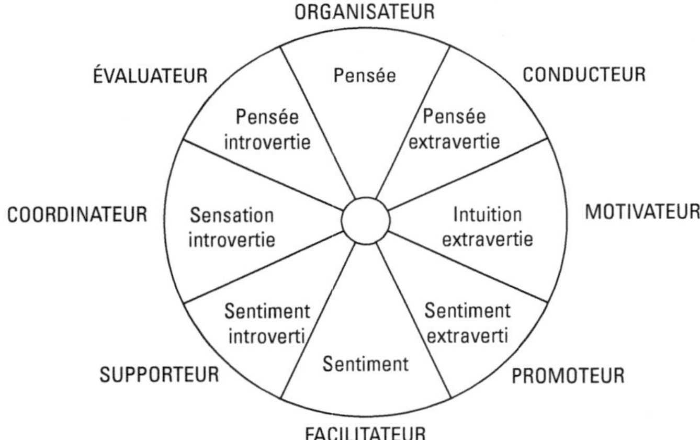

La méthode ARC-EN-CIEL® détaille pour chacun des huit profils :
- motivations ;
- critiques du jugement d'autrui ;
- but ;
- moyen d'influence sur autrui ;
- valeur pour l'organisation ;
- tendance à abuser ;
- conseils pour une plus grande efficacité ;
- craintes ;
- attitudes et comportements « sous pression ».

Le profil de comportement

À partir du questionnaire personnalisé, le logiciel fournit un dossier complet selon le sommaire suivant.

Caractéristiques générales

Elles reflètent le comportement naturel manifesté dans le cadre du travail.

Valeur pour l'entreprise

Ce sont les aptitudes décelées et applicables à l'entreprise.

Comment mieux communiquer avec vous ?

Conseils destinés aux « autres », à ceux qui veulent mieux communiquer avec vous.

À éviter pour bien communiquer (avec vous)

Repérage de tout ce qui peut vous indisposer ou frustrer.

Conseils de communication

Suggestions de stratégie pour mieux communiquer avec les autres.

Environnement idéal

C'est le descriptif de l'environnement professionnel convenant le mieux à son mode de comportement.

Les perceptions

Descriptif de la perception de soi : par soi et les autres.

Le style naturel et le style adapté

Le style naturel avec lequel vous gérez les problèmes, les gens, le rythme des événements et les procédures ne correspond pas forcément avec ce dont l'environnement a besoin. Dans cette rubrique, le logiciel apporte des informations concernant l'adaptation à l'environnement.

Le style naturel du sujet est son comportement de base, quel que soit l'environnement.

Le style adapté est le comportement présenté aux autres (le « paraître »), celui qu'il manifeste en réponse à son environnement.

Les clés de la motivation

C'est l'analyse des souhaits et des aspirations.

Les clés du management

C'est le recensement des éléments dont vous avez besoin pour donner le meilleur de vous-même.

Les domaines d'amélioration

Dans cette rubrique se cachent quelques faiblesses… bien repérées !

Les graphiques d'analyse de style

C'est la matrice faisant apparaître plusieurs milliers de profils différenciés.

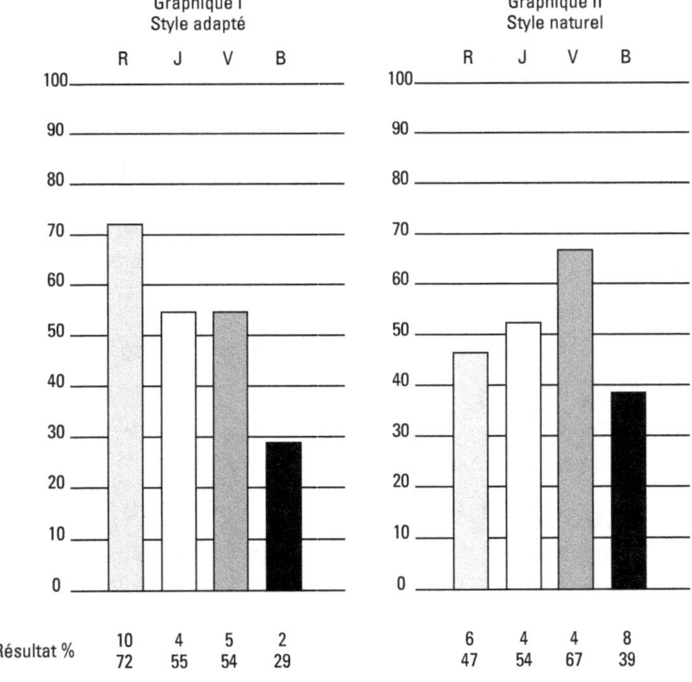

La représentation visuelle de ces deux positions (styles naturel et adapté) sur une roue identifie 60 types de comportements distincts.

Des indicateurs concernent les forces et faiblesses du sujet dans les étapes de la vente.

Il y a un graphique personnalisé par style (naturel et adapté), et il est très instructif d'analyser les écarts. Ainsi, tout mouvement va indiquer comment vous adaptez votre comportement pour répondre à une demande de l'environnement actuel.

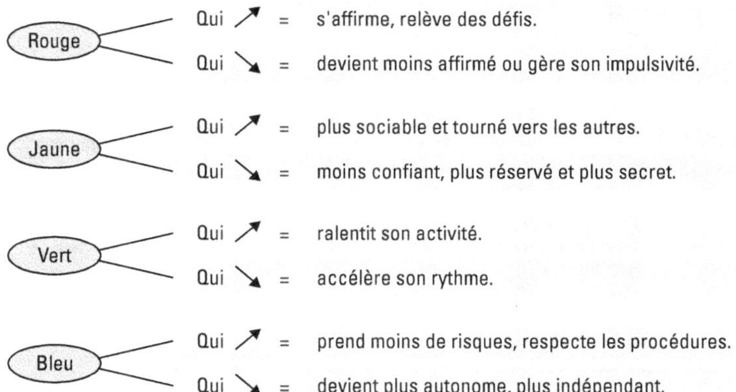

La méthode explique également ce que traduisent les préférences, et en fonction de chacune d'entre elles :

- le besoin révélé ;
- la force prédominante ;
- le but principal ;
- la peur essentielle ;
- le point faible majeur.

Quelques statistiques :

- 4 % ont un comportement relié à une couleur ;
- 50 % ont un comportement combinant deux couleurs ;
- 46 % ont un comportement combinant trois couleurs. Ces derniers ont un comportement plus flexible.

L'application à la négociation

La connaissance de soi-même va permettre de repérer ses forces et faiblesses au regard des différentes phases de l'acte de vente.

Par exemple :

- la préparation et le suivi seront plus du domaine du bleu ;
- la mise en situation et l'aisance relationnelle seront plus du domaine du jaune ;

• l'écoute des besoins de l'interlocuteur sera plus du domaine du vert ;
• la conclusion sera plus du domaine du rouge.

Cette connaissance de soi permettra donc de travailler ses points faibles en s'appuyant sur ses forces.

Atouts et limites des commerciaux par typologie

Typologie du commercial	Ses atouts en situation de vente	Ses limites en situation de vente
Rouge	1. A le sens du résultat. 2. Assertif dans ses propos et comportements. 3. Ambitieux dans ses objectifs. 4. Pilote l'entretien. 5. Peu déstabilisé par les objections. 6. Mobilisé, dopé par l'importance des enjeux. 7. Capacité à conclure.	1. Déficit d'écoute. 2. Approche très «push» pouvant engendrer des tensions et blocages. 3. Manque de flexibilité et de diplomatie. 4. Tendance à réduire la phase de découverte.
Jaune	1. Capacité à engendrer un climat convivial dès la mise en situation. 2. Souplesse, flexibilité. 3. Habile et vif face à une situation imprévue. 4. Fait preuve d'originalité dans l'élaboration de ses propositions. 5. Sait se montrer opportuniste. 6. Mène des argumentations convaincantes. 7. Disponibilité et réactivité pour son interlocuteur.	1. A tendance à se disperser et à perdre le fil conducteur de la négociation. 2. Déficit de préparation et de suivi. 3. Promesses parfois hâtives. 4. Peut sembler envahissant.
Vert	1. Très endurant sur des négociations à long terme. 2. Mène des découvertes de bonne facture (envergure, profondeur). 3. Suscite la confiance grâce notamment à son empathie. 4. Force de conseil. 5. Capacité à s'adapter, à être sociable. 6. Intègre, fiable et crédible dans ses engagements. 7. Accompagne et facilite.	1. Risque de déstabilisation face à un client directif. 2. Peu à l'aise dans le traitement des objections. 3. Peut se montrer frileux ou pessimiste. 4. Peut laisser passer des occasions de conclure une négociation plus rapidement.
Bleu	1. Préparation de la négociation, élaboration de la stratégie et des tactiques. 2. Négociations structurées, respect de l'architecture préalablement définie. 3. Argumentation très documentée, étayée de preuves formelles, chiffrées. 4. Strict respect des consignes et directives. 5. Reste centré sur les objectifs et les résultats. 6. A le souci du respect des normes et privilégie la qualité et la fiabilité. 7. Formalise les engagements pris et laisse le temps à son client de construire sa décision.	1. Reste distant dans la relation. 2. Manque de tonicité dans l'échange. 3. Analyses parfois surdétaillées. 4. Parfois rigide dans le traitement des objections.

Différents styles de clients et prospects

Client à dominante rouge	Client à dominante jaune	Client à dominante vert	Client à dominante bleu
1. Ne vous écoute que de manière sélective et n'hésite pas à couper la parole. 2. Fait plusieurs choses en même temps. 3. Prend la direction de l'entretien et le pilote à un rythme soutenu. 4. Veut obtenir des avantages concrets et substantiels. 5. N'aime pas perdre son temps. 6. Essaie de tourner la situation à son avantage. 7. Met la pression et use de provocation pour obtenir des concessions. 8. Teste votre réactivité, votre légitimité, veut traiter avec un décideur. 9. Est convaincu de déjà connaître vos arguments. 10. Aime les occasions de prestige et de défis.	1. Vous accueille de façon spontanée, agréable et décontractée. 2. Recherche la convivialité, les affinités. 3. Mélange souvent le périmètre professionnel et le périmètre social. 4. S'exprime avec aisance et de façon positive. 5. Apprécie l'originalité, la nouveauté. 6. Fait de nombreuses digressions, se disperse. 7. Approuve volontiers vos arguments et solutions. 8. Argumente largement ses points de vue. 9. A une vision optimiste de la situation. 10. Ne met aucune pression, sait faire preuve de créativité pour débloquer une situation délicate.	1. Préférant d'abord écouter, il multiplie les questions ouvertes. 2. Prend son temps pour aller au fond des choses et comprendre la situation. 3. N'influence pas la négociation. 4. Accepte volontiers une argumentation si elle est fondée. 5. Se montre discret et réservé. 6. Est attentif, intéressé voire attentionné. 7. A besoin de se sentir en confiance. 8. Recherche une relation durable, donc un partenaire plutôt qu'un fournisseur. 9. Se montrera fidèle à ses fournisseurs donc résistant si c'est un prospect. 10. Hésitant dans sa prise de décision, ne veut s'engager ni rapidement ni à la légère.	1. Vous reçoit à l'heure 2. A méticuleusement préparé son entretien, ses dossiers. 3. Pose de nombreuses questions fermées. 4. Attend des réponses précises, détaillées. 5. Exige des preuves, des écrits. 6. Maintient le contact sur un plan formel. 7. Se montre *a priori* méfiant, distant. 8. Prend beaucoup de notes. 9. Analyse tous vos arguments. 10. Ne prend pas de décision rapide, se réservant un temps conséquent pour analyser votre proposition.

Leviers et processus de décision par couleur

Typologie du décideur	Attentes du décideur	Mode de décision du décideur
Rouge	1. Exige un retour sur investissement, un profit, des performances. 2. Des produits et services à valeur ajoutée, différenciés.	Rapide Seul
Jaune	1. Recherche une qualité de relation, le plaisir de travailler avec son fournisseur. 2. Des produits et services originaux, épatants.	Rapide Concertatif
Vert	1. Recherche la confiance, la pérennité des relations. 2. Des produits et services traditionnels, classiques.	Lent Consensuel
Bleu	1. Recherche le respect des prescriptions, la sécurité. 2. Des produits et services éprouvés.	Lent En conformité avec le cahier des charges.

Comportements efficaces et inefficaces en négociation

Types de comportement	Face à un client rouge	Face à un client jaune	Face à un client vert	Face à un client bleu
Efficaces (faire)	1. Être concret, concis, aller à l'essentiel. 2. Développer de l'énergie. 3. Être préparé, renseigné et compétent. 4. Proposer de relever des défis. 5. Favoriser sa décision en proposant des alternatives. 6. Respecter les engagements. 7. Résister à la pression et aux exigences. 8. Le considérer en tant que client particulier.	1. Être chaleureux, détendu et convivial. 2. Le laisser d'abord exprimer ses opinions… 3. … puis recentrer l'entretien vers l'objectif. 4. Rechercher les affinités en rebondissant sur ses centres d'intérêt. 5. Privilégier la dimension relationnelle. 6. Manifester de l'intérêt pour lui et la volonté de lui faire plaisir. 7. Favoriser sa créativité. 8. Conclure rapidement.	1. Gagner sa confiance en développant un esprit de partenariat et en promouvant des valeurs. 2. Privilégier la pérennité de la relation. 3. Faire preuve d'empathie. 4. Se montrer posé et patient. 5. Valider régulièrement son adhésion. 6. Avoir une démarche structurée et progressive. 7. Être force de conseils et porteur de solutions. 8. Accompagner sa décision.	1. Être bien préparé et favoriser (en le documentant en amont) sa préparation. 2. Être ponctuel. 3. Répondre avec détails à toutes ses questions. 4. Avoir une démarche méthodique. 5. Chiffrer, prouver et documenter ses arguments. 6. Respecter le cadre et les procédures. 7. Respecter à la lettre ses engagements. 8. Rédiger des bilans et comptes rendus.
Inefficaces (éviter)	1. Le faire attendre. 2. Le contredire. 3. S'opposer à lui « frontalement ». 4. Déficit d'implication et d'autonomie.	1. Perdre le fil de l'entretien. 2. Être austère, distant. 3. Être administratif et procédurier. 4. Être contraignant.	1. Être bavard et familier. 2. Dénigrer. 3. Exercer de la pression. 4. Le laisser se « débrouiller » seul.	1. Être familier et décontracté. 2. Se disperser. 3. Le mettre dans des situations imprévues. 4. Confier ses opinions.

Deux méthodes, mais un même enseignement : repérer pour s'adapter.

DEUXIÈME PARTIE

METTRE EN ŒUVRE LES STRATÉGIES, TECHNIQUES ET TACTIQUES DE NÉGOCIATION

 # Les bonnes préparations font les bonnes négociations

La préparation, préalable indispensable

De la même façon que beaucoup de compétitions se gagnent à l'entraînement, beaucoup de négociations se gagnent en amont.

Bien sûr, savoir improviser est un atout, bien sûr être réactif peut s'avérer efficace, mais les bons négociateurs évitent de partir « la fleur au fusil », au contraire, ils préparent méthodiquement leurs actions.

Même si l'exemple peut sembler excessif, il s'agit de sécurité extrême, un pilote de ligne, quelle que soit son expérience, utilise sa « check-list » avant chaque vol et répète inlassablement ses opérations de préparation.

Pour avoir discuté avec des comédiens professionnels de la Ligue d'improvisation, je peux certifier que l'improvisation se prépare et se travaille !

Combien il est navrant d'observer un commercial s'excuser platement d'avoir oublié ses cartes de visite ou bafouillant qu'elles sont chez l'imprimeur, ou encore un autre demandant à son client de bien vouloir lui prêter sa machine à calculer… un troisième n'ayant pas son tarif ou sa documentation, un quatrième arrivant en retard… autant d'erreurs (et bien d'autres encore) impardonnables, car elles mettent leur auteur (bêtement) en difficulté…

Pourquoi est-il si important de se préparer ?

Se préparer ne présente que des avantages. Nous pourrons donc parler d'un investissement en temps, investissement gagnant car il est générateur de bénéfices.

Bénéfice d'efficacité	Bénéfice d'image	Bénéfice de confort
↘ perte de temps	↗ image personnelle (professionnalisme)	↘ imprévus
↘ erreurs – oublis	↗ image de l'entreprise	↗ assurance
↘ dispersion		↗ anticipation

Comment se préparer ?

Pour se préparer, on peut s'efforcer de répondre aux différentes questions suivantes.

Pourquoi contacter tel client (ou prospect) ?

Autrement dit, pour quel objectif allons-nous lui porter intérêt et lui consacrer du temps, de l'énergie ? En réalité, nous devrions parler d'objectifs au pluriel. Beaucoup de commerciaux ne se fixent qu'un objectif ce qui signifie qu'ils s'enferment dans une stratégie de succès (objectif atteint) ou d'échec (objectif non atteint).

> Imaginons un commercial dans le secteur de la grande distribution qui se fixe comme objectif, avant de rencontrer un acheteur d'un hypermarché, de lui vendre un semi (un camion complet) de fournitures.
>
> Si, en cours d'entretien, l'acheteur lui signifie que son offre est inopportune car il se trouve en situation de surstockage, si notre vendeur se fait trop insistant, si brillant soit-il, il irritera son interlocuteur, et non seulement manquera son objectif, car il se heurtera à un refus ; mais de surcroît, en tentant de forcer l'objection majeure, il laissera une mauvaise image de sa personne… et de son entreprise.
>
> Il aurait été plus judicieux de prévoir le risque et de se fixer un objectif moins ambitieux mais extrêmement positif comme de diriger son argumentation sur la vente d'une seule palette, mais d'une nouvelle référence.
>
> Imaginons maintenant que notre vendeur se heurte à une nouvelle objection majeure du style : « Votre produit m'intéresse, mais je ne peux pas vous l'acheter, car il n'est pas référencé »… À nouveau, un bon négociateur aurait pu rentabiliser sa visite en se repliant sur un objectif encore plus modeste qui consiste à recueillir toutes les informations qui l'aideront à obtenir ce référencement, et ainsi à positiver sa démarche (coordonnées de la centrale d'achat, nom du décideur, recommandations, conseils d'approche, etc.).

Cet exemple illustre un précepte, en phase de préparation, pour imaginer plusieurs objectifs :

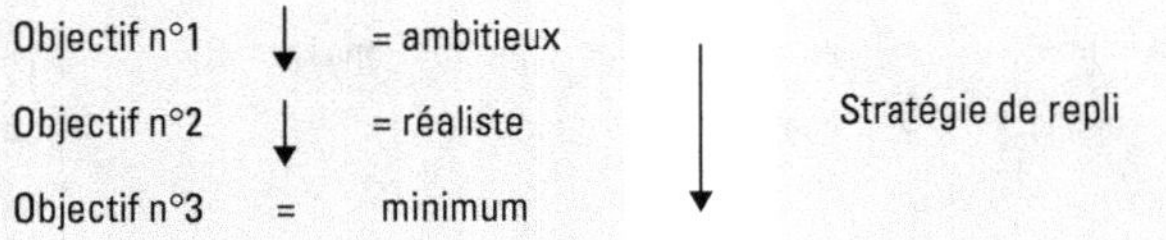

Ainsi, notre commercial, au lieu d'avoir à justifier auprès de sa hiérarchie un échec, valorisera les informations qu'il a su recueillir. Démonstration est faite que « préparation » et « réactivité » sont complémentaires.

Quel canal utiliser ?

Rappelons-nous le processus de communication. Le canal est le véhicule par lequel F va transmettre son message à C. Intéressons-nous, par exemple, aux avantages et inconvénients respectifs entre l'appel téléphonique et la visite.

L'appel est tentant, car :

- il est moins coûteux ;
- il est moins consommateur de temps ;
- il permet un volume très supérieur de contacts.

Mais attention, car :

- l'appel dérange (la sonnerie interrompt une tâche en cours, toujours perçue comme plus importante que l'appel) ;
- l'incompréhension est plus facile (de l'importance du non-verbal…) ;
- l'attention est plus difficile (n'importe quel prétexte peut être invoqué pour mettre fin à un appel).

Donc, une fois encore tout dépend du sujet et des enjeux, et s'ils sont importants, la visite sera justifiée et précédée d'un appel pour convenir d'un rendez-vous et suivie d'un courrier pour confirmer les engagements réciproques.

Qui est vraiment ce client ou ce prospect ?

Il s'agit avant de le rencontrer de s'intéresser :

- à l'entreprise :
  - sa vocation ;
  - sa gamme de produits et services ;
  - son secteur d'activité ;
  - sa culture ;
  - son appartenance à un groupe ;
  - ses filiales éventuelles.
- à ses performances ;
  - son organisation ;
  - ses chiffres clés.

- à ses circuits de décision :
  - organigramme ;
  - décideurs, prescripteurs, utilisateurs ;
  - recherche des influences.
- à ses fournisseurs :
  - lesquels ?
  - quel profil commun ?
  - historique ;
  - fidélité ;
  - niveau de satisfaction.

On trouve (la plupart) de ces informations :

- dans les fichiers (internes et externes) ;
- auprès des banques de données spécialisées ;
- Sur Internet ;
- dans les extraits de presse ;
- auprès des syndicats professionnels.

Parfois, on les trouve sur place :

- documentations ;
- plaquettes ;
- lettres aux associés ou au personnel ;
- bilan social ;
- affichage.

Donc, soyons curieux !

Quand le contacter ?

Quelle est la période la plus propice (saisonnalité) ?

À quel moment de la semaine (ou de la journée) sera-t-il plus disponible ? Imaginons une action de recouvrement auprès d'une PME qui utiliserait les services d'un comptable à temps partagé dont les interventions auprès de cette entreprise ont lieu exclusivement le jeudi après-midi. Tout appel ou action en dehors de ce créneau sont une perte de temps !

Ces informations, une fois repérées doivent, bien entendu, être répertoriées. À propos du moment opportun pour une nouvelle visite, je profite de cette occasion pour affirmer que le meilleur moment pour déterminer le rendez-vous suivant est celui où l'on s'apprête à quitter ce client.

Nombre de commerciaux, sans doute une majorité, quittent leur interlocuteur en convenant par exemple de se rappeler dans x temps, alors même qu'ils disposent l'un et l'autre de leur agenda. Alors, pourquoi ne pas convenir ensemble, fixer et formaliser le rendez-vous ? Qui sait si l'interlocuteur qui est en face de soi ne deviendra pas… injoignable ?

Où le rencontrer ?

Est-il souhaitable de se déplacer sur son site ? Ou est-il préférable de l'inviter dans notre centre de démonstration ? L'opportunité de profiter d'un prochain salon est une autre solution, à moins que l'inviter chez un fidèle client soit un meilleur choix.

Comment appréhender, anticiper la situation : la méthode AIH

C'est un travail stratégique d'anticipation puisqu'il s'agit de :

- repérer ses forces et ses faiblesses (voir paragraphe « De la nécessité de bâtir une stratégie adaptée », à l'étape 6) ;
- préparer des questions pertinentes ;
- préparer les réponses précises aux questions qu'il risque de poser ;
- préparer son argumentation[1] ;
- rassembler les preuves des arguments avancés ;
- repérer les avantages que le client retirera de l'offre ;
- connaître la concurrence (points forts et points faibles).

En matière de préparation (aussi), les outils les plus efficaces sont souvent les outils les plus simples ! C'est la raison pour laquelle j'ai imaginé un outil de synthèse dérivé du SWOT, l'AIH (atouts, inconnus, handicaps).

Voici la démarche proposée, synthétisée dans le tableau intitulé *Grille de préparation AIH*.

Étape 1 : je recense tous les éléments disponibles (historique, CRM, recherche documentaire, banques de données…).

---

1. Voir le paragraphe CAP-SONCAS, page 97.

Étape 2 : je les classe en 3 catégories.

- Mes atouts (mes points forts).
- Les éléments inconnus (à découvrir).
- Mes handicaps (mes points faibles).

Étape 3 : de ce diagnostic, je construis plusieurs types d'outils. À partir de mes atouts, je construis un argumentaire CAP-SONCAS (voir page 97). À partir des éléments inconnus, je construis un plan de découverte AHOS (voir page 84). Et à partir de mes handicaps, j'anticipe les objections probables et je conduis mes tactiques de réfutation (voir page 56). Cette demande, reportée sur le tableau suivant, peut donner lieu à un *scoring* selon l'approche ci-dessous :

- A = nombre d'atouts recensés ;
- H = nombre de handicaps recensés.

Si A est supérieur à H, alors il s'agit d'un compte à opportunités. Si A est inférieur à H, alors il s'agit d'un compte à risques.

Ce tableau est bien entendu évolutif car la découverte des éléments inconnus va alimenter la rubrique des «Atouts» ou des «Handicaps».

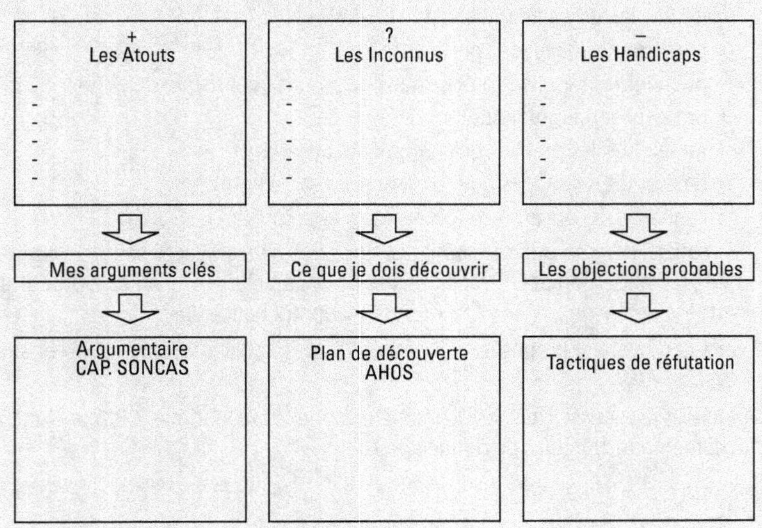

Comment être prêt physiquement et mentalement ?

Physiquement, le qualificatif qui me semble approprié est celui d'une présentation adaptée et d'une tenue ajustée.

Mais au fait, adaptation à quoi ou à qui ?

Adapté au secteur d'activité visité, à son interlocuteur s'il est déjà connu mais aussi à son entreprise. Attention aux excès ! Ce n'est pas parce que l'on va rencontrer un décideur excentrique qu'il faut s'habiller de manière excentrique ! N'oublions pas qu'un négociateur est le prolongement, l'ambassadeur de son entreprise et le véhicule de son image et de sa culture.

Être prêt physiquement et mentalement, c'est aussi savoir gérer son stress. À ce sujet, voici quelques conseils de bon sens :

- Essayer de relativiser l'importance d'un enjeu si l'on est enclin à l'anxiété (ne pas aller jusqu'à la désinvolture !).
- Penser « positif » avant un rendez-vous important.
- Effacer mentalement toute influence négative (une visite précédente difficile, des soucis à caractère personnel, tout ce qui peut polluer le rendez-vous à venir).

J'ai entendu un spécialiste, conseiller à un commercial anxieux, de brancher son autoradio pour se rendre à ses rendez-vous (plutôt que de ressasser de façon pessimiste son futur entretien) et de le faire sur une station musicale (car 80 % des informations énervent ou affectent !).

Respirer plusieurs fois profondément juste avant l'entretien.

Si le stress est réellement oppressant et chronique, ces quelques conseils seront bien légers et le lecteur concerné aura tout intérêt à lire un ouvrage dédié à ce thème (il en existe beaucoup… et de plus en plus) ou à voir un spécialiste.

J'observe aussi que les clubs sportifs s'entourent de plus en plus des services de spécialistes que sont, par exemple, les sophrologues qui optimisent les vertus de la concentration.

Rappelons-nous, par exemple, la concentration du perchiste russe, Bubka, dont les traits du visage se déformaient, dont le regard semblait exorbité et ce, avant chacun de ses sauts. De toute évidence, il s'isolait de tout, c'est tout à fait impressionnant.

Dans le même ordre d'idée, nous pouvons remarquer quelques équipes de foot ou de rugby dont les joueurs, juste avant le coup d'envoi, forment une sorte de grappe, courbés vers le sol, isolés de la foule, cherchant dans cette concentration collective une ultime motivation.

Une façon de ne pas créer artificiellement du stress est tout simplement la ponctualité pour un négociateur… Car devoir aborder un entretien en devant s'excuser, convenons-en, ce n'est pas idéal.

En résumé, se préparer efficacement, c'est se mettre en situation confortable car, c'est :

- prévoir certains obstacles et les stratégies pour les franchir ;
- éviter la dispersion, les oublis, les pertes de temps et les erreurs ;
- gagner en aisance et en assurance et accroître ainsi ses chances d'obtenir ses objectifs.

UN ATOUT MAJEUR : LA TECHNIQUE DU QUESTIONNEMENT

Les techniques d'interview ou de questionnement pourraient trouver leur place dans un chapitre ultérieur dédié à la phase « découverte »… mais en fait, il me semble judicieux de le traiter à part, car nous verrons qu'une solide panoplie de questionnement va être d'une utilité majeure, non seulement lors de la phase découverte mais lors de chacune des étapes du cycle de négociation.

Ainsi, certains types de questions sont efficaces lors de l'introduction, d'autres en phase exploratoire, d'autres en phase d'argumentation ou de traitement des objections, de conclusion voire lors de la prise de congé…

Les questions ont toutes un objectif précis

Les questions d'information sont destinées à obtenir un savoir, des connaissances, des… informations.

Les questions d'approfondissement aident à comprendre, faire réfléchir, vérifier, contrôler.

Les questions d'orientation sont là pour influencer, guider, suggérer.

Inventaire de questionnement

Tableau adapté du livre de Pierre Rataud, *Les questions qui font vendre*, Éditions d'Organisation.

Type de question	Exemple(s)	Commentaires
Questions d'information		
Ouverte	*Quel est votre avis sur... ?* *Que pensez-vous de... ?* *Quelle est votre opinion sur... ?* *Comment comptez-vous procéder... ?*	Porte sur un sujet en général. Permet d'ouvrir le dialogue. Fait parler. Valorise l'interlocuteur. Permet d'obtenir des réponses complètes. Est valable en début d'entretien. Un danger : l'excès ; trop de questions ouvertes engendrent un risque de dérapage ou d'enlisement.
Factuelle	*Quels sont vos critères de choix ?* *Qui est responsable du projet ?* *Quand pensez-vous obtenir cette information ?*	Commence par des adverbes ou pronoms interrogatifs (qui ; quoi ; où ; quand ; comment ; combien ; pourquoi). Permet d'avoir des réponses précises et concrètes (des noms, des dates, des chiffres...).
Fermée	*Avez-vous... ?* *Êtes-vous... ?* *Pouvez-vous... ?* *Puis-je vous... ?*	Commence par un verbe. Amène une réponse positive ou négative. N'apporte pas de détails (réponses brèves). Aide à récapituler en fin d'entretien. Un danger : l'excès ; trop de questions fermées (surtout en début d'entretien) sont vécues comme un interrogatoire.
Questions d'approfondissement		
Écho	*C : Votre système me semble délicat...* *F : Délicat ?...*	Invite à fournir des précisions. Éviter la répétition (utiliser avec parcimonie).
Ricochet	*Ah oui... ?* *C'est-à-dire... ?* *Par exemple... ?* *En dehors de cela... ? Pouvez-vous préciser... ?*	Permet de faire préciser la pensée. Fait progresser la compréhension. Est une marque d'intérêt. Favorise le développement d'une idée.
Miroir	*C : C'est tout de même un budget conséquent...* *F : Qu'avez-vous prévu ?*	Incite à préciser la pensée. Permet à l'interlocuteur de clarifier ses points de vue. Le pousse à développer son point de vue. Donne une impression d'intérêt.
Relais	*Et vous, que préférez-vous ?* *Et vous-même, qu'en pensez-vous ?* *Vraiment ?*	Évite de répondre soi-même à la question... en tout cas, permet de gagner du temps. Permet de renseigner plus largement. S'il y a plusieurs personnes : le relais peut être indirect et s'adresser à un participant désigné.
Reformulation interrogative	*Vous dites « intéressant »... en quoi selon vous ?*	Permet à l'interlocuteur de préciser et de développer sa pensée. Permet d'exploiter utilement les éléments de précision apportés par ce développement.

.../...

Type de question	Exemple(s)	Commentaires
Reformulation recentrage	*Vous me disiez, il y a un instant que…, n'est-ce pas ?*	Évite les digressions. Ramène l'interlocuteur à l'entretien « utile ».
Reformulation clarification	*C : Je n'ai pas le temps de faire cette étude, je ne suis d'ailleurs pas persuadé de son intérêt…* *F : En somme, vous préférez une autre méthode de travail ?*	« Permet de mettre les points sur les i ». Favorise la progression. Approche recommandée avec un interlocuteur qui louvoie.
Reformulation inversée	*C : Je suis le seul à m'opposer à ce projet.* *F : Voulez-vous dire que l'ensemble du reste du personnel y est favorable ?*	Permet d'amener l'interlocuteur à voir la situation sous un autre angle (de préférence positif ou favorable).
Reformulation appui	*C'est un point important que vous soulignez.* *C'est exactement cela…* *Votre remarque est pertinente…*	Permet de souligner et valoriser un point favorable évoqué par l'interlocuteur. Attention ! en abuser sera perçu comme de la flatterie.
Reformulation contrôle	*Donc ceci est primordial pour vous, n'est-ce pas ?* *Ceci constitue donc pour vous une condition impérative, n'est-ce pas ?*	Induit la nature de l'argumentation. Verrouille la compréhension.
Reformulation résumé	*Donc, pour résumer ce que nous venons de voir ensemble…* *Donc, ce qui est important pour vous…* *Donc, si j'ai bien compris vos propos…*	Permet de synthétiser, de condenser, de résumer, de rassembler les éléments essentiels. Plus l'entretien est dense, plus il est nécessaire d'avoir recours à cette technique qui évite les quiproquos et malentendus.
Reformulation déductive	*Vous me dites que vous êtes en rupture… dois-je comprendre que vous avez refusé des ventes ?*	Fait progresser la découverte. Prolonge et influence le raisonnement de l'interlocuteur.
Reformulation interprétative	*C : J'aurai beaucoup de difficultés à trouver des techniciens capables d'installer votre matériel…* *F : En fait, souhaitez-vous que nous nous chargions de la mise en service ?*	Réoriente. Facilite la compréhension. Doit être bien menée pour être tolérée (risque de sanction si déformation).
Questions tactiques		
Boomerang	*C : C'est certainement coûteux !* *F : Coûteux pour qui ?* *C : Est-ce que…* *F : Pourquoi me posez-vous cette question ?* *C : Est-ce que…* *F : Vous qui êtes connaisseur, quel est votre avis ?*	Amène l'interlocuteur à répondre lui-même à sa question. Décèle les vraies raisons. Permet de gagner du temps. Attention : donne l'impression de se dérober, à utiliser avec précaution.

…/…

Type de question	Exemple(s)	Commentaires
Directe	*Quels sont vos objectifs pour ce trimestre en cours ? Quel est votre prix objectif ?*	Permet d'aller droit au but. Permet de gagner du temps. Attention au risque de blocage si indiscrétion.
Rhétorique	*Quelles sont les incidences d'un tel choix… en fait, j'en vois trois…*	Structure le discours (offre un plan). Permet de conserver le pilotage (de l'argumentation). Attention : monopolise la parole…
Dirigée	*F : Devrions-nous vendre à perte ? C : Non bien sûr ! F : Si vous deviez choisir aujourd'hui, quelle serait votre orientation ?*	À utiliser avec un introverti ou un interlocuteur mou ou réservé… Danger : être trop directif (défense).
Indirecte orientée	*C : Je n'en vois pas l'intérêt… F : En fait, vous souhaiteriez connaître les plus que nous pouvons vous apporter ?*	L'interlocuteur n'en saisit pas toujours le sens, ou peut le vivre comme de la manipulation. Peut être tentée en cas d'objection difficile.
Généralisée	*Que pense-t-on dans votre profession de ce type de démarche ? Que souhaite votre direction à ce sujet ?*	Permet de mieux situer le contexte, l'environnement. Permet de ne pas interroger trop directement. Considère l'interlocuteur comme crédible et représentatif.
Interro-négative	*Vous n'aimeriez pas… ? Ne voulez-vous pas essayer ?*	À éviter (appelle une réponse négative).
Diversion	*C : Parlez-moi de votre politique de remise ? F : Mais au fait, notre gamme de coloris vous plaît ?*	Pour détourner l'attention ou gagner du temps. À proscrire (c'est l'inverse de l'écoute active). Technique réservée aux hommes politiques !
Polémique	*Croyez-vous vraiment ce que vous dites ?*	À proscrire (risque de blocage, voire de conflit !).
Analogique	*C : Comment fonctionne votre système ? F : Connaissez-vous le principe du microprocesseur ?*	Évite une longue explication. Clarifie et simplifie. À utiliser pour éviter une longue explication technique.
À choix multiples	*F : Selon vous, pourquoi cette situation ? L'absence de commandes, l'absentéisme, le taux d'anomalies, la fiabilité du matériel ?…*	Permet de vérifier plusieurs hypothèses. Permet de « tendre des perches ». À utiliser avec parcimonie (risque d'induction).
Suggestive	*Et si nous mettions en place… ? Que diriez-vous de… ?*	Permet de tester la réaction de l'interlocuteur sur une ébauche de solution.
Alternative positive	*Préférez-vous être installé au début ou à la fin du mois ? Vous préférez la version A ou la version B ?*	Permet de guider vers un choix positif. Permet d'orienter favorablement. Un refus sur l'un des termes ne ferme pas le dialogue. À utiliser avec parcimonie (en cas de véritable hésitation – en fin d'entretien – attention à la manipulation).

Nous voici donc à la tête d'une sorte de boîte à outils composée de 29 clés qu'il va falloir utiliser à bon escient. Certaines de ces questions se ressemblent, mais c'est précisément l'aptitude à repérer et à utiliser les nuances, et celle qui consiste à varier les méthodes qui donnera du relief à la négociation. C'est parfois un ensemble de détails et de nuances qui distingue un bon négociateur d'un excellent négociateur...

Les techniques de traitement des objections

« Ne me dites pas que ce problème est difficile, s'il n'était pas difficile, ce ne serait pas un problème ».

F. Foch

« Être contesté, c'est être constaté ».

V. Hugo

S'il est un vocable redouté de nombre de commerciaux, c'est bien le mot objection ! Deux raisons majeures expliquent cette appréhension :

- l'objection a une forte odeur de désaccord ;
- l'objection peut intervenir à tout moment, et à la seule initiative de l'interlocuteur.

Donc à tout moment, notre interlocuteur peut interrompre une belle argumentation, bien huilée. Déstabilisant non ?

Alors certains commerciaux argumentent sur le thème du monologue, enchaînant les arguments (voire les caractéristiques) à un rythme infernal, pour ne surtout pas laisser d'espace au client qui, ainsi, ne pourra pas... objecter !

Grossière erreur ! Le client ne dira peut-être qu'un mot : « Non ! »

Autre variante : le commercial qui enchaîne lui aussi les arguments mais qui de façon directive et sur un ton affirmatif se fend d'un « Vous êtes d'accord ! » entre chacun d'entre eux. Le client soit esquissera un vague « oui » soit ne bronchera pas (qui ne dit mot consent !) mais lorsque le commercial, fort de *x* « oui » posera la question « Alors, vous signez ? », cette fois, le client dira « non ! ». « Alors, je ne comprends pas, vous étiez d'accord sur tout ! »

Ces deux caricatures ont pour objet de faire s'insurger contre une soi-disant théorie qui indique qu'à partir de cinq « oui », la signature est assurée !

Si je n'ai pas intégré le traitement des objections à la place qui lui est habituellement dévolue (c'est-à-dire dans le chapitre dédié à l'argumentation), c'est parce qu'une objection peut intervenir à tout moment.

Phase	Exemples d'objections
Mise en situation	*Je n'ai que 10 minutes à vous accorder !* *Cela fait 2 ans que je n'ai pas été visité, existez-vous toujours ?*
Identification	*Vous avez encore combien de questions ? Ce n'est pas du tout ce que je vous ai dit !*
Proposition	*Votre offre est surdimensionnée ! Cela me paraît très compliqué !*
Argumentation	*Cela reste à prouver !* *Ce n'est pas du tout ce que m'a dit votre client Dupont !*
Valorisation	*Vous n'êtes pas placé !* *Vous dépassez mon budget !*
Conclusion	*Avant de me décider, je veux d'abord recevoir vos concurrents… !* *Finalement, je ne suis pas convaincu !*
Consolidation	*Je ne serai vraiment rassuré sur votre respect des délais que lorsque la marchandise sera effectivement rentrée !* *Si je comprends bien, maintenant que vous avez votre commande, je dois me débrouiller !*

Nous allons dans ce chapitre nous efforcer de combattre quelques idées reçues et traiter les objections de façon délibérément positive. Pour donner le ton, quelques expressions où se mêlent boutade et bon sens :

- « On a les objections que l'on mérite ! »
- « Si le client exprime une objection, c'est qu'il est intéressé ! »
- « Le meilleur moyen de devoir en traiter le moins possible… c'est de ne pas les provoquer ! »

Mais au fait, qu'est-ce qu'une objection ?

Nous pourrions définir l'objection comme une attitude de non-acceptation. Cette non-acceptation peut s'exprimer de façon verbale ou non verbale et prendre diverses formes présentant des difficultés de natures différentes.

Ainsi, pouvons-nous citer dans un ordre croissant de difficulté :

- la surenchère, le client est intéressé mais veut réaliser une affaire… il va peut-être falloir (moyennant une contrepartie) lâcher du lest… ;

- le doute, le client est intéressé, mais il hésite, en ressent une crainte… il va falloir le rassurer ;
- l'esquive, le client se dérobe, il fuit la sollicitation… il va falloir ajuster son argumentation ;
- l'indifférence, rien de pire ! Il y a sans doute un déficit dans la découverte de ses motivations ;
- le refus, c'est l'expression même du désaccord ou de l'opposition… il y a cette fois déficit d'argumentation (ou de ciblage !).

Quelle que soit la nature ou la gravité de cette non-acceptation, toute objection doit être considérée comme telle et par conséquent traitée. Oublions donc les notions d'objections « vraies ou fausses, ou fondées ou infondées », car si un client exprime une objection c'est que pour lui c'en est une et c'est ce qui compte !

Ainsi, en matière de typologie d'objections, nombre d'ouvrages font état d'objections « facile », « difficile » ou « majeure » ; ou encore d'objections « objective ou subjective » ; et même d'objections « d'offre, de confiance, d'argent ou de temps ».

Tout ceci est fort intéressant, mais quelle que soit sa classification, toute objection devra être traitée, quelle que soit sa nature ou son importance (laquelle est d'ailleurs relative…). Il ne me paraît pas davantage opportun de dresser une liste d'objections, car elle ne saurait être exhaustive tant elles sont innombrables, et il me semble plus judicieux, en matière de recensement, de nous intéresser à celui des tactiques de traitement.

Inventaire de tactiques de réfutation

Tactique	Description ou exemple	Commentaire
Reformulation interrogative	*Vous voulez dire que…* *Vous pensez donc que…*	Permet de valider la compréhension et de gagner du temps.
Reformulation sélective positive	Si le client reconnaît un point positif et lui associe une réserve. Développer ce point positif.	Le client reviendra sans doute sur la réserve ; permet un temps de réflexion.
Rebond	*C'est justement pour cela que…* *C'est pour cette raison que vous bénéficiez en contrepartie de…*	Tactique efficace bien qu'atypique car une telle réactivité est habituellement déconseillée après une objection.
Reflet	*Vous dites cher ?* (+ silence)	Incite l'interlocuteur à préciser son point de vue.

…/…

Tactique	Description ou exemple	Commentaire
Minimisation	*Compte tenu de sa durée d'utilisation, ce montant représente en fait le prix d'une baguette par jour !*	Tactique s'inspirant de la « division » (technique de présentation du prix).
Transformation	*Ce n'est pas une dépense mais une économie.*	Tactique nécessitant en complément une explication probante.
Justification	*C'est le prix de votre sécurité…*	Applicable si typologie SONCAS = SÉCURITÉ.
Renvoi	*Que feriez-vous à ma place… ?*	Attention au risque de réponse : *Je n'y suis pas !*
Proverbe-citation	*Toute peine mérite salaire… Petites causes, grands effets. Il n'y a pas de petites économies. Etc.*	À utiliser avec parcimonie et à bon escient.
Réciprocité	*Les conditions de règlement que je vous propose sont rigoureusement celles que vous appliquez à vos propres clients…*	Certains clients apprécieront, d'autres ne s'en contenteront pas.
Rupture	*Je ne peux malheureusement traiter en deçà de ce prix, vous comprendrez que nous ne pouvons vendre à perte…*	L'annonce de ce seuil va déterminer la réelle motivation du client…
Relativisation	*Convenez que ce point reste minime au regard de tous les avantages que nous venons d'évoquer.*	À utiliser quand l'objection est certes minime mais incontournable.
Complicité	*Comment selon vous pouvons-nous ensemble apporter une solution à ce point ?*	Le mot « ensemble » est habile parce qu'associatif et convient particulièrement à « Sympathie » de SONCAS.
Isolement	*Excepté ce point, sommes-nous d'accord sur les autres conditions… ?*	Permet selon la nature de la réponse : si affirmative, concentration sur le traitement de cette objection. Si négative, permet la hiérarchisation des objections.
Silence	Ignorer l'objection et… enchaîner.	À éviter à tout prix (sauf en cas exceptionnel d'objection « déplacée »).
Sélection	*Dans une série d'objections, répondre à celle qui est la plus facile…*	Ce serait trop simple, le client ne sera pas dupe…

…/…

Tactique	Description ou exemple	Commentaire
Report	*J'ai bien noté votre question et j'y répondrai, mais auparavant...*	Technique permettant de différer le traitement de l'objection à un moment jugé plus opportun.
Dilatoire	*J'allais vous en parler ! Mais il me fallait d'abord...*	Certains clients seront peut-être sceptiques sur la première partie de la réponse (« J'allais vous en parler »).
Diversion	*Ce que vous me dites me fait penser à...*	Certains clients la réitéreront sans doute.
Aveu	*Je reconnais que sur ce point vous avez raison.*	À utiliser en cas de panne de réponse. Beaucoup apprécieront la franchise et l'humilité de cette approche.
Compensation	*Pour tenir compte de votre observation, je vous propose...* (remise, geste commercial...).	La compensation doit être équilibrée...
Hiérarchisation	*Vous venez de me dire ceci, cela... qu'est-ce qui est le plus important pour vous ?*	Certains répondront : « Tout ! »
Anticipation	*Je suis sûr que vous allez me dire que...*	N'est habile que si l'objection est certaine ! Dans ce cas, c'est « choisir le moment de la traiter ».
Polémique	*Vous croyez vraiment ?*	Maltraite la susceptibilité.
Comparaison	Nous venons de rencontrer une situation identique à la société X et avons mis en place la solution suivante.	Bien choisir la référence.
Réactive	*Par rapport à ce que vous me dites, je dois vous dire que nous avons prévu cette situation et, dans ce cas précis, nous vous proposerons...*	À utiliser pour une objection claire et, dont la réponse est irréfutable. Peut agacer.
Investigation	Cascade de *Pourquoi ?*	Pour gagner du temps... (c'est tout !)
Recul	Silence (bref) + *En somme, vous me demandez si...*	Excellente tactique pour gagner du temps.
Approfondissement interrogatif	*J'entends bien votre observation, mais pouvez-vous m'en dire davantage ? Qu'est-ce qui vous fait penser cela ? Qu'est-ce qui vous fait dire cela ?*	Manifeste de l'intérêt. Valide la compréhension. Permet de gagner du temps (pour réfléchir à la réponse). Opportunité de solution apportée par le client lui-même.

Les sept phases du processus de traitement des objections

Cas d'objections classiques

Sur ce point, Brigitte Boussuat, dirigeante d'Advance Conseil, consultante et coach (L'Oréal, Camif, Oseo) nous apporte ses compétences :

« Le client a ses raisons que le vendeur ignore ». Il faut donc comprendre les vraies raisons de l'objection. Prendre son temps pour ne pas plaquer d'argumentation hâtive et inappropriée et ne pas transformer ce moment en un combat de boxe ! Voici comment gagner du temps.

Valoriser	*Je comprends votre point de vue, il est important d'acheter au plus juste…*
Questionner	*Trop cher ? pourriez-vous m'en dire plus ?*
Reformuler	*Donc si je comprends bien, vous avez à l'heure actuelle une proposition de ZW 422 15 % moins cher, c'est bien cela ?*
Isoler	*C'est le seul point ?*
Induire	*« Donc en fait, si nous étions en mesure de valoriser la différence de 15 %, cela vous conviendrait ?*
Argumenter	*Cette différence de 15 % s'explique par le fait que nos livraisons sont comprises dans le prix indiqué et que vous puissiez réassortir par petites quantités. Vous m'aviez dit être sensible à cet avantage qui vous permet de ne pas surstocker et donc de vous garder une trésorerie saine.*
Conclure	*En ce cas, pour répondre à vos attentes et impératifs de livraison, je vous propose une 1re livraison de la moitié maintenant, et le restant dans 3 mois.*

Première étape : valoriser

« Pourquoi ? »

- Vous calmez le jeu.
- L'acheteur qui vient de marquer son désaccord s'attend à votre réaction d'opposition. L'acheteur est donc surpris et déstabilisé positivement.
- L'acheteur est en position d'écoute.

« Comment ? »

- Éclairer les points communs.
- Les mettre en valeur.

- « Je vous comprends. »
- « Je me mets à votre place. »
- « Je comprends votre point de vue. »

« Si je ne le fais pas ? »

- L'opposition marquée à de bonnes chances de se transformer en combat armé.
- Il y a une remise en cause personnelle qui blesse l'acheteur.
- Mon interlocuteur est en position de défense ou d'agression. Il n'écoute plus !

Deuxième étape : questionner

« Pourquoi ? »

- Parce que questionner est la seule solution pour comprendre les véritables raisons, celles qui se cachent. À l'expression « Je vais réfléchir », il peut y avoir un sens caché : « Votre produit est inadapté, vous êtes trop cher, je souhaite comparer avec la concurrence... ».
- Parce que le questionnement montre à votre interlocuteur que vous êtes attentif à ses problèmes. Même si je pense connaître les raisons de mon acheteur, je ne dois pas communiquer sur des présupposés ou des *a priori*.

« Comment ? »

Je questionne d'abord le plus largement possible avec des questions ouvertes qui me donnent le maximum de chances d'aborder le problème dans sa globalité.

« Qu'est-ce que vous entendez par de meilleures garanties ? » Lorsque j'ai cerné la source d'opposition, j'affine mes questions avec des questions fermées : « Une garantie sur site serait donc un plus pour vous ? » Je questionne jusqu'à parfaite compréhension du problème.

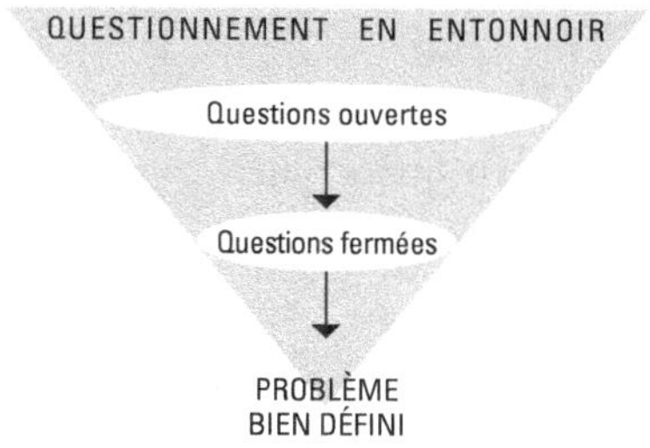

« Si je ne le fais pas ? »

- Si je saute sur l'objection pour la traiter immédiatement, je prends le risque de me tromper sur la raison de cette opposition. Cette erreur va amener le client à s'opposer une nouvelle fois. Le conflit est installé !
- J'impose mon point de vue (« Moi le professionnel je sais ») et je donne à mon interlocuteur l'impression que ma position compte plus que la sienne. Le client est vexé.

Troisième étape : reformuler

« Pourquoi ? »

- Pour vérifier que j'ai bien compris.
- Pour montrer au client l'intérêt que je porte à ses préoccupations.
- Pour clarifier et synthétiser les faits (pour moi et pour lui).
- Pour obtenir un « oui » et s'éloigner de l'opposition.

« Comment ? »

Dans l'objection le client dit : « Ça ne va pas ! » Il faut donc l'amener à positiver et à envisager ce qui irait !

- « Donc en fait, ce que vous souhaiteriez… »
- « Donc si je vous ai bien compris… »

« Si je ne le fais pas ? »

- Risque de mauvaise compréhension de ma part (vendeur décrédibilisé).
- Risque de marquer un début de conflit.
- Perte de nouvelles informations que mon interlocuteur souhaiterait ajouter.

Quatrième étape : isoler

« Pourquoi ? »

- Pour être sûr qu'il n'y a pas d'autres objections cachées.
- Pour éviter la mauvaise foi du client (qui se manifeste au moment de l'engagement final).
- Pour montrer à mon interlocuteur ma volonté d'aller au fond du sujet et de ne pas laisser de zone d'ombre.
- Pour prendre la main sur la négociation et en garder le contrôle.

« Comment ? »

- « Y a-t-il d'autres points qui restent à aborder ? »
- « Hormis ce point y a-t-il d'autres éléments qui vous gênent ? »
- « C'est le seul point qui reste en suspens ? »

Si le client évoque un autre point, il faudra procéder comme pour le premier et isoler les deux points :

- « Pour nous résumer, seuls deux points restent à débattre maintenant… »

« Si je ne le fais pas ? »

Je prends le risque que le client s'échappe à la fin avec un faux prétexte.

Cinquième étape : induire

« Pourquoi ? »

- Obtenir un « oui » conditionnel, plus facile que le « oui » final, un troisième « oui »…
- … qui entraîne un comportement positif.
- Propulser le client vers la solution idéale.

« Comment ? »

- « Donc en fait, si nous étions en mesure de vous proposer une solution qui vous permette… cela vous satisferait ? »
- « Donc en fait, vous seriez d'accord pour une solution qui vous permette… c'est bien cela ? »
- « Vous souhaitez pour vous engager avoir des garanties… c'est bien cela ? »
- « Pour vous décider il vous faut donc impérativement… c'est bien cela ? »

« Si je ne le fais pas ? »

Le client peut m'échapper à la fin :

- « Très bien, j'ai noté que vous m'accordiez une remise de 20 %… Je vais réfléchir et vous recontacterai… »

Sixième étape : argumenter

« Pourquoi ? »

Parce que le client a besoin de savoir précisément quelle solution vous offrez. Il attend que vous lui apportiez des preuves.

« Comment ? »

Tout comme la présentation de votre offre, elle doit se faire sous forme de CAP.

- C pour caractéristique : «Je vous propose de vous prêter un matériel pendant quinze jours. »
- A pour avantage : « Ce qui vous permettra de le tester. »
- P pour preuve : « C'est un avantage très apprécié de nos clients qui permet de garantir à 100 % leur choix. »

« Si je ne le fais pas ? »

Sans preuve, je me donne peu de chances de conclure ma vente !

Septième étape : conclure

« Pourquoi ? »

Parce que le client doit définitivement oublier l'objection.

« Comment ? »

Selon le stade de la négociation auquel intervient l'objection, il y a deux conclusions différentes :

- Conclure sur la fin de l'objection :
  - Une objection peut intervenir tôt dans la négociation. Il convient donc de vous assurer que le doute est levé et continuer le cycle normal de votre négociation : « Nous avons donc vu comment notre système bien que plus léger vous permet une isolation renforcée. En ce qui concerne l'épaisseur de vos matériaux actuels, quelles sont les normes ? »

- Conclusion de fin de négociation :
  - L'objection intervient à la fin de la négociation (prix, règlement, délais, etc.). Vous pouvez donc conclure votre négociation (voir techniques de conclusion).

« Si je ne le fais pas ? »

Sans conclusion, le client peut oublier votre réponse et garder le souvenir de son objection.

Cas d'objections émanant d'un interlocuteur irascible

Le processus de traitement comporte également sept phases.

1. Repérer l'objection	L'identifier ; elle peut être implicite ou non verbale. Laisser le client exprimer complètement son objection. Pratiquer l'écoute active.
2. Admettre l'objection	*Je respecte votre point de vue.*
3. Comprendre l'objection	Poser des questions d'approfondissement.
4. Reformuler l'objection	Reformuler pour s'assurer de la compréhension : *Donc, si je comprends bien… c'est bien cela ?*
5. Isoler l'objection	*Indépendamment de ce point, avez-vous d'autres observations ?*
6. Traiter l'objection	Suivant les cas : informer, prouver, minimiser, relativiser, compenser…
7. Valider	*Ai-je répondu à votre attente ?*

Dans ce cas, l'identification sera plus délicate car un client qui vocifère s'exprime de façon parfois confuse. La priorité consiste à ne pas être trop réactif car la situation cache des pièges : toute réfutation trop hâtive le relancera, et ce tant qu'il n'aura pas déversé tout son venin.

Le négociateur patient sera récompensé, car parfois, voire souvent, nous assistons au phénomène suivant.

- Un aboyeur ne peut pas hurler indéfiniment, et s'il se sent écouté et respecté, il baissera d'un ton puis prendra conscience de son excès et confessera, par exemple : « Ce n'est pas contre vous personnellement que je dis cela mais… » Nous allons donc pouvoir discuter plus sereinement.
- Dans certains cas favorables, alors même que l'on imagine en l'écoutant hurler que la réparation du préjudice (si préjudice il y a) sera coûteuse, il se fendra peut-être, par exemple, d'un « On n'en serait pas arrivé là si vous aviez fait le geste commercial de prendre en charge x et y ». Le $x + y$ en

question représentera peut-être une concession commerciale d'un montant sensiblement inférieur à celui que l'on aurait imaginé devoir concéder en compensation.

- Un contrôle de l'objection est également particulièrement important car il s'agit dans un contexte délicat de vérifier si le désaccord est totalement réglé.

Ainsi certains litiges rebondissent quand le fournisseur pense (de bonne foi) avoir apporté la solution globale tandis que dans l'esprit du client il ne s'agit que d'un traitement partiel (rappelons-nous l'un des enseignements majeurs des règles de communication : c'est à l'émetteur qu'incombe à 100 % la responsabilité de la bonne compréhension).

Ces deux méthodes finalement assez proches ont pour point commun une règle absolue : en matière d'objection la réactivité est piégeuse !

Une autre méthode de traitement des objections : la méthode « ÉCART »

- Écoutez jusqu'au bout, sans interrompre le client et sans lui envoyer de signaux non verbaux. Laissez-le s'exprimer.
- Creusez/clarifiez pour comprendre, mais sans lui demander de se justifier. Identifiez les vraies raisons de l'objection. Traitez la demande réelle et pas apparente.
- Acceptez son point de vue avec empathie (sans pour autant l'adopter). Apaisez-le et évitez l'attitude de confrontation d'idées.
- Reformulez le sujet de l'objection, tout en partageant une idée de bon sens. Montrez que vous avez bien compris et que vous comprenez sa vision.
- Traitez avec cohérence et souplesse, en présentant un avantage/bénéfice afin de poursuivre le cycle de vente.

Ces méthodes finalement assez proches ont pour point commun une règle absolue : en matière d'objection la réactivité est piégeuse !

Conseils additionnels

À éviter	À privilégier
Instaurer un rapport de forces. Ne pas s'intéresser aux motivations profondes du client. Vouloir prouver que l'on a raison. Se priver d'informations capitales pour vendre des produits complémentaires. Altérer la relation… Considérer une objection comme une attaque personnelle. Provoquer des objections par maladresse. Exemples : • *En cas de panne… (Ah bon ! Cela n'est pas fiable ?)* • *Vous ne devriez pas avoir de problèmes (Ah bon ! Il y a quand même un risque ?).* • *Avez-vous consulté mes concurrents ? (Non, mais vous avez raison, je vais lancer une consultation !).*	Instaurer un rapport de connivence. S'intéresser à ce qui n'est pas dit de façon explicite. Vouloir faire adhérer. Récolter des informations utiles pour vendre plus et mieux. Construire la relation… Mener un travail de préparation en amont de l'entretien consistant à recenser les objections les plus fréquentes et à les travailler en équipe pour éviter d'être pris au dépourvu (voir la phase « préparation »). Apporter son aide, son assistance et profiter d'une objection pour instaurer une communication empathique.

Exemples de traitement des objections par le questionnement

Objections	Réponses possibles
Je n'ai pas d'argent…	*Désirez-vous en gagner ?*
Je suis déjà équipé, j'ai déjà un fournisseur, je suis fidèle, habitué, satisfait, je ne veux pas changer.	*Et si demain vous deviez en changer, que lui demanderiez-vous ? Qu'est-ce qui vous ferait changer ?* *Qu'attendez-vous d'un bon fournisseur ?*
Faites-moi une proposition écrite…	*Sur quelles bases ?* *Quels sont vos points d'intérêt ?*
Je n'ai pas le temps de vous recevoir !	*Pouvons-nous aller à l'essentiel ?*
Je ne veux pas vous faire perdre votre temps…	*Puis-je vous en faire gagner ?*
Vous perdez votre temps…	*Qu'est-ce qui vous le fait penser ?… C'est-à-dire ?… Pensez-vous qu'apprendre à connaître votre entreprise et vos besoins, soit une perte de temps ?*
Je ne connais pas votre société.	*Puis-je vous la présenter rapidement ?*
S'il fallait acheter tout…	*Vous avez raison et qu'est-ce qui est essentiel pour vous ?*
Ça tombe toujours en panne.	*À quelle fréquence ?*
J'ai un ami qui fait ça…	*Vous traite-t-il en ami ou en client ? Est-ce vraiment comparable ? Est-il votre fournisseur ?*

…/…

Objections	Réponses possibles
C'est trop cher !	*Par rapport à quoi ? En quoi ?…. Est-ce vraiment comparable ? Que pensez-vous d'un investissement durable ?…*
Je vais réfléchir…	*À quelle question ? Pouvons-nous réfléchir ensemble ?*
Il faut que j'en parle à… mon associé, ma femme…	*Pourquoi ? Est-ce lui/elle qui décide dans ce domaine ? Comment le/la rencontrer ? Devons-nous nous parler ensemble ?*
J'ai déjà vu votre concurrent.	*Lequel ? Avez-vous fait affaire ? Que lui avez-vous pris ? Que vous propose-t-il de différent ?*
Repassez me voir dans six mois.	*Pourquoi ? Quels sont les éléments qui auront changé ? Qu'y aura-t-il de nouveau ? Quels projets aurez-vous alors ?*
J'ai traité avec quelqu'un d'autre…	*Est-ce définitif ? Pouvez-vous me dire avec qui ? Quelle solution avez-vous choisie ?*
Pas d'investissement cette année !	*Est-ce une question de budget ou de besoin ?*
Je ne suis pas intéressant pour vous…	*Qu'est-ce qui vous fait dire cela ?*
Je n'ai pas de place…	*Est-ce le seul point qui vous arrête ?… Est-ce que cela freine vos ventes ?… Pouvez-vous me présenter vos contraintes d'espace ?*
Votre directeur n'a pas daigné venir me voir depuis son arrivée !	*Quelles suggestions lui feriez-vous ?*
Votre service après-vente, on l'attend !	*Quel est pour vous le délai raisonnable ?*
Vos concurrents sont moins chers !	*Les produits sont-ils vraiment comparables ? Vous offrent-ils les mêmes services ?*

Source : Pierre Rataud, Les questions qui font vendre, Éditions d'Organisation.

La technique de l'ancrage

« Quand ? »

L'ancrage est une technique qui ne s'applique que si l'objection est particulièrement importante pour le client, et si le négociateur dispose d'une solution irréfutable.

« Comment ? »

Au lieu de répondre spontanément et de façon réactive, il convient de préparer la conclusion par l'enchaînement :

- de la reformulation :
  - « Monsieur, si je vous ai bien compris, votre observation relative à… constitue un obstacle majeur à la concrétisation de notre offre ? » acquiescement probable : « C'est bien cela malheureusement ! »
- de l'ancrage :
  - « Monsieur, si nous trouvons ensemble une solution concrète à l'observation que vous venez d'évoquer, pourrons-nous alors compter sur votre adhésion ? » « Oui, sans doute, mais trouvez d'abord la solution ! »
- de la solution :
  - La présentation de cette solution n'intervient qu'en troisième étape mais au cours de la deuxième, nous aurons obtenu un accord de principe. Cela constitue un signal d'acceptation permettant de conclure selon le processus évoqué lors du traitement de cette phase.

« Pourquoi ? »

Ainsi cette tactique va permettre :

- de minimiser voire d'écarter les autres objections éventuelles devenues pour le moins mineures ;
- d'amener naturellement la conclusion.

Stratégies et tactiques de négociation

« Agir en homme de pensée et penser en homme d'action. »

H. Bergson

STRATÉGIE, TECHNIQUES ET TACTIQUES

Un négociateur doit posséder sens *stratégique* et sens *tactique*.

La *technique* quant à elle est un savoir-faire, mais, s'agissant de négociation commerciale nous éviterons de parler d'exactitude car rappelons-le, la négociation est tout sauf une science exacte.

Pour expliciter la différence entre stratégie et tactique, j'utilise (là encore) volontiers un exemple.

> Ainsi, un entraîneur d'une équipe sportive va établir, échafauder une stratégie reposant sur l'examen de cassettes vidéo de l'équipe adverse, sur l'analyse de ses forces et faiblesses. Il va construire et mettre en place un plan stratégique destiné à conduire son équipe à la victoire. C'est sa stratégie.
>
> En cours de match, en fonction de la situation ou de l'évolution du jeu. Il va changer un ou deux joueurs, replacer certains autres, peut-être modifier son schéma de jeu, rendre son équipe plus offensive ou plus défensive, c'est son sens tactique.

	Fonctions	**Valeurs mobilisées**
Stratégie	Quelles orientations ? Quels objectifs ? Comment atteindre ces objectifs ?	Esprit visionnaire. Réflexion. Sens de l'anticipation. Sens de la préparation.
Technique	Quel savoir-faire ? Quels outils mobiliser ?	Connaissance. Entraînement.
Tactique	Quelles actions entreprendre en réponse à une situation ponctuelle ou à une opportunité ?	Improvisation. Réactivité. Opportunisme.

Si je préfère la « négociation » à la « vente », ce n'est pas parce que « négocier » sonne plus noble (!), mais plutôt parce que le verbe « vendre » évoque la notion de produit ou de service, alors que négocier me semble plus large, plus vaste. Ne parle-t-on pas de négocier un délai, une remise, un accord, un partenariat ? De surcroît, vendre a une connotation unilatérale tandis que négocier est bilatéral.

Nous parlerons donc de « stratégies, techniques et tactiques de négociation ».

LA NÉGOCIATION EN HUIT PHASES

Le respect de ce plan et de sa chronologie est primordial ; chaque étape a son importance.

Beaucoup de commerciaux, dans le (louable) souci de gagner du temps, vont le plus vite possible (voire directement !) à la phase argumentation en écoutant, voire bâclant la phase découverte. Quelle erreur ! Sans phase découverte suffisante, c'est-à-dire sans avoir capitalisé suffisamment d'informations, toute argumentation sera hasardeuse.

- Soit elle sera décalée donc vouée à l'échec.
- Soit elle sera inconsistante et il faudra repartir en découverte pour la compléter (le temps gagné sera vite reperdu et au-delà).
- Soit elle sera exhaustive et donc, longue et fastidieuse pour le commercial…
- … mais surtout pour le client qui se lassera vite…

> Un exemple caricatural est celui d'un homme qui entre dans une concession automobile et s'attarde auprès d'un nouveau modèle, une petite citadine ; un jeune et fringant commercial accourt et argumente « comme un fou » sur la maniabilité, la praticité, l'esthétique, la tenue de route, le freinage, etc.

Elles se résument dans le schéma suivant :

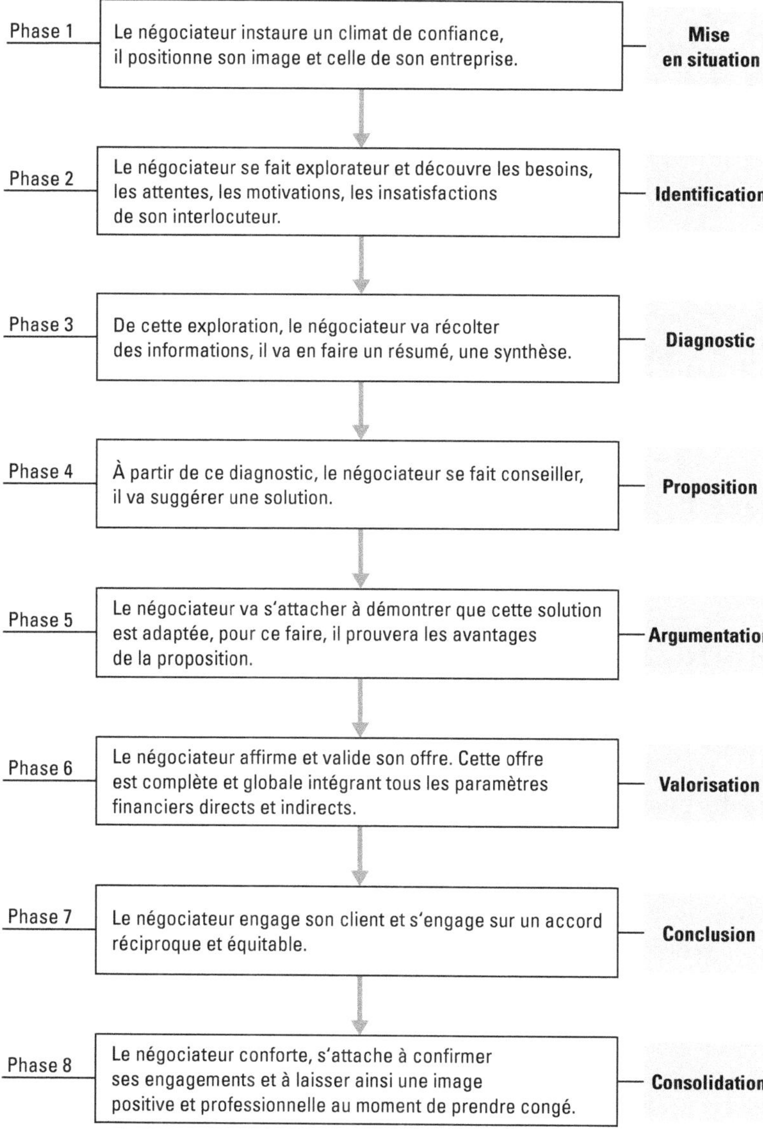

Phase 1
Le négociateur instaure un climat de confiance, il positionne son image et celle de son entreprise.
Mise en situation

Phase 2
Le négociateur se fait explorateur et découvre les besoins, les attentes, les motivations, les insatisfactions de son interlocuteur.
Identification

Phase 3
De cette exploration, le négociateur va récolter des informations, il va en faire un résumé, une synthèse.
Diagnostic

Phase 4
À partir de ce diagnostic, le négociateur se fait conseiller, il va suggérer une solution.
Proposition

Phase 5
Le négociateur va s'attacher à démontrer que cette solution est adaptée, pour ce faire, il prouvera les avantages de la proposition.
Argumentation

Phase 6
Le négociateur affirme et valide son offre. Cette offre est complète et globale intégrant tous les paramètres financiers directs et indirects.
Valorisation

Phase 7
Le négociateur engage son client et s'engage sur un accord réciproque et équitable.
Conclusion

Phase 8
Le négociateur conforte, s'attache à confirmer ses engagements et à laisser ainsi une image positive et professionnelle au moment de prendre congé.
Consolidation

> Quand (enfin) notre homme a un soupçon d'espace pour s'exprimer, c'est pour lui dire, par exemple :
>
> « Je me suis approché de ce véhicule par curiosité, mais vous savez j'ai cinq enfants alors parlez-moi plutôt de votre monospace ! »

Cet empressement pour argumenter est l'un des principaux dysfonctionnements constatés, aussi bien auprès de jeunes stagiaires étudiants, qu'auprès de professionnels plus aguerris… Souvenons-nous de l'importance de l'écoute active. C'est précisément l'identification qui va mettre le négociateur en situation d'écoute active, donc en situation favorable.

Abordons maintenant chacune de ces étapes clés.

Phase 1 : la mise en situation

> *« Méfions-nous de notre première impression… c'est souvent la bonne ! »*
>
> C.-M. de Talleyrand

Pendant la négociation, c'est un moment bref d'observation durant lequel les acteurs vont se « photographier », et cette photographie va influencer psychologiquement la suite de la relation. Il convient donc d'instaurer un climat de confiance.

Le contact non verbal

Rappelons à ce stade que le négociateur transmet à son interlocuteur l'image de sa personne mais aussi celle de son entreprise dont il est véritablement l'ambassadeur.

Il devra séduire et pour ce faire sera apprécié successivement à partir de son image, puis au travers du contenu de l'entretien et de son savoir-faire dans la conduite des échanges.

Quelques atouts : la tenue vestimentaire (qui doit être adaptée), le sourire, des gestes calmes et posés, une présence, de l'assurance, un comportement naturel et professionnel.

Le contact physique

Le premier échange physique est la poignée de main. Elle doit être à l'initiative de l'interlocuteur, *a fortiori* s'il s'agit d'une femme. La poignée de main doit être ferme (sans excès, ce n'est pas un défi physique !). Attendre pour s'asseoir d'y être invité. Le regard doit être franc, mais là encore il ne s'agit pas d'un défi.

C'est aussi le moment de la question de sa place. Il convient d'être proche sans être envahissant. Si la place qui vous est proposée est encombrée, il faudra alors demander (poliment mais légitimement) un minimum d'espace. Beaucoup de commerciaux n'osent pas le faire et se retrouvent ainsi recroquevillés et réduits à une position des plus inconfortables.

Certains de mes confrères préconisent une position en repli légèrement de biais, un bloc-notes sur les genoux (invoquant la confidentialité des notes prises). Pour ma part, je préfère une posture de face et une prise de notes plus confortable et plus transparente, autrement dit une occupation équitable de l'espace.

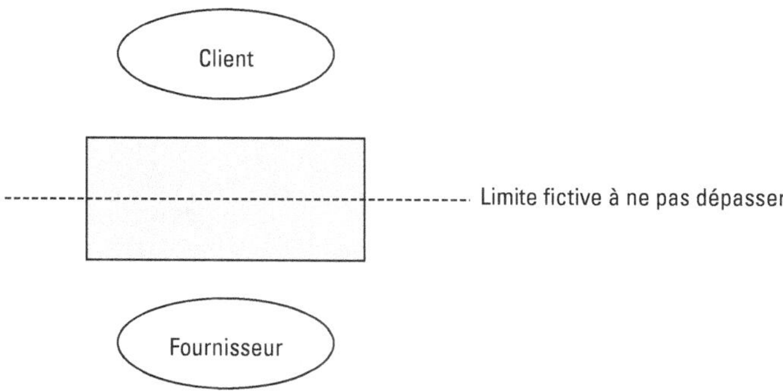

Cas particulier des commerciaux qui utilisent un ordinateur portable.

Pour avoir eu l'occasion d'expérimenter en vidéo les différentes positions possibles, voici les enseignements que j'ai pu en tirer.

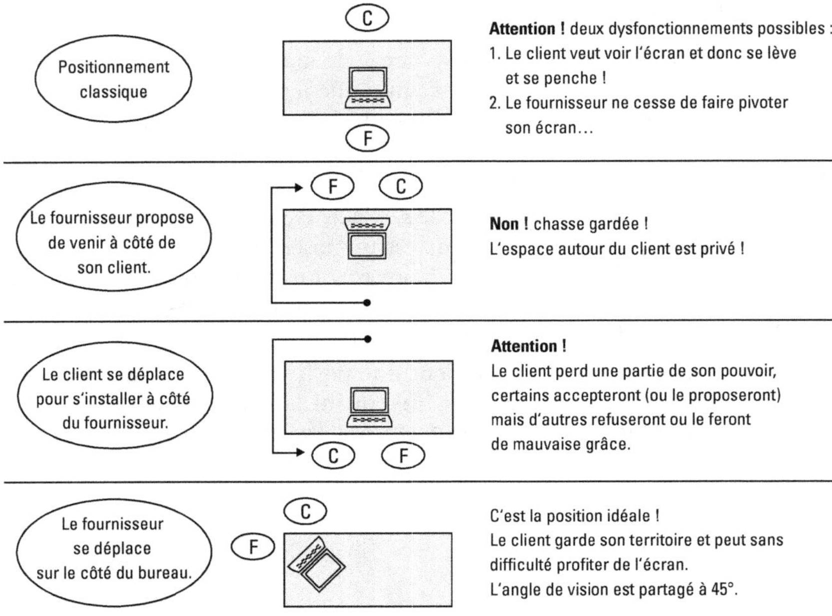

Le contact verbal

C'est un moment clé de la prise de parole. Il s'agit d'en avoir l'initiative, et de se présenter et de présenter son entreprise de façon synthétique et précise, d'annoncer clairement l'objet de l'entretien dans le respect d'un temps imparti qu'il convient de préciser. Au-delà du fond, la forme aussi est importante. Tous les enseignements de l'expression orale (voix-langage-terminologie) doivent s'appliquer – (voir le chapitre dédié à ce sujet, le sourire, le tonus sont des atouts supplémentaires).

Les documents et supports

Ils doivent être disposés de façon calme, posée et organisée.

L'interlocuteur se rendra immédiatement compte que vous n'êtes pas venu les mains dans les poches, en touriste. L'outil primordial est le bloc-notes, car la prise de notes est un atout essentiel dont les principaux avantages sont développés ci-après.

- Vous valorisez votre interlocuteur puisque vous lui prouvez que ce qu'il va vous dire est important (c'est la preuve de l'écoute active).
- Vous allez capitaliser un maximum d'informations utiles pour développer ensuite votre argumentation.
- Vous allez vous faciliter la tâche car la mémoire a ses limites.
- Vous allez donner une image positive de professionnalisme.

Certains organisent leurs prises de notes en préparant une trame, un canevas, des repères, soit pour ne rien oublier, soit pour se constituer un guide d'entretien structuré et chronologique. Selon le contexte, vous pouvez en demander l'autorisation, laquelle sera toujours acceptée et souvent appréciée. Bien entendu, le moment semble opportun de rappeler l'importance de l'exactitude car en matière de première impression, commencer par devoir s'excuser n'engendre pas une impression des plus positives !

Pensez à vérifier l'identité d'un interlocuteur que l'on rencontre pour la première fois. Ce n'est en effet pas inutile puisque cela évite quelques quiproquos parfois rencontrés chez des commerciaux pressés qui argumentent à toute vitesse pour s'entendre dire, par exemple, que M. Martin, responsable des achats, c'est… deux bureaux plus loin !

À propos de gestion du temps, à la question : « Combien de temps pouvez-vous m'accorder ? » ; si la réponse est « trois minutes, pas une de plus ! », mieux vaut se fixer comme unique stratégie de reprendre un « vrai » rendez-vous. Si le temps imparti est plus conséquent, mais insuffisant, il y a alors possibilité de modifier l'ordre du jour en réservant, par exemple, l'entretien à la phase d'identification, et prévoir d'ores et déjà de se revoir pour la proposition. Le client dans ce cas soit acceptera le second rendez-vous, soit s'il en a la possibilité allongera le temps accordé… J'ai pu constater que beaucoup de clients annoncent une disponibilité réduite et sont les premiers à « déborder » largement (cela signifie tout simplement que notre offre les intéresse).

La méthodologie de mise en situation

Étapes	Exemples d'application pour une première visite
Politesse	Bonjour monsieur, je suis *X* de la société *Y*.
Validation	Êtes-vous bien M. Martin ?
Remerciements	Je vous remercie de m'avoir accordé ce rendez-vous.
Gestion du temps	À ce propos, nous disposons bien de trente minutes ?
Ordre du jour	Au cours de cette demi-heure, je vous propose dans un premier temps de vous présenter succinctement notre entreprise. J'aimerais ensuite en savoir d'avantage sur la vôtre, puis, si vous le voulez bien, nous identifierons ensemble vos besoins, afin que je puisse vous apporter une solution adaptée…
Validation	Avez-vous de votre côté des éléments que vous souhaitez intégrer à l'ordre du jour de notre réunion ?
Présentation entreprise : • **Secteur d'activité** • **Ancienneté** • **Chiffres clés** • **Spécificités** • **Double référence** • **Organisation**	Nous sommes fabricants de *x*, spécialisés dans le domaine *y* depuis maintenant 12 ans. Notre effectif est de 290 personnes pour un CA de 118 millions. Notre progression moyenne est de 7 % par an. L'une de nos spécificités consiste en la capacité d'intervenir sur site 24 heures sur 24. Nous sommes fiers de compter parmi nos clients fidèles des sociétés aussi importantes et exigeantes que *x* ou *y*, mais aussi, de nombreuses PME comme la vôtre… Notre structure est répartie en douze agences…
Remise de la carte de visite	… et pour ma part, je suis en charge du département *z* et, à ce titre, serai votre interlocuteur privilégié.
Question	Je vous remettrai bien entendu à la fin de notre entretien une plaquette de notre société, mais souhaitez-vous d'autres informations sur notre entreprise ?
Introduction de la découverte	Dans ce cas, je vous propose maintenant de me parler de…

Commentaires additionnels

Pour apporter un élément de convivialité dans la phase de présentation, quelques observations préalables à caractère non professionnel peuvent être utiles :

Valoriser le cadre, ou la qualité de l'accueil, ou la facilité d'accès, ou encore valoriser la décoration du bureau, mais attention à ne pas atteindre le seuil de la flatterie.

La notion « d'ordre du jour » n'est pas anodine. En effet, ce vocable, habituellement réservé à une réunion, permet habilement de valoriser l'entretien et de transformer un entretien commercial en réunion de travail.

La méthodologie de présentation de son entreprise

Étapes	Exemples
Identité	La société Durand SA…
Secteur d'activité/ancienneté	… est spécialisée depuis maintenant 12 ans dans le secteur de la maintenance robotique.
Chiffres clés	Notre chiffre d'affaires est de 118 M€ pour un effectif de 290 salariés; notre progression annuelle est de l'ordre de 7,5 %.
Organisation	Nous disposons de 12 agences régionales réparties sur l'ensemble du territoire national.
Spécificités	L'une de nos spécificités consiste en la capacité d'intervenir sur sites 24 h/24.
Références	Nous comptons parmi nos clients des entreprises aussi exigeantes que le groupe X et la société internationale Y, mais pour une part majoritaire de notre CA, un tissu de PME/PMI comme la vôtre.
Questions	Je vous remettrai bien entendu une plaquette de notre société, mais souhaitez-vous d'autres informations?

Un exemple d'ouverture d'un premier entretien

Sylvain Fantoni, ancien concessionnaire en bureautique et qui pilote le pôle « ventes complexes » chez Euridis propose l'architecture suivante :

• Rappel des objectifs :

– prendre le leadership de l'entretien ;

– poser le cadre ;

– instaurer un climat professionnel et convivial.

Phases	Méthodologie	Exemples
Rituel	Politesse « Brise-glace » Remerciement RV	Bonjour Monsieur, je suis P. Martin de la société X, vous êtes bien Monsieur Duval ? J'ai vu dans *Les Échos* que votre secteur d'activité devrait enregistrer sur le prochain semestre une progression à 2 chiffres, c'est impressionnant ! (…) Bien, tout d'abord, je tiens à vous remercier de m'avoir accordé ce rendez-vous…

…/…

Phases	Méthodologie	Exemples
Cadrage OPA	Validation durée. Ordre du jour. Esprit de conclusion. Validation ordre du jour.	…à ce sujet, vous disposez bien d'une heure ? (…) Au cours de cette heure, je vous propose pour ce premier entretien de diagnostic : • *de vous présenter de façon synthétique notre société ;* • *de vous poser quelques questions pour mieux connaître la vôtre ;* • *de recenser vos attentes et vos besoins afin de vous proposer à terme une solution adaptée ; laquelle nous permettra, je le souhaite, de compter parmi vos partenaires ?* Cela vous convient-il ? (…)
Le «Why»	Le métier. Les solutions proposées. Les références. Chiffres clés. Organisation Rôle + carte de visite. Introduction à l'investigation.	*X* est une société spécialisée dans le recrutement de ressources dédiées au *Y*. Nous avons pu ainsi apporter des solutions pérennes en matière de *X* et apportons un retour sur investissement moyen de *Y*. C'est ainsi que des sociétés aussi exigeantes que *X*, *Y*, ou encore *Z* nous font régulièrement confiance. Notre CA est de *X* et progresse en moyenne de *X* % par an depuis la création de notre entreprise. Nous sommes organisés en *X* agences et je suis pour ma part en charge du secteur de *Y* et suis donc à ce titre votre interlocuteur dédié. D'ailleurs, voici ma carte de visite… Avant de vous proposer de bénéficier de notre expertise, je vais donc vous poser quelques questions pour bien cerner votre problématique.

Phase 2 : l'identification (ou découverte)

Sans revenir sur ma conviction que toutes les étapes sont essentielles, s'il en existe bien une qui est majeure lors de la négociation, c'est bien la phase identification. C'est elle qui *conditionne* la réussite ou l'échec d'une négociation. L'identification, c'est l'essence même de l'argumentation. Sans découverte, l'argumentation deviendra aléatoire, hasardeuse, elle sera sans consistance tout simplement parce que c'est l'identification qui permet d'obtenir la matière du négociateur.

Alors que s'agit-il d'identifier ? Tout !

Tout, c'est-à-dire l'entreprise, son organisation, les attentes, les enjeux, les projets de l'interlocuteur, ses besoins et ses motivations, ses insatisfactions…

Pour satisfaire un tel objectif, les techniques de questionnement évoquées précédemment peuvent s'avérer des plus utiles car le temps imparti au négociateur n'est souvent ni conséquent ni extensible, il s'agit donc de poser les bonnes questions au bon moment.

Quelques distinctions préalables

Afin d'éviter des confusions et surtout de mener une identification spécifique et adaptée, il est opportun de réaliser quelques différenciations.

Besoin ≠ motivation

Besoin	Motivation
Concret	Abstrait
Rationnel	Irrationnel
Objectif	Subjectif
Matériel	Psychologique
Quantifiable	Inquantifiable

Nous verrons plus avant l'importance de faire preuve de discernement, mais celui-ci n'est pas toujours aisé.

Par exemple, « J'ai besoin de travailler… »

Hypothèse A : « …car j'ai besoin d'argent pour me loger » → BESOIN.

Hypothèse B : « …car j'ai besoin de me réaliser socialement » → MOTIVATION.

Besoin exprimé ≠ besoin latent

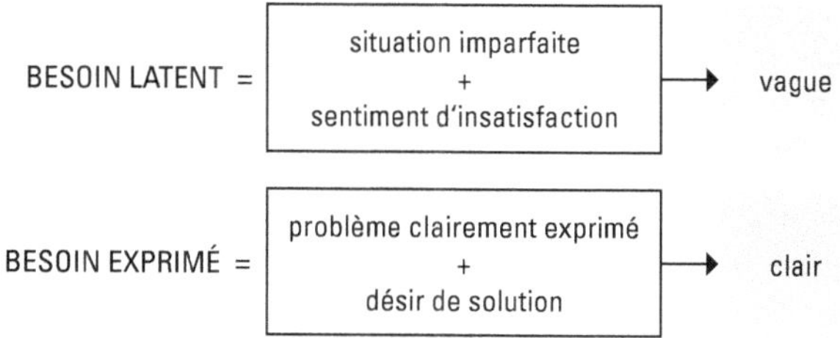

La distinction est fondamentale car un besoin exprimé appelle une solution, et à l'extrême la conclusion peut intervenir sans même nécessiter d'argumentation.

En revanche, un besoin latent doit être transformé en besoin exprimé pour appeler la conclusion ; c'est précisément le rôle du négociateur.

> A : « Avez-vous, et disponible dès à présent, un chariot élévateur qui ait telles et telles fonctions à moins de 10 000 euros ? »
>
> B : « Mon chariot élévateur est toujours en panne et n'est plus du tout performant. »

Dans le premier exemple (A), si le commercial dispose dudit matériel dans le budget imparti par son client, l'accord est acquis car son besoin est (très) explicite (évident).

Dans le second cas (B), le besoin n'est que latent car un commercial qui interprétera ce propos comme un besoin exprimé de changement de matériel risque de se voir objecter par son interlocuteur que ce qu'il souhaite en réalité, c'est une « bonne révision » de son matériel.

Besoin non satisfait ≠ insatisfaction

Un besoin non satisfait est un manque à combler. Par conséquent, si nous disposons du bon produit ou du bon service correspondant, la négociation sera qualifiée de « facile ». Le négociateur pourra utiliser une approche *directe*.

Une insatisfaction est un produit ou un service imparfait ou déficient qu'il s'agit de remplacer. La négociation cette fois sera plus délicate, en tout cas procédera d'une méthode sensiblement différente.

> Pour ce cas précis (remplacement d'un produit ou d'un service), prenons l'exemple d'une mauvaise puis d'une bonne approche :
>
> **Hypothèse A**
>
> « Dites-moi monsieur, votre matériel me semble bien vétuste, et puis ne le trouvez-vous pas sensiblement lent ? De plus cela doit consommer énormément d'énergie… »
>
> Approché de cette façon, l'interlocuteur va s'ériger en défenseur de « son » produit qu'il trouve par exemple fiable, qui lui rend de grands services, et qui suffit à couvrir ses besoins !

Hypothèse B

« Monsieur, quelles sont les principales qualités que vous attribuez à cette machine ? »

Le client va se livrer cette fois à une description beaucoup plus objective. Le négociateur pourra alors passer à la seconde phase de son investigation et pourra alors demander à son client : « Mais dites-moi monsieur, dans l'absolu, que souhaiteriez-vous de plus ? » Le client indiquera, vraisemblablement de lui-même, qu'il aimerait un matériel plus moderne, plus performant, plus rapide, plus x, plus y... Par conséquent, seule l'approche indirecte traite efficacement une insatisfaction car n'oublions pas que dénigrer un produit c'est dénigrer celui qui l'a choisi, et ce dernier peut être celui qui est... en face de vous !

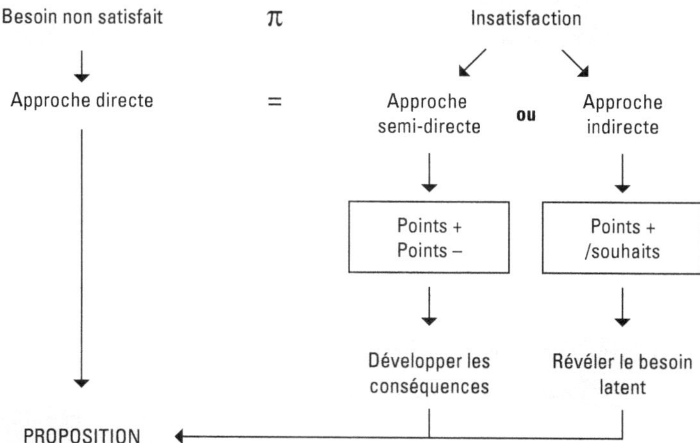

Nous pouvons aussi mentionner une méthode inductive très efficace de mise en évidence du besoin client, c'est-à-dire d'un « écart conscient ou non entre deux situations ». Cette approche, appelée « FOCA », est dispensée par Mercuri International.

Premier niveau d'écart : le client n'est pas satisfait de la situation actuelle

Faire définir la situation par des questions :

- de Fait : « Qui est votre fournisseur principal ? » ; « Quels services vous apporte-t-il ? ».

Lui demander s'il est satisfait de la situation par des questions :

- d'Opinion : « Qu'en pensez-vous ? »

Il s'agit d'une mise en évidence de l'écart dû à l'insatisfaction.

Second niveau d'écart : le client est satisfait de la situation actuelle

Lui demander de se projeter dans l'avenir et de vous dire si la situation actuelle répond également aux besoins futurs par des questions :

- de Changement : « Que pourriez-vous attendre d'un autre fournisseur ? » ; « Un fournisseur idéal, selon vous, devrait vous apporter quoi ? »

Il est possible que l'acheteur ait déjà réfléchi à la manière de traiter le futur. Avant de le convaincre que nous sommes le partenaire idéal, essayons de savoir ce qu'il a envisagé par des questions :

- d'Action : « Que faites-vous pour remédier à la situation ? » ; « Quand ferez-vous votre choix ? »

Il s'agit cette fois d'une mise en évidence de l'écart dû à la nécessité de changer.

Une fois définie l'importance majeure de la phase identification, il convient de se doter d'un plan afin que celle-ci soit aussi complète, logique et progressive que possible. En effet toute découverte désordonnée sera longue, fastidieuse et engendrera pour son interlocuteur de l'impatience voire de la résistance. Par ailleurs, toute identification portant directement donc trop rapidement sur les produits ou services sera tronquée, incomplète et manquera donc d'efficacité ; pourtant la tentation est grande pour le commercial mais aussi pour le client d'aller droit au but.

Il importe donc de se doter d'un outil structuré, un véritable guide permettant une démarche incitant à ne pas brûler les étapes, une progression logique et cohérente dont la récompense sera une parfaite connaissance de l'entreprise et de son potentiel. Rappelons que l'outil de la découverte est le questionnement (voir étape 3.2) et qu'en début d'entretien, quelques bonnes questions ouvertes permettront l'économie d'un questionnaire trop dense pouvant être vécu comme un interrogatoire. Ces questions ouvertes correspondent aux rubriques génériques du tableau de la page 51.

La question ouverte « Pouvez-vous me parler de votre activité, de votre métier ? » permettra au client d'évoquer de lui-même son marché, sa gamme, son positionnement.

Le guide proposé s'applique à une première visite. Il est clair que toutes les informations glanées en amont sont les bienvenues. Dans ce cas, il s'agira d'une validation d'informations. Attention au piège des visites successives : de nombreux commerciaux pensent tout savoir sur les clients qu'ils visitent fréquemment ; en fait il y a toujours quelque chose à découvrir. Dans ce cas, nous parlerons d'actualisation des informations (« Y a-t-il des éléments nouveaux depuis notre dernier entretien ? »).

Un premier exemple de plan de découverte

Plan de découverte

Première étape : l'entreprise	
Son identité (Qui ?)	Forme juridique ? Chiffres clés ? Appartenance à un groupe ? Ancienneté ?
Son activité (Quoi ?)	Quel(s) métier(s) ? Quel marché ? Quelles cibles ? Quel positionnement ? Quels produits et services ?
Ses ressources et son organisation (Avec quoi ?)	Quels effectifs (nombre, répartition, profil) ? Monosite ou multisite ? L'organigramme ? La communication interservice (fluide ou cloisonnée) ? Le positionnement et le rôle de l'interlocuteur ?
Ses objectifs (Vers quoi ?)	Quelle politique ? Quelle stratégie ? Quels projets ? Quelles priorités ?
Seconde étape : son potentiel	
Les enjeux (Combien ?)	Quels travaux (intégration, sous-traitance, mixte) ? Quels destinataires (internes, externes) ? Quel volume ? Quelle fréquence ? Quel poids dans l'entreprise (par rapport aux autres postes) ?

.../...

Seconde étape : son potentiel	
La situation actuelle (Comment aujourd'hui ?)	L'état des lieux Quels équipements ? Quelle évolution ? Quel financement (achat, location) ? Critères de choix lors de la décision ? Les points forts ? Au moment de la décision ? Maintenant ? Recensement ? Les contraintes ou les limites ? Les conséquences de ces contraintes ? Impact financier ? Préjudice d'image ? Déperdition de temps ? Opportunités non captées ?
La solution attendue (Comment demain ?)	Quelles attentes (d'un fournisseur, d'un produit, d'un service) ? Quels besoins identifiés ? Quelle importance ? Quelle urgence ? Quel budget (montant, mode de financement, procédures) ? Quelles exigences ? (spécifications, cahier des charges, conditions d'achat) Quels souhaits ? (optimisation) Quels bénéfices escomptés ? (image, temps, finance…) Quel processus de décision ? (Quels utilisateurs ? Quels prescripteurs ? Quel décideur ? Quel signataire ?)

Un deuxième exemple de plan de découverte : la méthode AHOS

Mise au point par Brigitte Boussuat du cabinet Advance Conseil, cette méthode simplifiée donne un canevas qui permet de :

- s'appuyer sur une structure de questionnement et approfondir la connaissance de l'entreprise pour amener conseil et valeur ajoutée dans l'offre ;
- ne pas se perdre dans le lot d'informations à collecter, et de rester souple et à l'écoute du client ;
- ne rien oublier (4 cases à parcourir) et se rendre compte en un clin d'œil de la répartition des questions dans l'entretien, et décider immédiatement des thèmes à approfondir ;
- ne pas aller trop vite aux produits et services que vous négociez, mais de comprendre les objectifs qu'ils doivent satisfaire. L'activité d'une entreprise entraîne des projets qui correspondent à des tâches qui entraîneront des décisions d'achat d'équipement. Il est donc déterminant de comprendre ces interrelations ;
- faire une prise de note en croix qui permettra une bonne synthèse des besoins.

AHOS

Activité	Hommes
Activité principale, secondaire, positionnement sur le marché, croissance du marché, ses + vis-à-vis des concurrents. Offre produits, récurrence. Organisation, agences, réseau commercial direct et indirect, implantations internationales… Projets.	Comment se prend la décision ? Fonction, mission de votre interlocuteur. Nombre de personnes. Typologie du personnel. Répartition sur les sites. Identification de l'organigramme, du sociogramme. Différents pôles d'achat…
Objectifs	**Solutions**
Objectifs primaires et secondaires des produits/services que vous proposez. Par exemple, si je vends du cadeau d'affaires, les tâches sont : comment l'entreprise motive, remercie, fidélise, communique… Critères de choix pour retenir une solution (vous êtes en concurrence avec différentes solutions : par exemple, Air France est en concurrence avec les solutions de train, de voitures individuelles et de vidéoconférence…)	Solution en place : ses + et les améliorations attendues lors d'un nouvel achat. Équipement en place (date des contrats, financement, fréquence d'utilisation, volume, consommation, coûts). Fournisseur en place : ses + et améliorations à apporter. Budget Mode de financement…

Un troisième exemple : le plan d'investigation chez Euridis

Rappel des objectifs :

- mieux connaître l'entreprise visitée ;
- identifier les besoins, attentes et motivations de l'interlocuteur ;
- faire émerger une problématique pour laquelle on est apporteur de solutions ;
- prendre des points d'appui pour préparer l'argumentation.

Méthodologie	Contenu	Exemple
Le « MOCAP »	L'entreprise, son **M**arché, ses **O**bjectifs, ses **C**lients, ses concurrents, ses **A**vantages concurrentiels, ses **P**rojets…	*Quels sont les produits et services majeurs de votre entreprise ? Qui sont vos clients ? Quelles sont vos cibles ? Comment vous positionnez-vous sur un marché aussi concurrentiel que le vôtre ? Quelles sont vos spécificités, vos facteurs de différenciation ? Quelles sont les valeurs de l'entreprise ? Quels sont les projets d'entreprise ? Quelles sont les priorités d'entreprise ?*

…/…

Méthodologie	Contenu	Exemple
Lui	L'interlocuteur, son rôle, son périmètre…	*Quel est votre rôle au sein de cette organisation ? Quelle est votre conception des priorités de votre mission ?*
L'organisation	Comprendre l'organisation du client, et descendre au niveau des process.	*Comment sont déployées vos ressources ? Sur quel(s) site(s) ? Avez-vous un organigramme ? (Sinon pouvez-vous m'indiquer les lignes directrices de votre organisation fonctionnelle et opérationnelle ?) Comment vos process sont-ils organisés ?*
Le « SPIN » 1. La situation en place	**Quel est le contexte du prospect ?** La solution en place, le fonctionnement actuel. Ce qui va bien dans la solution actuelle et qui doit absolument être reconduit. Les questions relatives au contexte (environnement du client et de son entreprise, passer de l'environnement externe à l'organisation interne puis descendre sur les process).	*Quel est le contexte ? Quels ont été à l'époque les critères de choix ? Qu'appréciez-vous dans la solution actuelle ? À quoi tenez-vous absolument et qui doit être reconduit ?*
2. Problème	**Qu'est-ce qui l'empêche de réaliser ses objectifs ?** Les problèmes, les conséquences, les « douleurs ». Ce qui pourrait être amélioré. Ce qui manque dans la solution actuelle. Ce qui ne va pas et qui ne doit pas être reproduit. Recherche de motifs d'insatisfaction, de problématiques avérées. Les questions relatives aux problématiques (besoins à satisfaire, problèmes rencontrés, but recherché…).	*Quelles sont les contraintes de cette solution ? Quelles en sont les manques et les limites ? Quelles insatisfactions avez-vous recensées ? Quelle problématique se pose aujourd'hui ?*
3. Implication	Que se passe-t-il si l'on ne fait rien ? Recherche des conséquences (pour l'entreprise et pour notre interlocuteur) afin de donner de bonnes raisons de rompre le *statu quo*. Les questions relatives aux conséquences/enjeux (pas de conséquences ou d'enjeux = pas de motivation au changement).	*Quelles sont les conséquences directes de ces limites et de ces problèmes ? (impact financier ?) Quelles en sont les conséquences indirectes ? (déperdition de temps ? préjudice d'image ? opportunités non captées ?).*

…/…

Méthodologie	Contenu	Exemple
4. Désir d'achat	**Quel est le bénéfice si le problème est résolu ?** Le souhait de solution, les questions qui orientent vers une solution avantageuse. Les questions portant sur les attentes ou solutions (questions orientant vers des solutions avantageuses).	*Qu'attendez-vous idéalement ?* *Quels bénéfices quantitatifs escomptez-vous de la solution à mettre en œuvre ?* *Quels bénéfices qualitatifs escomptez-vous ?*
Les moyens disponibles	De quelles ressources l'entreprise dispose-t-elle pour déployer la solution optimale ?	*De quel budget disposez-vous pour mettre en place une telle solution ?* *Quel financement ?* *Quelles sont vos exigences ?* *(cahier des charges ?)* *Quel est le processus de décision ?* *(utilisateurs ? prescripteurs ? décideur ? signataire ?)* *De quel délai disposez-vous pour que cette opération soit menée à bonne fin ?*

Le sens d'un entretien commercial

Le sens d'un entretien commercial est contenu dans la réponse aux questions suivantes.

- Quels sont aujourd'hui vos objectifs prioritaires ?
- Quelles sont les contraintes qui vous empêchent de les atteindre ?
- Que pouvons-nous entreprendre pour vous permettre d'y parvenir ?

Il est extrêmement habile d'établir un lien entre les questions que l'on pose et les principaux atouts dont on dispose.

Par exemple, si notre entreprise dispose d'une certification ISO 14001 et d'une vraie politique de protection de l'environnement, il est opportun de demander à son interlocuteur en phase de découverte quelle est sa sensibilité à l'écologie, ce qui permettra, si c'est le cas bien sûr, beaucoup plus tard dans l'entretien, en phase d'argumentation cette fois, de lui dire : « J'ai bien noté votre attachement au développement durable, c'est la raison pour laquelle nous avons intégré dans notre offre une dimension écologique. Ainsi… » Autre exemple : si l'on commercialise des produits ou des équipements qui présentent des avantages probants en matière d'ergonomie ou de confort (des sièges pour du personnel sédentaire, ou encore des ponts élévateurs pour des peintres ou des mécaniciens, etc.) il est pertinent en phase de découverte de recenser le taux d'absentéisme pour maux de dos et de quantifier les coûts associés. Ce montant pourra justifier un investissement supplémentaire ! Selon la même logique, évitons de poser des questions qui nous conduiraient à dévoiler des faiblesses de notre offre : ce serait prêter le flanc à des objections difficiles à réfuter !

Phase 3 : le diagnostic

Pendant la négociation, notre intermédiaire vient de récolter à propos de son interlocuteur un maximum d'informations sur :

- ses attentes ;
- ses besoins ;
- ses motivations ;
- ses insatisfactions ;
- ses projets.

Le moment est donc venu d'en faire la synthèse et d'établir un diagnostic.

La méthode

1. Utiliser les notes prises et faire le tri de ce qui est important pour l'interlocuteur.

2. Utiliser ensuite les techniques de reformulation.

- Notamment :
  - la reformulation résumée (par exemple, « En somme, ce qui est important pour vous… ») ;
  - la reformulation déductive (par exemple, « De tout ce que vous venez de me dire et que je me suis attaché à noter, je peux donc déduire que… ») ;
  - la reformulation interprétative (par exemple, « En fait vous souhaitez que… et que… »).

Les techniques de reformulation s'inscrivent bien dans le registre des questions d'approfondissement car l'objectif est de vérifier la compréhension réciproque. En effet, la reformulation est un signe tangible *d'écoute*, *d'intérêt* et surtout de *compréhension* car cette dernière ne s'affirme pas (« Je vous ai compris ! ») mais se vérifie et se contrôle.

3. Le résumé doit toujours s'accompagner d'une *évaluation* (« C'est bien cela n'est-ce pas ? »).

- Cette vérification est indispensable et ne présente que des avantages… même en cas de contestations de l'interlocuteur.

Les avantages du diagnostic sont nombreux :

- Le fait de résumer clairement les besoins du client permet de vérifier que toutes ses attentes ont été enregistrées.
- La synthèse prouve l'écoute active.
- La synthèse est une démarche « facilitante » pour le client.
- Le diagnostic bien établi donne une image de rigueur (professionnalisme).
- La synthèse permet de glaner une ou deux informations supplémentaires spontanées (par exemple, C : « Ce que vous venez de résumer est exact mais j'ai aussi besoin de… »).

Donc la qualité du diagnostic prédisposera l'interlocuteur à accepter la proposition qui suivra car il aura le sentiment d'être compris.

« Monsieur, si je vous ai bien compris ce qui est important pour vous, c'est… » Si le client acquiesce, tout va bien, nous pouvons passer à l'étape suivante, il n'y aura pas de malentendu ni de quiproquo.

Si le client conteste : « Ah non ! ce n'est pas exactement cela… », dans ce cas également, nous avons bien fait de poser la question (il suffit de poser des questions d'approfondissement pour s'ajuster) car nous aurons ainsi évité de faire (lors de l'étape suivante) une proposition décalée par rapport aux attentes du client. Attention toutefois, synthétiser ne veut pas dire répéter. Beaucoup de commerciaux redisent dans le détail ce qu'ils ont entendu ou noté. L'impact, dans ce cas, est négatif car la répétition est fastidieuse, consommatrice de temps et risque d'être (rapidement) interrompue par le client. Donc pour éviter le piège de la répétition, la démarche consiste à raisonner en termes de conséquences. Ceci vaut pour les besoins comme pour les insatisfactions.

Imaginons un interlocuteur qui, lors de la phase d'identification, va indiquer :

– qu'il a dû verser des pénalités de retard à cause d'un fournisseur défaillant ;

– qu'il a manqué une affaire parce que tel autre ne lui a pas adressé des documents en temps et en heure ;

– qu'il a eu une équipe en chômage technique en raison de pièces non reçues à temps !

Dans ce cas la synthèse consistera, par exemple, à reformuler ainsi :

« En somme, monsieur Martin, le strict respect des délais est primordial pour vous… »

Phase 4 : la proposition

Puisque le négociateur a obtenu l'aval de son interlocuteur sur le diagnostic, il va pouvoir lui conseiller une solution : c'est la phase proposition du processus de négociation.

Cette étape est brève mais capitale, le négociateur doit être stratège pour concilier les attentes du client et l'offre du fournisseur. C'est ce que l'on appelle la négociation gagnant-gagnant souvent représentée par le schéma suivant.

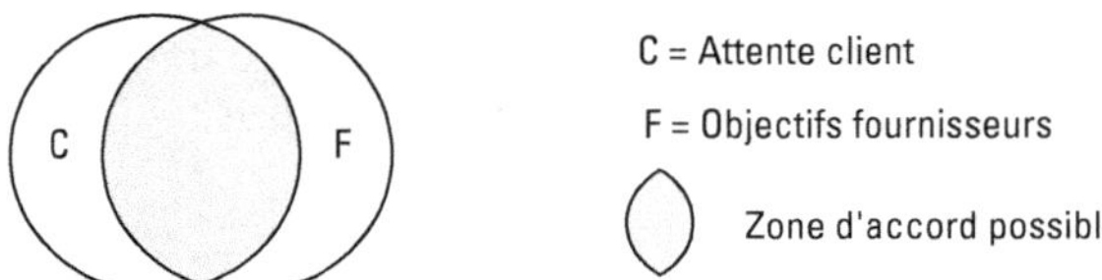

Si ce schéma illustre bien l'esprit d'une bonne négociation, il me paraît opportun de le compléter de la façon suivante.

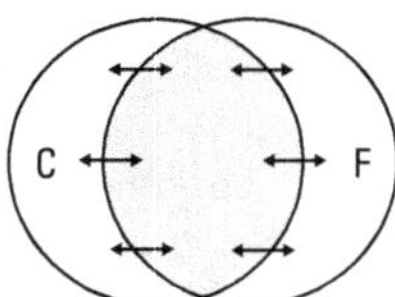

Les flèches représentent quelques légitimes tentatives d'influence de part et d'autre traduisant une situation, certes moins idéaliste, mais me semble-t-il plus réaliste (un fournisseur va défendre ses marges et un client ses remises).

La méthode

Tout se joue durant la phase découverte : si le questionnement est efficace, le négociateur aura suffisamment d'informations validées sur les attentes de son interlocuteur pour lui faire une proposition adaptée. Donc en phase exploratoire, le négociateur est en situation d'écoute, sa proposition prend forme mentalement. Cette dernière est le prolongement logique du diagnostic : « Monsieur, compte tenu de ce que nous venons de voir ensemble, voici ce que je vous propose… »

Ainsi lors du diagnostic, le négociateur résume et valide les attentes. Lors de la proposition, il suggère une solution. Nous pourrions utiliser la comparaison d'un médecin qui va :

* ausculter (phase identification) ;
* diagnostiquer (phase diagnostic) ;
* établir une ordonnance (phase proposition).

La seule différence est que le médecin inscrit sa proposition (ordonnance) sur le mode affirmatif. Le négociateur se doit d'être plus nuancé et va plutôt inscrire son offre sur le mode suggestif.

Ainsi le médecin va dire : « Voici ce que vous allez faire… » Le négociateur dira plutôt : « Voici ce que je vous propose… »

Nous verrons par la suite qu'il existe quelques exceptions de situation ou le négociateur devra se montrer plus assertif et plus directif, mais dans le doute et *a fortiori* face à un interlocuteur que l'on rencontre pour la première fois, la suggestion est préférable à l'affirmation.

Afin de poursuivre la négociation dans une démarche où le client est en permanence privilégié et valorisé, plutôt que de ne lui faire qu'une proposition, il est habile de doubler son offre en lui proposant une alternative positive (positive pour C et positive pour F). Ainsi, complétons l'exemple cité précédemment.

« Monsieur, compte tenu de ce que nous venons de voir ensemble, voici ce que je vous propose : soit la solution x (…), soit la solution y (…). »

Phase 5 : l'argumentation

> *« La meilleure façon d'imposer une idée aux autres,*
> *c'est de leur faire croire qu'elle vient d'eux. »*
>
> A. Daudet

L'argumentation : phase majeure

Lors de la négociation, nous venons d'établir une proposition qui nous semble adaptée, encore va-t-il maintenant falloir le prouver. Cette étape est donc importante, mais n'est pas la plus importante ni la plus délicate, et ce pour deux raisons principales.

- L'essentiel s'est joué durant la phase découverte, et si celle-ci a été complète, nous disposons de la matière nécessaire à l'argumentation.
- La partie liée à la connaissance de son produit peut se préparer.

Quelques définitions préalables

Argumentation: séquence d'une négociation durant laquelle le négociateur va convaincre son interlocuteur du bien-fondé de son offre et le conduire à la conclusion.

Argumentaire: ensemble d'arguments sélectionnés.

Argument: avantage prouvé, procuré par le produit ou le service proposé, et correspondant à une attente du client.

Les objectifs et les enjeux

L'objectif est donc de prouver et de convaincre. L'enjeu à court terme est la réussite de la négociation, car si l'argumentation est bien menée, elle ne suscitera pas ou peu d'objections, et la conclusion deviendra normale et naturelle.

Conseils et pièges

L'argumentation doit être conduite de façon rationnelle tout en prenant en compte le profil psychologique du client. Elle doit être sélective en fonction des besoins, attentes et motivations principales pour l'interlocuteur. Cela démontre l'importance capitale d'une bonne phase d'identification. En effet, un commercial qui s'engage trop tôt dans l'étape d'argumentation, part à l'aventure et sa démarche est vouée à l'échec. Le schéma ci-après illustre deux argumentations ; l'une menée de façon prématurée, sans phase d'identification, l'autre sélective après une phase d'identification performante.

Comparaison entre l'argumentation exhaustive et l'argumentation sélective

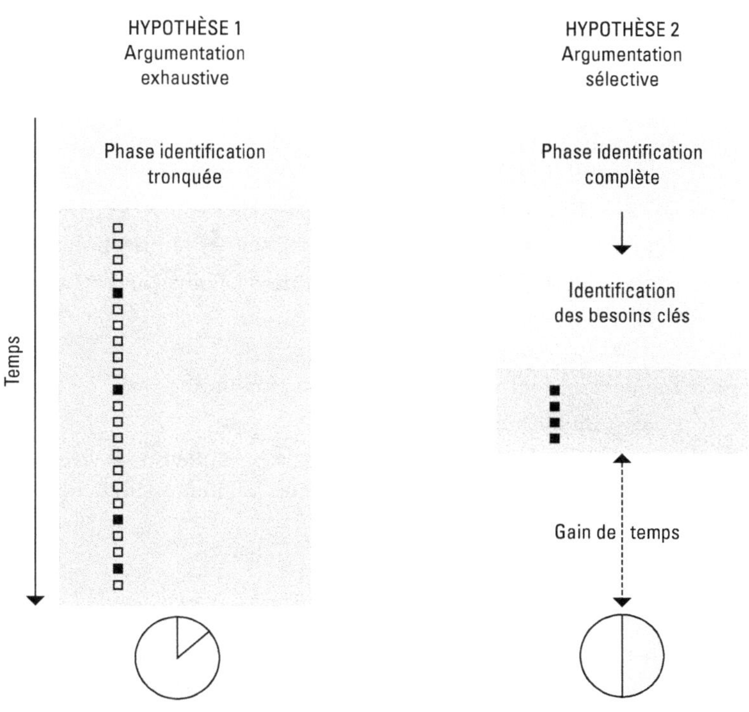

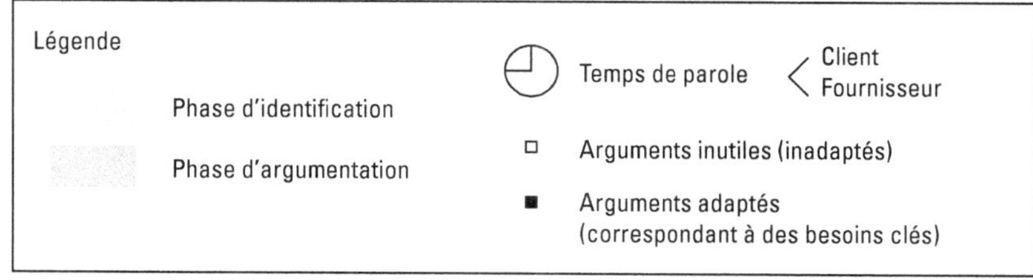

Commentaires du tableau comparatif

« La puissance ne consiste pas à frapper fort ou souvent, mais à frapper juste. »

H. de Balzac

L'argumentation exhaustive est faussement rassurante et ne présente aucun avantage mais que des risques ; notamment celui que le client ne se lasse avant (voire bien avant) que le fournisseur ne termine son monologue marathon !

L'argumentation sélective ne présente que des avantages.

- Gestion du temps de parole (donc confort fournisseur et valorisation client).
- Gestion du temps de la négociation (économie de temps liée à l'absence d'arguments inutiles).
- Diminution du risque d'objections.
- La conclusion devient logique (donc efficacité maximum).
- Image de professionnalisme.

La sélection ne doit comporter (sauf exception de produits ou services complexes) que quelques arguments (trois à cinq). Il est par ailleurs judicieux d'en garder quelques-uns en « réserve ».

L'œil du professionnel

- Ne présenter qu'un seul argument à la fois pour un meilleur impact et de façon personnalisée (faire du sur-mesure avec du standard).
- Une parfaite connaissance de ses produits et services est requise, et un argumentaire se prépare.
- Bien connaître la concurrence.
- Ne parler des concurrents que si le client en prend l'initiative et parler dans ce cas plutôt des « confrères » sans les dénigrer (méthode indirecte).
- Éviter le sensationnel et les superlatifs.
- Être congruent (langage non verbal en harmonie avec le langage verbal).

La méthode : l'aspect rationnel

On intéresse un client grâce à de bons arguments, mais on le convainc avec les siens…

Puisque nous avons opté pour une argumentation sélective, chaque argument mérite d'être développé de façon optimale. Il existe beaucoup de méthodes, celle proposée au lecteur est une sorte de synthèse, complète et logique, une sorte de compilation. Pour l'expliquer, partons d'un exemple.

Imaginons un négociateur chargé de promouvoir une résistance électrique destinée à dégivrer un rétroviseur extérieur. Imaginons toujours que ce négociateur ait pour interlocuteur un fabricant de rétroviseurs, M. Martin, dont le profil serait Sécurité (SONCAS) ; imaginons toujours que l'une des caractéristiques de cette résistance est d'être dotée de connexions soudées (et non rivetées). La présentation de cette caractéristique pourrait être la suivante.

Monsieur Martin, vous m'avez dit être particulièrement sensible à la fiabilité de la connectique...	**Reformulation – citation**
... Vous me le confirmez, n'est-ce pas ?	**Vérification**
La résistance que je vous propose est dotée de connexions directement soudées à l'étain, ce qui leur confère une solidité tout à fait optimisée...	**Transformation d'une caractéristique en avantage**
D'ailleurs le laboratoire Pourquery a déterminé que le seuil d'arrachement de la connectique de nos résistances est de 120 newtons...	**Preuve**
... Ce qui signifie pour vous une sécurité optimale puisque votre cahier des charges prescrit 90 newtons...	**Transformation de l'avantage en bénéfice**
... Nous sommes actuellement le seul fabricant de résistances à utiliser ce process...	**+/concurrence**
... Qu'en pensez-vous, monsieur Martin ?	**Évaluation**

Il s'agit donc maintenant d'une méthode en sept étapes que nous allons commenter :

Étape	Descriptif	Commentaire
1	**Reformulation**	Reformuler un besoin clé (recensé en phase identification). La meilleure reformulation possible est la citation de son interlocuteur.
2	**Vérification**	Évaluer l'exactitude de la reformulation (la citation, c'est incontestable).
3	**Caractéristique Avantage**	Une caractéristique se rapporte au produit. Un avantage se rapporte à son utilisateur. Pour transformer une caractéristique en avantage : • *« Grâce à... vous pourrez... »* Ou • *« Ce produit dispose de... ce qui vous permet de... »*

.../...

Étape	Descriptif	Commentaire
4	**Preuve**	Les preuves possibles sont : • *le produit lui-même (démonstration, essai) ;* • *des études (de préférence externes) ;* • *des analyses comparatives ;* • *des éléments chiffrés ;* • *des certifications, normes, garanties ;* • *des références (adaptées).*
5	**Avantage Bénéfice**	Un avantage est destiné à tous les clients. Un bénéfice est destiné à votre client. Pour transformer un avantage en bénéfice SONCAS : • *si **S**écurité, cela représente pour vous une solution sécuritaire ;* • *si **O**rgueil, cela représente pour vous une solution prestigieuse ;* • *si **N**ouveauté, cela représente pour vous une solution novatrice et originale ;* • *si **C**onfort, cela représente pour vous une solution simple et fonctionnelle ;* • *si **A**rgent, cela représente pour vous une solution économique ;* • *si **S**ympathie, cela représente pour vous une solution conviviale.*
6	**+/Concurrence**	C'est un écart positif favorable, c'est mettre en évidence une spécificité de son produit.
7	**Évaluation**	Le « Qu'en pensez-vous » est destiné à valoriser l'approbation de l'interlocuteur (l'oublier en enchaînant l'argument suivant en diluera la portée).

C'est cette partie (rationnelle) de l'argumentation qui peut partiellement se préparer. Ainsi passer en revue les caractéristiques de ses produits ou services pour les transformer en avantage puis en bénéfice est un excellent exercice d'entraînement. Rassembler les preuves qui seront utilisées lors de l'entretien constitue aussi un exercice de préparation. Malheureusement une majorité de commerciaux inondent leurs interlocuteurs de caractéristiques ; charge à ces derniers d'en faire le tri utile, ce dont ils se lasseront rapidement (dans cette hypothèse, une bonne documentation fait l'affaire).

Pourtant le seul réflexe qui consiste à transformer une caractéristique en avantage a un impact positif, même dans des situations quotidiennes (en dehors de tout contexte de négociation).

La « matière » pour construire son argumentaire

Dans son ouvrage, *Négociations commerciales*, Gérard Molteni a élaboré le tableau suivant :

Objets	Arguments
La sociéte	Origine, date, situation, filiales, implantation, progression et rang, notoriété, image de marque.
Le produit: • *Matières premières* • *Fabrication* • *Qualité*	Sources, sélection, qualité. Moyens de production, qualité des méthodes de production, contrôles, labels. Caractéristiques techniques, normes, homologations.
La commercialisation	Réseau de distribution, publicité, campagnes spéciales sur divers types de clientèles.
L'utilisation	Adaptation aux problèmes des clients et aux besoins du marché, facilité de mise en service, faible prix de revient, rendement, robustesse, maniabilité.
La concurrence	Étude comparative objective sans dénigrement.
Les références	Clients importants, entreprise pilote, utilisateurs connus, prescripteurs écoutés.
Le prix	Politique des prix, raison de son choix, ses avantages.
Les services	Délais, garantie, livraisons, assistance technique, stages d'usine, bureau d'études, expériences, laboratoires.

La méthode **CAP-SONCAS** permet d'élaborer un argumentaire

Le tableau ci-après se construit (de façon exhaustive) de gauche à droite :

- liste de chacune des caractéristiques ;
- traduction de chaque caractéristique en avantages ;
- recensement des preuves ;
- repérage des bénéfices SONCAS pour chaque avantage.

Ce même tableau s'utilise (de façon sélective) de droite à gauche.

J'ai repéré, par exemple, que mon interlocuteur était motivé par Sécurité et Confort ; je vais axer mon argumentation exclusivement sur les spécificités correspondantes à ces motivations.

Caractéristiques	Avantages	Preuves	S	O	N	C	A	S
Emballage réalisé en triple cannelure.	Protection optimale du produit.	Tests de résistance réalisés au laboratoire X.	X	X	X		X	
Les câbles d'alimentation sont insérés dans un passe-câbles.	C'est esthétique. Cela évite de se prendre les pieds dans les câbles.	Photographies. Échantillons.	X		X	X		X
Les fonctions sont préréglées dans nos ateliers.	Pas nécessaire de faire appel à un technicien pour la mise en route.	Démonstration.	X			X	X	
Garantie 3 ans sur site.	Évite de se déplacer.	Engagement contractuel.				X	X	
5 modes de finition et 30 coloris.	Intégration à tous types d'environnement.	Présentation des nuanciers. Échantillons.		X	X			X
En moyenne > 10 agences par département.	Évite les déplacements. Réduit les délais.	Cartographie et liste des agences.		X		X		X

Une variante proche : la méthode « RAPID »

- **R** : Reformulation de la demande, du besoin.
- **A** : Annonce d'un avantage qui répond ou solutionne.
- **P** : Preuve factuelle.
- **I** : Individualisation grâce à des bénéfices.
- **D** : Demande au client ce qu'il en pense afin de l'engager.

Phase 6 : la valorisation

Pendant toute la négociation, l'argumentation a prouvé que la proposition était adaptée, a donné envie à l'interlocuteur de bénéficier de son produit ou service. Il va maintenant falloir en déterminer la contrepartie, sa juste valorisation.

Certains dirigeants commerciaux avisés se posent les (bonnes) questions suivantes :

- Mes commerciaux ont-ils une connaissance suffisante des aspects économiques et financiers ?

- Ont-ils également une connaissance suffisante de la structure des coûts ?
- Savent-ils mesurer l'impact d'une remise sur le résultat de l'entreprise ?
- Mon système de rémunération privilégie-t-il la marge dégagée ?
- Mes commerciaux mesurent-ils l'impact du rallongement des conditions de règlement ?
- Savent-ils évaluer les risques avant d'accorder un crédit client ?
- Savent-ils mesurer l'importance stratégique d'un produit ou service pour le client ?
- Sont-ils capables de fixer le seuil de rupture et d'en avoir l'initiative s'il est atteint ?
- Savent-ils mesurer les contraintes de leurs clients pour évaluer voire inverser le rapport de force ?
- Savent-ils, lorsqu'ils ont repéré les insuffisances des solutions concurrentes, en développer les conséquences ?

La présentation du prix

Le moment opportun

- Le moment idéal est à l'issue de l'argumentation. Mais si l'acheteur de typologie Argent (SONCAS) fait une fixation sur le « Combien cela coûte », toute argumentation en force ne sera pas écoutée, alors résister, oui ! (voir la tactique du « report ») mais se dérober, non !

L'attitude opportune

- Ne jamais justifier son prix juste après l'avoir annoncé, mais laisser au client le temps de réagir. Rien n'indique que le client s'attend à un prix inférieur à celui annoncé ! S'il réagit, lui rappeler les bénéfices procurés par l'offre.

Méthodes de présentation du prix

Méthode	Objet	Exemple	Commentaire
L'affirmation	Affirmer le positionnement de son prix (non négociable).	Par exemple, le prix du kilowatt/heure (monopole) ; le prix d'une Ferrari (produits et marques de prestige).	Réservé à quelques cas.
L'énumération	Additionner tous les avantages les uns aux autres pour justifier le prix.	Par exemple, le « camelot de foire ».	Approche peu professionnelle.
Le retrait	Indiquer au client ce qu'il perd en n'achetant pas maintenant ce produit.	Par exemple, hausse prochaine, fin de conditions de lancement, date limite de promotion.	Peut être perçu comme du forcing.
La minimisation	Diviser le prix par sa durée d'utilisation.	Par exemple, lancement Canal + (accès à chaîne cryptée pour 5 F par jour, soit à l'époque le prix d'un paquet de cigarettes).	Présentation habile de dépense.
L'amplification	Multiplier l'économie réalisée par la durée d'utilisation.	Par exemple, lancement du pneu Michelin Energy (au lieu d'annoncer x % d'économie d'essence en utilisant ce produit, Michelin a multiplié les consommations moyennes x durée d'utilisation moyenne d'un véhicule x kilométrage moyen par Français, ce qui donne un volume en milliers de litres).	Présentation habile d'économie.
L'approche ascendante	Consiste à partir d'un prix de base attractif puis à monter en gamme progressivement ou à proposer le « principal » et proposer ensuite des produits ou services périphériques.	Par exemple, ce service complémentaire vous permettra de…	Peut engendrer un manque à gagner, approche « petit bras ».

.../...

Méthode	Objet	Exemple	Commentaire
L'approche descendante	Consiste à partir du haut de gamme et à descendre en gamme jusqu'à l'accord, ou à proposer les solutions optimales et retirer des postes annexes.	Cette option n'est pas indispensable ce qui vous permet d'optimiser votre budget.	Peut engendrer des frustrations.
L'entre-deux	Consiste à positionner le prix entre une spécificité et un avantage.	Ce produit fonctionne sans cordon d'alimentation ce qui signifie que pour x euros vous disposez d'une batterie autonome.	Présentation assertive du prix.
Le rapprochement	Consiste par analogie à comparer un prix à des postes de dépenses familiers.	Cela représente l'équivalent d'une place de cinéma.	Permet de minimiser la dépense.
La transparence	Consiste à décomposer les éléments constitutifs du prix.	Composants = x euros Main d'œuvre = x euros Conditionnement = x euros Transport = x euros, etc.	Démarche imposée dans certains secteurs d'activité.
L'analyse globale	Consiste à analyser la fonction et non le produit.	Parler d'une solution de chauffage et non de chaudières et de convecteurs.	Approche professionnelle et valorisante.
La rentabilité	Consiste à différencier le prix (au moment de l'achat) du coût (durant toute sa durée d'utilisation).	Cette machine représente un investissement de 10 000 €, mais vous fait économiser 65 € par jour (retour sur investissement).	Approche très professionnelle.

La présentation du coût d'une solution

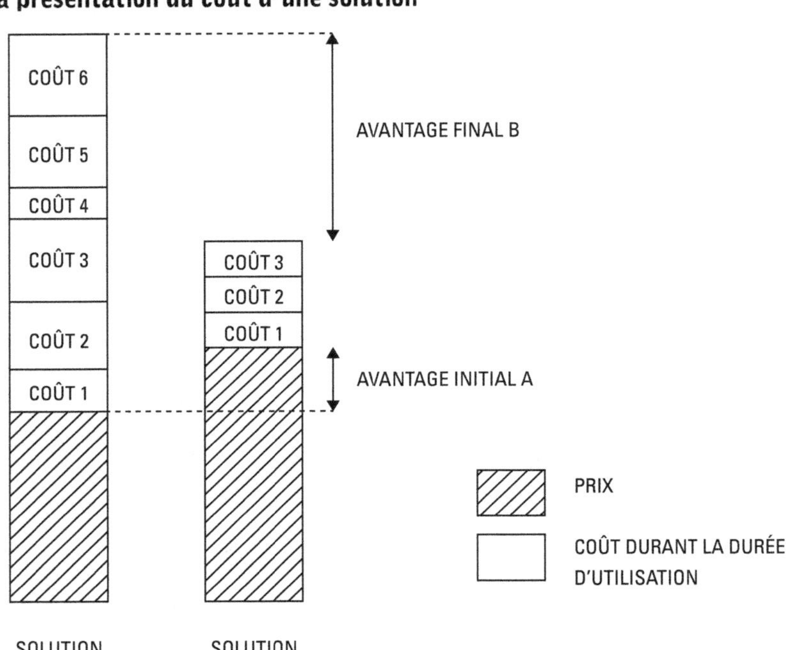

- La solution B est plus chère (prix)… mais finalement moins onéreuse (coût).
- Il appartient donc au négociateur de faire émerger en phase « découverte » les coûts directs et indirects de la solution concurrente ou actuelle.

Les calculs commerciaux

Pour participer régulièrement à des jurys de négociation dans des écoles de commerce, ou (plus grave encore !) pour accompagner des commerciaux en clientèle dans le cadre de coachings, je fais (ainsi que de nombreux confrères) le constat d'une aversion de nombre de négociateurs pour les calculs commerciaux, laquelle se traduit par de terribles maladresses ou de regrettables erreurs dont l'importance est parfois inversement proportionnelle à la sophistication de la machine à calculer utilisée !

Alors peut-être est-il temps de revenir à quelques fondamentaux de calculs car, ne l'oublions pas, ce savoir-faire trouve sa place dans la phase de valorisation, c'est-à-dire celle où il s'agit de défendre ses marges.

Savoir calculer :		
Une hausse	hausse de 2 %	× 1,02
Une remise	remise de 12 %	× 0,88
Une progression	120 → 180	180/120 = 1,50 = + 50 %
	140 → 400	400/140 = 2,85 = + 185 %
Une régression	150 → 120	120/150 = 0,80 = − 20 %
Le pourcentage d'un ensemble	40 % d'un ensemble de 70	70 × 0,40 = 28
La part d'un ensemble	45 sur un ensemble de 225	45/225 = 0,2 = 20 %
Une marge en %	Par exemple : PA = 480 et PV = 600	PV − PA/PV = 600 − 480/600 = 120/600 = 0,2 (20 %)
Un prix de vente	Par exemple : PA = 480 et marge = 20 % (0,2)	PA/1 − marge = 480/1 − 0,2 = 480/0,8 = 600
Un prix d'achat	Par exemple : PV = 600 et marge = 20 % (0,2)	PV × (1 − marge) = 600 × (1 − 0,2) = 600 × 0,8 = 480
Un prix TTC	Par exemple : PHT = 300 (TVA à 19,6 %)	PV × 1,196 donc 300 × 1,196 = 358,8
Un prix HT	Par exemple : PTTC = 358,8 (TVA à 19,6 %)	PTTC/1, 196 donc 358,8/1,196 = 300
Une TVA	Par exemple : PHT = 746 (TVA à 5,5 %) Par exemple : PTTC = 787 (TVA à 5,5 %)	PHT × 0,055 donc = 41 PTTC/1, 055 donc 787/1,055 = 746

Exemple d'opération combinée

Prix tarif HT = 80

Remise distributeur = 22 %

Marge bénéficiaire distributeur = 18 % TVA = 19,6 %

Quel prix client TTC ?

80 × 0,78/0,82 × 1,196 = 91

Le donnant, donnant

Toute concession commerciale doit avoir une contrepartie. Une remise ne doit pas être concédée, mais négociée. En effet, considérant que le prix remis est juste, à tout « effort » demandé au fournisseur doit correspondre un effort (ou un engagement) du client pour qu'il y ait équité. Ainsi, le « donnant donnant » est un corollaire (et non une contradiction) du « gagnant-gagnant ».

Vous devez vendre davantage si vous ne voulez pas gagner moins.

Ceux qui octroient rapidement, et sans réfléchir, un prix réduit ou un rabais spécial à leurs clients, devraient étudier attentivement ce tableau. Il montre de combien il faut augmenter les ventes pour qu'une remise ne compromette pas le bénéfice.

Ainsi la rentabilité peut-elle être affectée par la baisse des ventes, car si les coûts d'achat (matières, transport, etc.) diminuent dans les mêmes proportions, le montant des charges fixes reste constant, – mais surtout par la baisse du prix, car dans ce cas toutes les charges restent constantes.

Prenons l'exemple d'une entreprise qui vend 1 250 € un produit qu'elle a fabriqué ou acheté 1 000 €. Si un commercial concède une remise de 4 %, la marge par unité passera de 250 € à 200 €. Cela signifie que s'il vend 100 produits sans remise, il lui faudra en vendre 125 avec remise pour dégager une marge équivalente ! Donc une baisse de 4 % ne peut être compensée que par 25 % de ventes supplémentaires !

Si vous réduisez vos prix de	Et si votre bénéficie brut actuel s'élève à :							
	5 %	10 %	15 %	20 %	25 %	30 %	35 %	40 %
1 %	25,0	11,1	7,1	5,3	4,21	3,4	2,9	2,6
2 %	66,6	25,0	15,4	11,1	8,7	7,1	6,1	5,3
3 %	150,0	42,8	25,0	17,6	13,6	11,1	9,4	8,1
4 %	400,0	66,6	36,4	25,0	19,0	15,4	12,9	11,1
5 %	–	100,0	50,0	33,3	25,0	20,0	16,7	14,3
6 %	–	150,0	66,7	42,9	31,6	25,0	20,7	17,6
7 %	–	233,3	87,5	53,8	38,9	30,4	25,0	21,2
8 %	–	400,0	114,3	66,7	47,1	36,4	29,6	25,0
9 %	–	1 000,0	150,0	81,8	56,3	42,9	34,6	29,0
10 %	–	–	200,0	100,0	66,7	50,0	40,0	33,3
11 %	–	–	275,5	122,2	78,6	57,9	45,8	37,9
12 %	–	–	400,0	150,0	92,3	66,7	52,2	42,9
13 %	–	–	650,0	185,7	108,3	76,5	59,1	48,1
14 %	–	–	1 400,0	233,3	127,3	87,5	66,7	53,8
15 %	–	–	–	300,0	150,0	100,0	75,0	60,0
16 %	–	–	–	400,0	177,8	114,3	84,2	66,7
17 %	–	–	–	566,7	212,5	130,8	94,4	73,9
18 %	–	–	–	900,0	257,1	150,0	105,9	81,8
19 %	–	–	–	1 900,0	316,7	172,7	118,8	90,5
20 %	–	–	–	–	400,0	200,0	133,3	100,0
21 %	–	–	–	–	525,0	233,3	150,0	110,5
22 %	–	–	–	–	733,3	275,0	169,2	122,2
23 %	–	–	–	–	1 115,0	328,6	191,7	135,3
24 %	–	–	–	–	2 400,0	400,0	218,2	150,0
25 %	–	–	–	–	–	500,0	250,0	166,7

Par exemple, votre bénéfice brut actuel est de 25 % et vous réduisez vos prix de 10 %. Pour gagner autant qu'avant la réduction de prix, vous devez augmenter vos ventes de 66,7 %.

Les concessions adaptées

Objectifs	Concessions adaptées	Inconvénients
Vous voulez garantir le respect des engagements.	Ristourne de fin d'année.	Dégradation de la marge.
Vous voulez améliorer la trésorerie.	Escompte pour paiement comptant.	Augmentation des charges financières.
Vous voulez maintenir un prix élevé.	Délais de règlement.	Dégradation de la trésorerie.
Vous voulez préserver le prix de référence du produit.	Produit ou service gratuity.	Risque de dévalorisation du produit ou du service offert.
Vous voulez valoriser la concession (différence entre le montant consenti et le montant perçu).	Produit ou service gratuity.	Risque de dévalorisation du produit ou du service offert.
Vous voulez favoriser le long terme (retour sur investissement).	Appui promotionnel.	Dégradation de la marge et de la trésorerie.
Vous voulez rassurer votre client sur la fiabilité du produit.	Extension de garantie.	Coût élevé à terme.
Vous voulez afficher un prix compétitif.	Remise.	Dégradation de la marge, dévalorisation du produit.

Les contreparties possibles en échange d'une concession

- Un volume supplémentaire.
- Un allègement du cahier des charges technique.
- Une exclusivité.
- L'allongement d'un engagement.
- La prise en charge par le client d'une partie de la prestation.
- Un élargissement du périmètre de commande (périphériques, accessoires…).
- Une simplification de l'emballage, du conditionnement.
- Une optimisation du transport.
- Un mode de commande plus avantageux (commandes ouvertes, cadencements…).
- Le financement d'un stock de sécurité.
- Un mode de paiement plus avantageux.
- Le référencement d'un nouveau produit.

- Un allègement des contraintes (par exemple, des pénalités de retard).
- Un allègement des garanties.
- Une introduction auprès d'autres clients potentiels.

L'utilisation de sa marge de manœuvre

Le maniement des concessions est un exercice délicat. Plusieurs options sont possibles.

Option 1	Une position très ferme jusqu'au seuil de rupture, puis une concession minime. Cette tactique permet de défendre ses marges et de valoriser sa concession. Attention toutefois : l'acheteur peut avoir l'initiative de la rupture face à une attitude qu'il jugera inflexible et intolérable.
Option 2	Une concession déjà établie. Cette tactique sera utilisée par un négociateur qui veut obtenir un accord très rapidement. Attention toutefois : l'acheteur aurait peut-être (quand même) signé à un prix plus élevé ; l'acheteur peut penser que le fournisseur dispose encore d'une marge de manœuvre.
Option 3	Une concession négociée par paliers successifs (méthode dite « petits pas »). Ces deux acteurs œuvrent progressivement, par étapes vers l'accord. Attention toutefois : la démarche peut être longue et fastidieuse ; l'acheteur ne se prêtera peut-être pas à cette démarche.

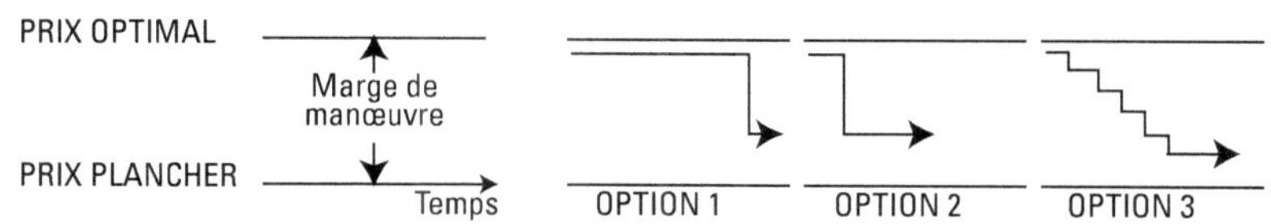

Le processus de défense des marges

Si le client	Le fournisseur doit
Demande un prix… *Alors, quel est votre meilleur prix ?*	**Isoler** *Je vais vous l'indiquer, mais, mis à part le prix, est-ce que mon offre vous intéresse ?*
Insiste… *Oui, mais il faut que votre offre soit attractive !*	**Énoncer le prix initial** *Notre solution coûte x €.*
Objecte… *Vous n'y pensez pas, c'est beaucoup trop cher !*	**Argumenter** *Je vous rappelle que cette solution vous permet… (par exemple, un retour sur investissement en 13 mois).*
Demande des concessions… *Je ne traiterai pas à un tel prix, il me faut une remise !*	**Résister** *C'est pourtant la juste valeur d'une solution qui répond parfaitement à votre cahier des charges…*
Énonce ses conditions… *Non ! Je vous ai dit que je ne traiterai pas cette affaire sans remise, il me faut x % !*	**Refuser** *Ce que vous me demandez là est tout à fait impossible !*
Insiste encore (et trahit son intérêt !) *Écoutez faites un effort !*	**Ancrer** *Si je fais un effort, traiterons-nous cette affaire ensemble ?*
Insiste toujours et appâte… *Pourquoi pas ? Je vous ai dit que votre solution m'intéresse, mais faites-le !*	**Introduire un préalable** *Seriez-vous prêt à faciliter la mise en service de nos équipements ?*
Interroge… *C'est-à-dire ?*	**Ouvrir avec contrepartie** *Est-ce que durant la mise en service de notre système, environ une semaine, nous pourrions bénéficier de l'assistance de votre ingénieur système et de votre technicien de maintenance ?*
Esquisse un accord… *C'est envisageable, je dois pouvoir vous obtenir cela !*	**Proposer une concession** *Alors dans ce cas je peux prendre en charge le poste Y ce qui optimise votre budget de x €.*
	Conclure *Je fais préparer les contrats en ce sens ?*
	N. B. : selon réticences, perpétuer les concessions-contreparties de façon décroissante.

Utilisez la méthode « SONCAS » pour défendre vos marges

En phase « découverte », sachez repérer les autres motivations d'achat de votre interlocuteur (autres que « *argent* ») :

- S'il est motivé par la « *sécurité* », cette dernière à un prix !
- S'il est de typologie « *orgueil* », le prestige a un prix !
- S'il est mobilisé par la « *nouveauté* », l'innovation a un prix !

- Si sa motivation est le « *confort* », la praticité a un prix !
- S'il recherche la « *sympathie* », la proximité, la disponibilité ont un prix !

Ce n'est que du bon sens…

Phase 7 : la conclusion

> « *Le succès est une conséquence et non un but* ».
>
> G. Flaubert

À l'occasion d'une négociation, la conclusion, c'est l'heure de vérité, le moment pour notre interlocuteur de répondre favorablement ou négativement à notre offre. Pour cette raison, cette étape est redoutée par beaucoup de commerciaux.

Je me souviens d'un jeune commercial, très performant dans sa façon de créer un climat de confiance, de découvrir les attentes de son client, d'argumenter, mais qui était souvent victime d'une sorte de blocage psychologique au moment de « sortir son contrat de vente ». Cette appréhension lui faisait perdre de son assurance, il différait la conclusion et, comme pour se rassurer, il poursuivait son argumentation. Malheureusement, ses arguments devenaient de moins en moins convaincants et de ce fait il a manqué des affaires, car c'est bien connu un commercial qui surargumente, bien souvent ne conclut pas.

Dans l'exemple présent, la solution était simple et s'est avérée efficace : intégrer le contrat dans les différents documents de négociation plus tôt dans l'entretien (au même titre que le book, la documentation, le tarif, etc.), et utiliser le contrat de vente dès l'argumentation, en support d'entretien comme preuve… (par exemple : «Vous voyez, monsieur, nous nous engageons contractuellement à intervenir en moins de x heures. »)

Le moment de la conclusion

Cet exemple illustre l'importance du moment de la conclusion. En ce qui concerne l'appréhension, il s'agit de dédramatiser car la conclusion n'est que le prolongement logique et naturel d'une bonne argumentation. En effet si, grâce à une bonne argumentation, le produit (ou le service) est devenu nécessaire, il est logique de concrétiser l'acquisition. Mais comment repérer le moment de conclure ? Tout simplement en étant attentif, c'est-à-dire en se mettant en situation de repérer des signaux d'acceptation.

Des signaux verbaux

- Affirmation ou questionnement traduisant une attitude d'utilisateur : « Est-ce que ce produit/service me permettra aussi de… ? »
- Questionnement sur la disponibilité, les délais, les accessoires.
- Demande d'avantages supplémentaires, d'un geste commercial, d'une faveur, etc.
- Quelques mots isolés tels que : « bon », « bien », « d'accord », etc.

Des signaux non verbaux

- Des postures : relâchement du corps, position de détente.
- Des gestes : des mains qui s'ouvrent, des jambes qui se décroisent, un hochement de tête.

Des expressions du visage

- Un regard qui se lève.
- Un visage qui se détend.

L'œil du professionnel

Dans le doute, mieux vaut risquer de conclure trop tôt que trop tard. Dans le premier cas, le seul risque pris est celui de s'entendre dire, par exemple :

« Attendez, vous allez un peu vite en besogne, nous n'en sommes pas encore là ! », ce qui non seulement ne remet pas en cause l'issue positive de l'entretien, mais de surcroît traduit l'intérêt de notre interlocuteur pour notre offre. Nous parlerons alors d'une conclusion d'essai qui aura valeur de sondage.

Dans le second cas, conclure trop tard, c'est risquer de ne pas conclure du tout ! Rappelons-nous de ce vieil adage : « Qui trop embrasse, mal étreint ! ».

Le comportement de la conclusion

Cette fois encore la dimension psychologique est importante et pour convaincre, il faut être convaincu soi-même, en l'occurrence, convaincre de l'issue évidente et favorable de la négociation. Cette attitude doit donc se traduire par du tonus, de l'enthousiasme, de l'assertivité. Le langage doit être affirmatif et positif. Il convient de bannir les expressions du type : « Vous verrez, vous ne le regretterez pas, avec cet appareil vous ne risquez ni ennui, ni panne. » Ce type de phrase, pourtant souvent prononcée, comprend une concentration de mots négatifs qui vont à l'encontre de l'effet escompté : « Ne… pas/regretterez », « risquez », « ennui », « panne » !

Un mot sur la formalisation du bon de commande. Certains experts préconisent le silence durant cette opération. Pour ma part, j'avoue ne pas partager cette opinion. Certes, le silence est préférable à une surargumentation, il est également préférable au fait de parler de la pluie et du beau temps. En revanche, je préconise d'accompagner la formalisation du document contractuel de commentaires en insistant notamment sur la notification des engagements pris.

Le processus de la conclusion (voir figure page 113)

Il convient tout d'abord d'indiquer à son interlocuteur que le moment est venu de conclure. Un bref moment de silence fera l'affaire. Il suffira parfois à provoquer un signal verbal ou non verbal d'acceptation.

Pour passer de l'implicite à l'explicite, le négociateur doit se livrer alors à un résumé des principaux (en garder un ou deux en réserve) bénéfices développés au cours de l'argumentation. De nouveau, un bref moment de silence entre chaque favorisera l'approbation. Celle-ci est normalement acquise puisque ces bénéfices ont été acceptés au cours de l'argumentation et ils correspondent à des besoins clés.

La question qui se pose est la suivante : suffisent-ils pour emporter la décision ?

Le négociateur doit déceler la réaction de son interlocuteur.

Si le client approuve ou acquiesce, c'est gagné ! Le négociateur pourra conclure directement en indiquant que le produit ou le service correspond idéalement à ses attentes et qu'il ne reste qu'à concrétiser, c'est-à-dire à formaliser, et joindra le geste à la parole.

Si le client ne transmet aucun signal ou semble un tant soit peu hésitant, le négociateur optera alors pour une conclusion d'essai :

- soit sous forme d'une conclusion implicite (par exemple : « Que pensez-vous d'une mise à disposition en semaine 12 ? ») ;
- soit sous forme d'une conclusion alternative (par exemple : « Vous souhaitez une mise en service par vos techniciens ou préférez-vous que nous la prenions en charge ? »).

Si le client manifeste une réticence ou hésite de façon manifeste, il va falloir reformuler un bénéfice supplémentaire et solliciter l'approbation. Si c'est insuffisant, il conviendra cette fois de présenter un nouvel argument. Rappelons-nous que nous avons procédé à une argumentation sélective. C'est donc le moment d'en sélectionner un supplémentaire ; celui qui fera (souhaitons-le) la différence. Une autre solution consiste à susciter un regret (la technique du « retrait », par exemple : « Pourquoi vous priver d'une solution qui dès sa mise en application vous apporte x, y et z bénéfices ? »).

Si c'est toujours insuffisant, le moment est venu d'une sérieuse remise en cause doublée d'une grande humilité :

> « Que manque-t-il à mon offre pour vous convaincre ? »
>
> « En quoi n'ai-je pas su vous convaincre ? »
>
> « À ce stade de notre entretien, que puis-je entreprendre pour vous convaincre ? »
>
> Si la réponse du client offre la moindre ouverture, la saisir en reprenant l'argumentation sur la base des nouvelles informations obtenues. Sinon, admettre de n'avoir pas convaincu cette fois-ci, et rester positif (question de professionnalisme, d'image d'entreprise, et de se ménager des chances de convaincre une autre fois).

Cas particuliers

La conclusion d'un entretien peut avoir des objectifs différents de la signature d'un contrat ou d'une commande. C'est le cas des négociations qui se traitent en plusieurs étapes. Dans ce cas, jusqu'à la conclusion finale, il s'agit de conclusions intermédiaires ayant pour objet, par exemple :

- d'annoncer la rédaction d'un devis ;
- d'en déterminer l'objet ;
- d'en fixer (et d'en formaliser) le rendez-vous ;
- de préciser l'état d'avancement et de déterminer le planning des entretiens suivants ;
- de répartir les tâches et missions entre différents acteurs (fournisseur, client, intervenant extérieur).

Souvenons-nous dans la phase préparation de la notion de stratégie de repli : même si l'objectif initial est la signature d'un accord, le cours de l'entretien peut modifier l'objectif initial et un objectif révisé atteint peut être considéré comme une réussite.

Processus de conclusion

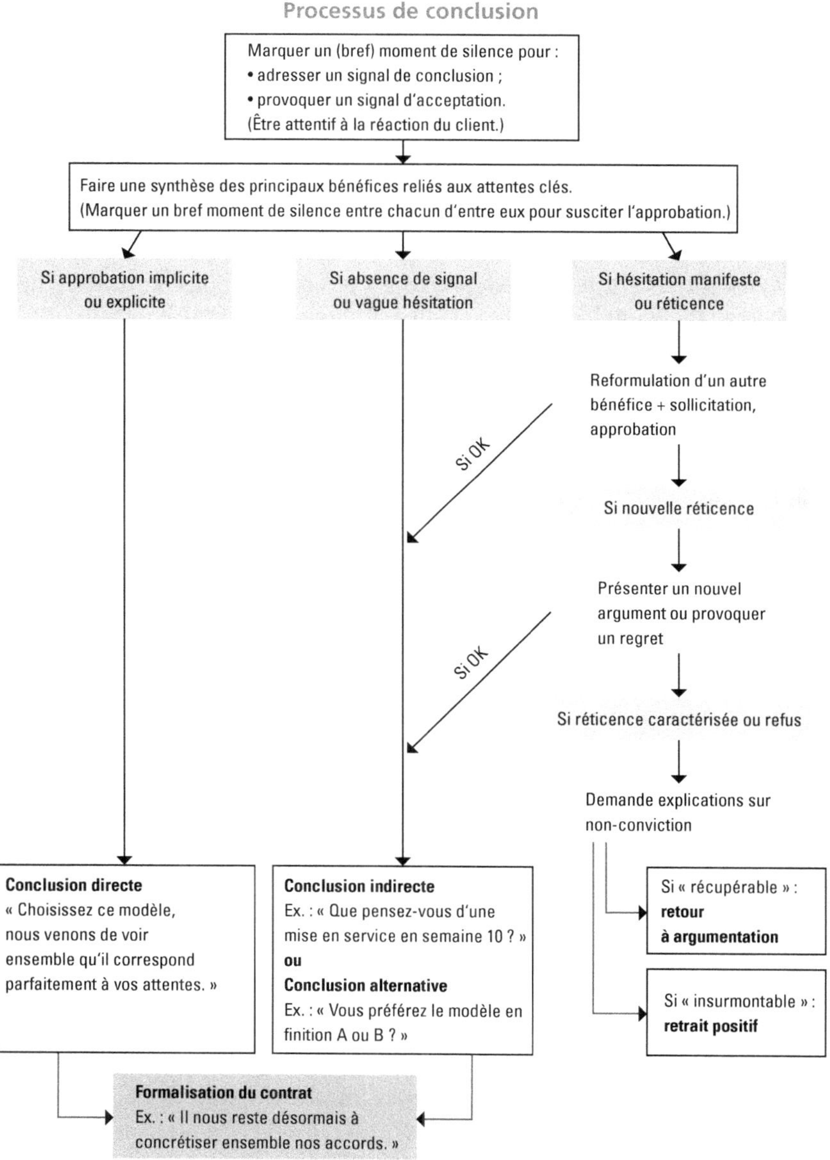

Phase 8 : la consolidation

C'est l'ultime étape de l'entretien de négociation. Celle durant laquelle on prend congé de son interlocuteur, objectif atteint ou non atteint ! Dans les deux cas de figure, il convient de communiquer positivement ; dans le premier cas pour consolider l'accord, dans le second pour consolider l'image de son entreprise et ne pas hypothéquer ses chances pour une négociation future.

De l'importance de cette étape

Oublions un instant le contexte « B to B » et mettons-nous dans notre peau d'acheteur individuel lors d'une acquisition importante. Au moment où l'on vient de se décider, de remettre notre titre de paiement ou de signer un bon de commande, nous ressentons une forme d'inquiétude, brève mais importante. (« Ai-je fait le bon choix ? au bon prix ? au bon fournisseur ? au bon moment ? »).

Un acheteur professionnel vit lui aussi cette forme d'inquiétude vis-à-vis de son fournisseur.

Choix du produit ou du service   }

Choix du fournisseur   }   Peur de s'être trompé.

Prix et conditions négociés   }

Le comportement à adopter

Il s'agit tout simplement d'adopter le comportement d'un professionnel. Ainsi, le moment est venu de se poser la question : qu'est-ce qu'une affaire menée à bonne fin ? Beaucoup (trop) de commerciaux considèrent que leur mission s'arrête dès lors que la commande est signée ! (« J'ai fait mon job, aux autres [!] de faire le leur ! ») Certains acceptent de s'intéresser à la livraison. D'autres vont jusqu'au recouvrement intégré. En fait, pour ma part, j'ai envie de répondre à la question « Quand une affaire est-elle menée à bonne fin ? Jamais ! » Tant qu'un client est placé sous sa responsabilité, un négociateur est directement concerné et a le devoir de se sentir informé et impliqué. Alors, concrètement, quel comportement adopter ?

Il faut aussi rassurer et conforter son interlocuteur :

• en s'impliquant personnellement dans l'application des engagements ;

• en s'impliquant dans la relation avec les autres services de l'entreprise (logistique, production, comptabilité…) ;

- en se positionnant délibérément comme interlocuteur coordinateur, facilitateur (transmettre des noms, des numéros de ligne directe…) ;
- en programmant des appels ou des actions de suivi.

Cette attitude valorisera votre image auprès de votre interlocuteur, mais aussi (car rappelons-le, elles sont indissociables) celle de votre entreprise.

En cas de refus

Là encore, priorité à l'image. Combien de commerciaux vexés de n'avoir pu aboutir deviennent menaçants (« Je vous aurais prévenu ! » ou encore « Vous penserez à moi quand vous relancerez "leur" technicien dix fois avant qu'ils ne se déplacent », etc.) ?

Il faut accepter, selon l'adage, de « perdre une bataille pour gagner la guerre ».

Une attitude fair-play

« Monsieur, je regrette votre décision puisqu'elle ne m'est pas favorable, néanmoins bien entendu, je la respecte… Par ailleurs, cet entretien m'a permis de noter de nombreuses observations dont je saurai tenir compte pour être plus convaincant, notamment lors de la prochaine acquisition dont vous m'avez parlé. »

Commentaires additionnels

Faut-il remercier son interlocuteur ?

- De nombreux experts répondent par la négative indiquant qu'il s'agit d'un acte normal et que remercier c'est en quelque sorte s'abaisser. Je suis convaincu du contraire ! Je pense même (au risque d'être rapidement taxé d'hypocrisie notoire) que non seulement il convient de le faire en cas de succès (remercier de la confiance accordée), mais aussi en cas d'insuccès (remercier du temps consacré).

Éviter les bavardages inutiles

- Partir précipitamment engendre la suspicion, mais l'inverse est tout autant déplacé ! Certains commerciaux se sentent obligés, l'affaire conclue, de raconter leur vie ! En fait, un moment de convivialité en fin d'entretien est possible, bien sûr, mais brièvement et dans le cas contraire, ce doit être à l'initiative du client.

Le réflexe du prochain contact

- De nombreux commerciaux proposent à leur interlocuteur de les « recontacter dans quelques semaines ». Quel dommage ! Pourquoi ne pas fixer et formaliser dès à présent ce rendez-vous, et en déterminer l'ordre du jour et les engagements (parfois réciproques) de préparation nécessaires au bon déroulement de celui-ci. Non seulement c'est professionnel, mais c'est une façon efficace d'éviter de multiplier les appels pour convenir du rendez-vous ultérieur car l'interlocuteur qui est en face de vous et muni de son agenda est peut-être une personne particulièrement difficile à joindre.

De la même façon que nous avons valorisé la préparation en amont de la négociation, nous allons désormais nous intéresser à la phase aval, c'est-à-dire au
suivi de la négociation.

D'ailleurs ces actions situées dans le temps aux deux extrêmes sont en fait
étroitement liées dans la mesure où le suivi d'une négociation vient en quelque
sorte alimenter et enrichir la préparation de la suivante. D'où l'intérêt (supplémentaire) de la prise de notes durant l'entretien. Voilà une mine d'informations à capitaliser et à intégrer dans sa stratégie future.

UN OBJECTIF MAJEUR : LA FIDÉLISATION

L'un des objectifs majeurs des entreprises est de *fidéliser* et de *pérenniser* les
relations avec sa clientèle. Il est étonnant de constater combien d'entreprises,
parmi les plus prestigieuses, font des efforts colossaux de communication
pour conquérir de nouveaux clients et en font si peu pour les retenir ! À titre
d'exemple, je me souviens de m'être rapproché de mon banquier qui m'a dit
tout de go, alors que je sollicitais de réviser mon taux de crédit à la baisse :

« Quel dommage que vous soyez déjà mon client, sinon j'aurais pu vous faire
bénéficier d'un supertaux préférentiel réservé à nos futurs clients. » (Sans
commentaire !)

En matière de fidélisation, la définition que je propose au lecteur est d'une
extrême simplicité :

**« Fidéliser un client, c'est bien le servir, et bien le servir, c'est tenir ses
engagements. »**

Il n'est pas suffisant de s'engager, il convient d'assumer, il ne suffit pas de dire,
il faut agir !

Tout d'abord, pour tenir ses engagements, il faut les avoir consignés (attention à la déperdition d'informations liée à la seule transmission orale – voir
l'étape 1, *Communiquer dans le but de persuader*).

Les notes prises vont servir à mener une démarche interne auprès des différents services impliqués dans les engagements. Certains commerciaux me disent qu'ils doivent effectuer deux négociations par affaire : la première pour convaincre le client, la seconde, plus fastidieuse, pour convaincre leur hiérarchie !

De la même façon que le métier de footballeur ne se limite pas aux quatre-vingt-dix minutes de chaque match ou que le temps de travail du commerçant n'est pas égal à celui des heures d'ouverture affichées, le négociateur doit mener en coulisses, le plus efficacement possible, une mission de coordination et veiller, contrôler les actions d'autres acteurs de l'entreprise au service de son client. Peu le font, et ceux-là oublient parfois de valoriser leur action auprès de leur client. Dommage car c'est une action facile, brève et agréable, un appel téléphonique suffit.

Par exemple : *« Monsieur Dupont, je m'étais engagé à avancer votre livraison d'une semaine, pour vous livrer en semaine 12. Je viens de m'assurer que la mise en service est programmée lundi 22, êtes-vous satisfait ? »* Le client appréciera, le négociateur aura ainsi marqué un point de confiance, son travail sera ainsi valorisé. Tenir ses engagements est important, mais il est également important de veiller au respect de ceux du client.

Dans une démarche donnant donnant lors de la négociation des concessions commerciales, le client a pu prendre lui aussi des engagements.

Il n'est pas choquant d'avoir la rigueur de les suivre, mission rarement menée ou menée à reculons. Alors, y mettre les formes, certes, mais le faire tout de même. D'ailleurs cette rigueur est à mettre au crédit du professionnalisme car, à l'inverse, le client attribuera (à juste titre) l'absence de suivi à son égard comme du laxisme ; laxisme qu'il ne manquera pas de repérer et peut-être d'exploiter.

Exemple d'un appel de relance

« Monsieur, je vous avais accordé lors de notre entretien d'actualisation de notre marché, une remise supplémentaire de 1,75 % pour des cadences de 12 000 pièces minimum. Or la dernière cadence reçue est une cadence de 8 000 pièces (...). Pouvez-vous faire le nécessaire auprès de vos services pour régulariser cette situation afin que je puisse tenir mon engagement de remise ? »

Un cercle vertueux

Ce cercle vertueux apparaîtra clairement dans le tableau de synthèse ci-après.

Tableau de synthèse

SUIVI
=
RESPECT DES ENGAGEMENTS RÉCIPROQUES

| **Tenir ses engagements** | **Veiller au respect de ceux du client** |

- Les avoir consignés (reporting)
- Les transmettre (communication interne)
- Les contrôler
- Les valoriser
- Se montrer impliqué et disponible

- Suivre les volumes, les règlements
- Intervenir en cas de «dérive»

Confiance réciproque méritée

Pérennisation des relations

À propos de fidélisation, citons la déclinaison progressive affichée par le département Entreprises de Ford en matière d'objectifs qualitatifs :

Prospect → Client → Client fidèle → Prescripteur → Ambassadeur

C'est d'ailleurs ce même département de Ford qui annonce, s'agissant d'approche commerciale fidélisante :

«Notre métier est de comprendre le vôtre» ou encore «Ensemble, tout est possible!»

Les spécificités de l'approche grands comptes

DE LA NÉGOCIATION « CLASSIQUE » À LA NÉGOCIATION « GRANDS COMPTES »

Entre la négociation classique et la négociation « grands comptes », il y a de vraies similarités, mais aussi de vraies différences. Le tableau ci-après en fait la synthèse.

Négociation classique	Négociation grands comptes
Les objectifs majeurs : persuader, convaincre, obtenir l'accord, fidéliser, développer le CA et les marges.	Les enjeux et le périmètre sont beaucoup plus importants.
Les qualités fondamentales requises : persuasion, conviction, sens tactique.	Des aptitudes supplémentaires sont nécessaires : • *Endurance* • *Recul* • *Planification* • *Préparation (stratégie)* • *Compétences managériales*
Autonomie + implication personnelle fortes.	… mais aussi pilotage en mode projet (mobilisation et animation d'une équipe).
Respect des étapes du cycle de vente.	Gérer un cycle de négociation plus long.
Négocier suppose mobiliser des moyens au service de l'efficacité (temps, supports, outils).	Les moyens mobilisés sont sensiblement plus importants.
ROI à court terme.	ROI à moyen ou long terme.
Approche ponctuelle (temps + espace) ; approche site par site (décentralisée).	Approche globale (temps + espace) ; approche centralisée.
Échange transactionnel : • *centré sur la vente ;* • *basé sur une dimension tactique ;* • *contacts en face à face pendant l'acte de vente ;* • *contacts auprès d'acheteurs (repérage du décideur).*	Échange relationnel : • *centré sur la valeur à long terme ;* • *basé sur une dimension stratégique ;* • *contacts continus ;* • *contacts à tous les niveaux de l'organisation ;* • *(identification d'un processus de décision, de prescription, d'influence).*

DE LA NÉCESSITÉ DE BÂTIR UNE STRATÉGIE ADAPTÉE

Définir une stratégie, c'est pouvoir répondre aux questions suivantes, en fonction des enjeux, des objectifs, du contexte, des interlocuteurs.

- Quelles priorités ? (les hiérarchiser)
- Quelle équipe mobiliser ?
- Quelles techniques utiliser ?
- Quelles hypothèses, quelles alternatives, quels scénarios échafauder ?
- Sur quel terrain axer les débats ?
- Quelle durée ? (la rallonger, la raccourcir)
- Quelles initiatives prendre ?
- Quels types d'accords proposer (complet ou partiel, immédiat ou différé ?)
- Quelles marges de manœuvre ?
- Quelles solutions de repli ?

C'est aussi construire son SWOT ou plus exactement ses SWOT :

- celui de son offre ;
- celui de ses concurrents ;
- celui de son prospect ou client.

<table>
<tr><td rowspan="2">Arguments</td><td>+ Atouts
-
-
-
-
-
-
-</td><td>– Faiblesses
-
-
-
-
-
-
-</td><td rowspan="2">Objections</td></tr>
<tr><td>↑ Opportunités
-
-
-
-
-
-</td><td>↓ Risques
-
-
-
-
-
-</td></tr>
</table>

GÉRER LES APPELS D'OFFRES

Se poser les bonnes questions

Gérer un appel d'offres, c'est le qualifier, et pour ce faire être capable (là encore) de se poser des questions dont les réponses seront déterminantes pour prendre les bonnes décisions : soumissionner ou ne pas soumissionner (« GO » ou « NO GO »).

Des questions sur le contexte

Dans quel contexte s'inscrit le projet qui est l'objet de l'appel d'offres ? Qui en est l'initiateur ?

Des projets semblables ont-ils déjà été réalisés ? Par quels fournisseurs ? S'agit-il d'un projet stratégique ?

S'inscrit-il dans un projet plus large ?

Des questions sur la description du projet

- Quelle est l'organisation du projet ?
- Qui sont les intervenants intéressés ? (réseau de prise de décision)
- Quelle procédure ?
- Qui finance ? Doit-on proposer un montage financier ?
- Existe-t-il un cahier des charges ? Qui l'a rédigé ? Son élaboration a-t-elle été faite avec certains fournisseurs ?
- Qui sont les concurrents ?
- Quelles sont les performances à prévoir du système attendu ?
- Quelles en sont les fonctionnalités ?
- Quelles en sont les contraintes ?
- Qui peut-on rencontrer, afin de recueillir des informations ?
- Quels sont les critères de décision ?

Définir les critères de qualification

- Les enjeux (gains potentiels à court, moyen et long terme).
- Les coûts (financiers et temporels).
- Les risques (économiques – commerciaux…).
- Les chances de réussite.

		– 2	– 1	0	+ 1	+ 2	
Enjeux =	Faibles	☐	☐	☐	☐	☐	Forts
Coûts =	Élevés	☐	☐	☐	☐	☐	Faibles
Risques =	Importants	☐	☐	☐	☐	☐	Faibles
Chances de réussite =	Faibles	☐	☐	☐	☐	☐	Importantes
Score global = ☐				GO ☐		NO GO ☐	

C'est à partir de ce *scoring* que se prendra la décision d'investir ou non.

Un bon score se traduira naturellement par un « go ». Mais un mauvais score ne se traduira pas nécessairement par un « no go » ! En effet, je peux pressentir le succès annoncé de mon concurrent dès la lecture de l'appel d'offres et pour autant décider de soumissionner pour affaiblir ses marges, par exemple !

PRENDRE EN COMPTE LA PSYCHOLOGIE DE L'ACHETEUR GRANDS COMPTES

Pour traiter de ce délicat sujet, j'ai fait appel à Solange Avroutzki, consultante en achat et en management auprès de PME et de grands groupes internationaux.

Voici son témoignage.

> « Je me pose souvent cette question, lorsqu'un responsable comptes clés vient me voir pour me proposer ses services : "Sait-il vraiment qui je suis ? Ce qui se passe en moi ?"
>
> Après plusieurs années d'expérience, je suis pratiquement certaine que non, à part quelques exceptions de personnes qui avaient travaillé sur le mental de l'acheteur. Or combien de négociations avortées et de contrats manqués faute de connaissances sur la manière de fonctionner des acheteurs, sur leur psychologie !
>
> L'idée que les autres (y compris les vendeurs) se font d'eux est alimentée par des phrases du genre : "Ils ont tout pouvoir", "C'est eux qui passent la commande", "C'est plus facile d'être acheteur que vendeur », « Ils attendent la proposition du fournisseur".

Faux. L'acheteur est au centre d'une stratégie sur la baisse des coûts, l'augmentation de la marge brute. Il véhicule l'image de l'entreprise à l'extérieur, il est la source d'informations sur le marché amont. Il ne peut pas se permettre d'attendre. Il doit devancer, chercher et trouver avant les autres car la concurrence est redoutable, et l'entreprise lui demande d'avoir une longueur d'avance. Il y a aussi l'enjeu personnel, la peur de ne pas y arriver, de ne pas être reconnu. Ainsi son rôle, ses missions et ses responsabilités sont un pouvoir réel, mais également une source continuelle de stress et de craintes entretenue par une pression permanente.

L'analyse des différentes typologies d'acheteurs permet de mieux comprendre leurs mécanismes de pensée et d'adopter un comportement en adéquation.

Voici une liste des différentes psychologies d'acheteurs grands comptes.

Le « décideur »

La poignée de main de ce type d'acheteur est ferme, son regard vif et soutenu, il marche d'un pas sûr. C'est un homme de conviction. Il fait démarrer l'entretien tout de suite, il a peu de dossiers autour de lui et les notes qu'il prend lui servent à rebondir. Il coupe souvent la parole.

Il sait (mieux que vous !). Il aime mener le jeu. Son anxiété vient surtout de la crainte de ne pas atteindre les objectifs fixés par la hiérarchie. Il ne peut pas supporter la remise en question. Il est néanmoins prêt à prendre des risques pour prouver que sa décision était la bonne. Il aime la réussite, les défis, les affaires bien négociées, rentables et rapides. Il ne mélange pas vie professionnelle et personnelle.

Soyez pratique, ayez une argumentation concise et précise, soyez prêt à répondre à ses questions. Allez vers lui, sans sympathie abusive. Soignez votre mise en scène et confortez-le dans ses certitudes. Évitez à tout prix de faire des promesses que vous ne pourrez pas tenir, votre crédibilité serait entachée.

Sa reconnaissance viendra si vous lui avez donné la possibilité de réussir sans le revendiquer.

Le « conservateur »

Le profil de cet acheteur est plutôt discret, réservé, paisible. Il laisse le vendeur dérouler son argumentaire, parle peu, a besoin de temps. Sorte de mammouth auquel il est difficile de faire prendre une décision (« Il n'y a pas le feu au lac ! »). Tenue vestimentaire extrêmement classique.

Il est méfiant par nature, il prend son temps, vérifie les données, sa confiance est longue à être accordée. Pour lui l'erreur est insupportable et il cherche systématiquement la faille.

Soyez le vendeur-conseil, impliquez-vous directement dans la prise de décision. Pour être crédible, assurez-le des tests élaborés, des référents existants. Soignez votre tenue vestimentaire qui doit être sombre. Votre langage est clair, pragmatique, vos arguments doivent être incontestables ; sinon vous devrez tout recommencer.

Le « convivial »

Il est tout sourire, jovial, accueillant et bavard. Il est d'un abord facile, met le vendeur à l'aise, utilise souvent le « nous » pour désigner l'entreprise et lui, ou le vendeur et lui. Il aime attirer l'œil.

Sa convivialité peut être sa nature, mais il peut également s'agir d'une feinte. Il fait tout pour que la conversation reste agréable sans prendre le risque de dévoiler sa personnalité. Il a surtout peur pour sa personne. Il est très sensible à la prise en compte et à l'acquiescement. C'est un affectif, très susceptible, qui peut avoir des réactions imprévisibles.

Méfiez-vous de ne pas vous laisser endormir et de vous dire : « Oh ! celui-là, pas de problème, j'ai un bon contact ». Faites-le parler plus que les autres. Soyez très à l'écoute et très attentif à sa gestuelle, ne le quittez pas du regard de façon à éviter une éventuelle volte-face qui empêcherait tout accord. Facilitez la recherche de solutions et n'hésitez pas à pratiquer la reformulation. Usez d'un humour fin, partagez son expérience en vous impliquant et mettez-le en avant sans faire un show à sa place. Soulignez les avantages d'une collaboration harmonieuse.

Le « raisonneur »

Accueil froid. Il prépare à fond ses entretiens. Il prévoit tout. Ponctuel, précis, voire pointilleux.

C'est un homme de détail, rationnel qui aime garder ses distances. Il ne se laisse pas influencer par des sentiments. Seul compte le résultat tout en respectant bien entendu les procédures. Il a besoin de recul et de temps pour analyser et prendre la bonne décision. C'est le moins anxieux de tous et aussi le moins influençable. Sa seule anxiété est d'être victime d'un aléa qui peut remettre en question son raisonnement. Ne fait jamais confiance. C'est certainement le plus fort psychologiquement. En fait il n'a pas de faille.

Ne remettez pas en cause son mode de fonctionnement et respectez vos engagements dans le moindre détail. Dites-lui bien qu'il a le temps et ne le brusquez en aucun cas. Restez factuel et ne faites pas d'humour.

Il ne faudrait en aucun cas penser qu'un acheteur relève d'une seule typologie. Ceci étant, il a néanmoins une typologie dominante, et peut présenter certains traits d'une autre typologie.

Les acheteurs ont un dénominateur commun : ils sont anxieux, à différents degrés. Il faut donc en permanence pratiquer et doser l'assurance et la réassurance.

Observons que le « décideur », le « conservateur », le « convivial », le « raisonneur » décrits par Solange Avroutski ressemblent furieusement respectivement au rouge, vert, jaune, bleu, de la méthode *Langage des couleurs,* évoquée dans le chapitre *Savoir découvrir l'autre.*

SAVOIR MENER UNE NÉGOCIATION PLURI-INTERLOCUTEURS

Le commercial grands comptes met en œuvre une plus grande intelligence des situations. Parce qu'elles sont complexes, ces négociations nécessitent :

- de collecter/traiter un volume important d'informations ;
- d'élaborer une analyse stratégique des acteurs en présence ;
- de mener la négociation en méthodologie de conduite de projet ;
- de se doter d'un tableau de bord de critères/indicateurs pertinents ;
- d'ajuster sa stratégie au moindre élément changeant, c'est-à-dire en permanence.

L'exigence de suivre la vie de l'entreprise cliente est telle, que des logiciels puissants (MS Project en conduite de projet ; Skover en contrôle de gestion ; Magnitude en consolidation, etc.) sont des aides en analyse décisionnelle. Pour autant, il faudra toujours croiser ces données avec celles, encore plus fluctuantes, du facteur humain dans le projet. Afin d'appréhender cette notion d'analyse stratégique des acteurs en présence, rappelons la typologie des acteurs de Boutinet[1] et leur positionnement.

- L'équipe de pilotage comprend généralement la maîtrise d'ouvrage (dont le commanditaire), la maîtrise d'œuvre, des décideurs tels que les clients, les fournisseurs, les entreprises partenaires, les investisseurs, etc.

- Les acteurs **facilitants** cherchent à soutenir votre action dans le projet. « Ces acteurs sont des personnes ressources pour l'équipe de pilotage, par les aides et conseils qu'ils prodiguent[2]. »

- Les acteurs **indifférents** se placent toujours en retrait, ils n'ont pas d'avis sur votre action, mais ne l'entravent pas. « Ces acteurs dans certains cas constituent une force d'inertie gênante, voire inhibitrice pour les acteurs périphériques, et décourageante pour l'équipe pilote[3]. »

- Les acteurs **confrontants** critiquent tout et tout le monde. Ce sont de véritables « râleurs professionnels » et des « poils à gratter » du projet. « Ils représentent pour ce dernier des personnes exigeantes, permettant de

---

1. In Boutinet, J.-P., *Anthropologie du projet*, PUF, 2012.
2. *Ibid.*
3. *Ibid.*

façon paradoxale dans un certain nombre de cas une avancée décisive. De confrontants, ces acteurs peuvent devenir conflictuels et bloquer l'avancement du projet ou le rendre plus difficile. Mais dans tous les cas, les opposants jouent une fonction d'élucidation. De par l'impertinence de leurs questions, ces opposants sont très utiles si l'équipe pilote sait les entendre tout en élevant son propre niveau de tolérance au conflit et à la frustration[1]. »

La grille qui suit vous permettra de prendre une photographie des forces en présence. Indispensable outil de préparation et de debriefing, il s'agit bien d'une image figée à un instant *t* de la conduite de la négociation. Il faut s'attendre à ce que certains acteurs, en fonction des événements, passent d'une catégorie à une autre... sans vous prévenir, la plupart du temps.

Acteur ou catégorie d'acteur	Enjeux (gains/pertes à s'investir dans le projet)	Position (facilitant, confrontant, indifférent)	Objectifs (extraits des FBO)	Source(s) de pouvoir	Contraintes/Ressources (coût-délai-qualité)	Rôle joué dans ce collectif	Position en stratégie des alliés

Pour vous aider à qualifier cette grille, prenons l'exemple d'un projet d'implantation d'un didacticiel d'autoformation en bureautique dans une grande organisation (installation de 3000 licences). Au hasard, qualifions la ligne « acteurs confrontants » :

---

1. *Ibid.*

- Acteurs concernés :
  - consigner leurs noms, fonctions dans l'entreprise, places dans le projet.
- Enjeux des acteurs :
  - conserver la possibilité de faire des formations en bureautique à l'extérieur de l'entreprise ;
  - se servir de la formation comme moyen de « sortir du poste de travail », de ses vicissitudes, ses contraintes, ses frustrations ;
  - rencontrer des collègues d'autres services, des personnes exerçant la même fonction dans d'autres entreprises ;
  - échange d'informations concernant les ambiances de travail, les rémunérations, les avantages sociaux, etc.
- Objectifs des acteurs :
  - prouver aux décideurs que la formation en organisme extérieur est plus efficace et moins chère ;
  - prouver aux décideurs que l'autoformation sur le poste de travail est matériellement impossible ;
  - prouver aux décideurs qu'il ne s'agit pas de refuser la formation, mais un mode de formation (en l'occurrence, l'autoformation) jugé inadapté aux conditions de travail des personnes formées.
- Nature du pouvoir :
  - opérationnel, si les acteurs décident de ne pas s'autoformer par ce logiciel… le niveau en bureautique restera le même et la solution risque d'être remise en cause sur l'ensemble de l'implantation.
- Ressources des acteurs :
  - documentation présentant les formations aux mêmes outils, mais en organisme extérieur à un coût inférieur à la solution proposée ;
  - collection d'articles de presse ou de références relatant des expériences malheureuses à l'implantation de ce type de solution en entreprise ;
  - résultats obtenus grâce aux anciennes solutions.
- Contraintes des acteurs :
  - pas de pouvoir décisionnel ;
  - niveau hiérarchique inadapté à la contestation de la solution ;
  - accès réduit à l'information concernant le projet ;
  - temps disponible.

- Relations entre les acteurs :
  - fonctionnelles, par service ;
  - opérationnelles, par projet traité.
- Stratégie des acteurs :
  - alliance par statut similaire ;
  - alliance par position similaire vis-à-vis du projet ;
  - alliance (CE, syndicat, etc.) par intérêt politique ;
  - alliance par conviction individuelle, solidarité.

Et ainsi de suite pour l'ensemble des acteurs en présence. L'exercice peut paraître fastidieux. Il l'est. Mais je ne peux m'empêcher de penser à cette jeune femme, cadre d'un important cabinet de conseil juridique aux entreprises, qui avait présenté l'ossature de son projet en réunion. Une semaine après, le directeur général avait annoncé que son projet, très pertinent, était confié à un comité de pilotage… auquel elle ne participerait pas. L'absence d'analyse stratégique est une lourde erreur, l'expérience se chargera de vous en persuader.

S'agissant de négocier face à plusieurs interlocuteurs, Solange Avroutzki distille encore de légitimes et précieux conseils en ces termes :

« La négociation face à plusieurs décideurs réclame une préparation particulière, en effet les vendeurs ont souvent l'habitude de venir à plusieurs au rendez-vous, mais d'être face à un seul interlocuteur.

Les rendez-vous de négociation étant de plus en plus complexes, les acheteurs se sentent plus à l'aise lorsqu'ils se font assister soit par d'autres collègues, soit par des membres d'autres services, soit même par la hiérarchie dans les négociations dites à risques. Une autre raison non avouée est d'équilibrer le rapport dit de forces ».

En amont de la négociation

La stratégie comportementale

Les objectifs économiques et techniques se déterminent par rapport à la politique de l'entreprise, et dans un souci de rentabilité et d'image. Exploitez les occasions qui, en dehors du face-à-face négociation, vous permettent d'avoir des entretiens et de mieux appréhender vos interlocuteurs.

Si vous êtes deux vendeurs face à plusieurs acheteurs, il est indispensable de prévoir les rôles : observateur, orateur, technicien et son espace de parole. Si vous êtes trois ou quatre, il sera encore plus important de déterminer les rôles et les interventions orales ou gestuelles de chacun. Prévoyez également de vous placer dans la mesure du possible en face de votre homologue acheteur. Surtout évitez toute modification pendant l'entretien de négociation sans concertation préalable.

> Lors d'un entretien de négociation, il m'est arrivé de voir des vendeurs qui avaient bien préparé le rendez-vous et qui soudain changeaient de stratégie comportementale. Cela les conduisait à se couper la parole, à ne plus écouter l'acheteur. Résultat : l'acheteur est entré dans la brèche et a stoppé la négociation en leur demandant de s'accorder entre eux et de rencontrer la hiérarchie (qui était le DG). Mais surtout il a profité de l'occasion pour être plus exigeant qu'au début de l'entretien. Conclusion : un entretien raté, voire une collaboration compromise.

Les intérêts des interlocuteurs

Comment identifier ces intérêts : par le questionnement, par l'observation des signes extérieurs, par le partage d'idées, par le non-verbal.

Il existe deux sortes d'intérêts :

- ceux qui sont exprimés, ont normalement été identifiés (au moins partiellement) avant le début de la négociation ;
- ceux qui sont non-dits, à savoir : l'argent, le pouvoir, la récompense, la reconnaissance, l'image. Plus difficiles à identifier, ils se peaufinent au fil du temps et des différents entretiens.

Réfléchissez systématiquement aux intérêts de vos interlocuteurs de manière à orienter votre communication, et à leur apporter les arguments qui pourront les satisfaire.

> Par exemple, vous êtes face à un acheteur de services. Vous avez décelé chez lui des objectifs économiques. Vous l'avez rencontré plusieurs fois. Au cours d'un entretien Mme ou M. X vous parle du départ de son chef de groupe et de l'intérêt du poste. Vous avez là un premier indice d'intérêt de Mme ou M. de grimper dans la hiérarchie, donc d'accroître son pouvoir. Il faudra simplement avoir cet intérêt non dit toujours présent à l'esprit et ne rien entreprendre qui puisse lui nuire.

L'évaluation des zones à risques

Bien évaluer les zones à risques, contribue à la réussite de l'accord. N'oubliez pas que celui qui achète n'est pas forcément celui qui décide. Entre les acheteurs, les intérêts peuvent diverger et constituer des conflits latents qui peuvent jaillir pendant l'entretien. N'hésitez pas à demander à votre « allié » des renseignements sur les personnes que vous allez rencontrer. Cela peut vous aider à mieux vous préparer.

Pendant l'entretien

Vous êtes face aux acheteurs, les enjeux sont parfaitement définis, l'entretien commence.

- Identifiez tout de suite le leader, le technicien, votre allié.
- Montrez-vous positif.
- Observez celui qui vous répond tout en faisant très attention à celui qui prend des notes car il peut jouer la mouche du coche.
- Englobez l'assistance du regard, chacun d'entre eux doit voir le vôtre plusieurs fois au cours de l'entretien, ne laissez personne de côté.
- Ne laissez pas le ton monter, ni les acheteurs vous emmener sur le « champ de bataille » ; personne n'aurait réellement à y gagner quelque chose. Pas de riposte psychologique, maintenez votre cap comme un bon navigateur qui a préparé sa route afin d'atteindre son but.

Lorsque vous vous trouvez devant des acheteurs en position dominante :

- reconnaissez leurs compétences et le savoir-faire de leur entreprise ;
- montrez-leur que les points de vue ne sont pas en contradiction, que les buts se rejoignent et que chacun a besoin de l'autre ;
- assurez-les du suivi et apportez les preuves nécessaires (très important) ;
- concluez en validant les points d'accord et le plan d'action.

Après l'entretien

Respectez vos engagements. Laissez passer du temps et reprenez à l'occasion contact avec votre interlocuteur principal pour lui donner des informations utiles (sans contrepartie immédiate) qui lui serviront à progresser et à se faire valoir. Ne l'étouffez pas par votre assiduité. Cela vous permettra d'établir une relation durable.

SAVOIR APPRÉHENDER LES MARCHÉS PUBLICS

Pour traiter d'un thème aussi spécifique, j'ai choisi de faire appel à un éminent spécialiste, Fabrice Ravel, qui dispense ses enseignements auprès de différentes écoles de commerce. Voici son approche :

« Le terme "marchés publics" suscite chez beaucoup de commerciaux, même parfois parmi les plus confirmés, une réaction de recul spontané conjuguée à une inquiétude mal dissimulée. C'est que ce terme est quasi systématiquement associé à des images de complexité juridique, de pesanteurs administratives et d'incompréhension dans le discernement de la logique commerciale à dégager.

Pourtant il est aujourd'hui indispensable pour un responsable commercial de maîtriser le processus des marchés publics.

- D'abord, parce que ceux-ci occupent une place croissante dans l'économie.
- Ensuite, parce qu'appréhender ces marchés permet au commercial de mieux cerner les logiques des marchés grands comptes privés.
- Enfin, parce que les logiques commerciales, mises en adéquation avec le contexte public, permettent aux commerciaux d'être les plus compétitifs sur ces marchés.

Il faut donc mesurer la place croissante des marchés publics dans l'économie, intégrer qu'ils permettent de mieux prendre conscience des logiques sur les marchés grands comptes et capitaliser son expertise commerciale en l'adaptant au secteur public. »

Mesurer la place croissante des marchés publics

L'importance de ces marchés peut s'illustrer simplement

En 2013, France Marchés a publié 344 853 avis de marchés publics et plus de 500 000 documents si l'on inclut les avis d'attribution. Ce volume, en légère régression, est à rapprocher du montant global de la commande publique estimé par l'Observatoire économique de l'achat public (sur un périmètre malgré tout significativement plus limité) à 75,5 milliards d'euros en 2012.

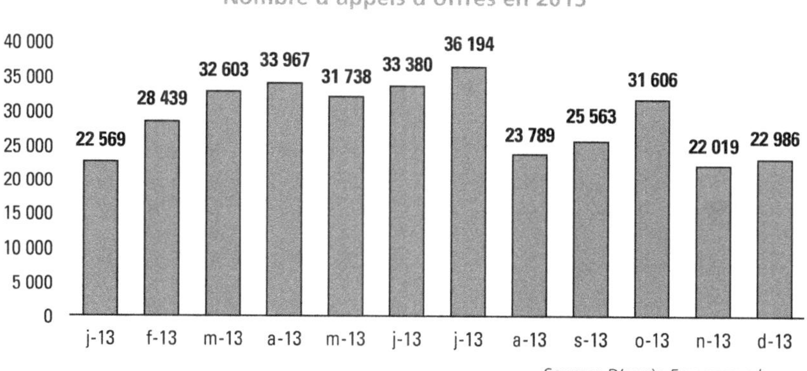

Source : D'après Francemarches.com

Ces marchés vont continuer à prendre une part croissante dans l'économie

Cette place croissante est la résultante d'une combinaison de facteurs, dont on peut dire qu'ils vont inexorablement contribuer au développement croissant des marchés publics :

- une pratique étatique convertie à une politique de relance de type keynésienne rendue encore plus présente depuis la crise financière du second semestre 2008 ;
- une pression sans cesse plus croissante et plus exigeante de nos concitoyens pour l'obtention de services publics accrus et plus performants.

Les élus locaux sont certainement ceux qui mesurent le plus le paradoxe actuel qui réside entre une contraction souhaitée du taux d'imposition et une demande toujours plus soutenue de la présence des personnes publiques dans des missions aussi variées que la restauration, la pédagogie, la petite enfance, le sport, l'aménagement de la voirie et l'animation associative envers les seniors.

L'énoncé non exhaustif de ces activités permet de mieux cerner l'ensemble varié des métiers qui peuvent être concernés par les appels d'offres.

Mieux cerner les logiques des marchés grands comptes

La pratique commerciale des marchés publics renforce les qualités nécessaires à la performance sur les marchés grands comptes

Elle permet de mieux maîtriser les impératifs chronologiques et d'être plus rigoureux. La réglementation des marchés publics, principalement décrite dans le Code des marchés publics du 1er septembre 2006, est particulièrement pointilleuse sur les respects de règles liées aux documents à fournir et délais à respecter. Souvent perçues comme des menaces ou des contraintes dirigées contre les entreprises, ces règles ont, en réalité, pour objet d'installer un milieu concurrentiel qui va permettre à chaque candidat d'avoir une chance de remporter le marché.

La pratique commerciale des marchés publics permet d'être plus performant dans la réponse d'appels d'offres privés

Les grands groupes privés pratiquent de plus en plus des ventes avec système d'appels d'offres qui copient les dispositions de la pratique des marchés publics. Connaître les marchés publics est donc un avantage considérable pour les commerciaux qui voudraient mieux maîtriser les arcanes de la vente complexe dans ces circonstances, et même pour ceux qui n'envisageraient pas de travailler avec des clients publics.

La pratique commerciale des marchés publics permet de distinguer les acteurs privés des acteurs publics

Ce dernier point est certainement le plus important. Une bonne connaissance des acteurs publics, qu'un commercial est susceptible de rencontrer durant son activité, peut lui permettre d'éviter de commettre des erreurs lourdes de conséquences pour son entreprise. En effet, un non-respect des procédures publiques et la signature d'un contrat privé classique dans un contexte ne le permettant pas, peuvent aboutir à l'annulation pure et simple de ce dernier, avec des conséquences financières aisées à imaginer.

On peut citer, à titre d'exemple, la nécessité qu'il y a à distinguer les Établissements publics à caractère industriel et commercial (EPIC) des Établissements publics à caractère administratif (EPA), les services décentralisés des services déconcentrés, ou l'implication de la notion de sécurité nationale sur la mise en place d'appels d'offres.

Un commercial spécifiquement dédié à des marchés privés se doit donc de connaître les marchés publics pour être capable de distinguer la nature de ces clients potentiels.

Capitaliser son expertise commerciale en l'adaptant au secteur public

Être un bon commercial sur les marchés publics ne doit pas se confondre et n'implique pas d'être un juriste spécialisé en droit administratif. L'acteur performant sur ces marchés doit posséder les mêmes qualités commerciales déclinées dans cet ouvrage, mais en les adaptant à une logique de marché différente.

Les meilleurs acteurs sur les marchés publics sont de formation commerciale car il convient, comme dans les autres ventes, non pas d'être impliqué dans une logique juridique mais bien d'appliquer des stratégies inhérentes à la vente.

Aussi est-il nécessaire de s'efforcer d'instaurer un certain nombre de réflexes préalables afin de s'adapter avec justesse à la spécificité des marchés publics.

- Tout d'abord, il convient de ne pas attendre la publication des appels d'offres pour mettre en place une solution. Au contraire, il faut s'efforcer de rencontrer les services émetteurs de futurs marchés afin de pouvoir préparer une offre le plus tôt possible. La mise en place d'une veille opérationnelle effective prend, dans ce contexte, encore plus de sens.

- Ensuite, il faut se familiariser avec l'organisation des entités publiques. On pense notamment aux organes publics locaux qui sont l'émanation d'élections politiques comme les conseils régionaux, les conseils généraux et les conseils municipaux. Il est impératif de bien cerner les missions respectives des fonctionnaires et des élus.

- Enfin, il faut développer une connaissance progressive des textes et de la jurisprudence principale encadrant les marchés publics, afin d'améliorer sa culture des appels d'offres et pouvoir ainsi être de plus en plus en confiance dans l'élaboration des réponses à ces marchés.

En procédant de la sorte, on contribue à lever une appréhension, souvent inhérente à ces marchés de par leur complexité, et on en facilite l'approche. »

DISPOSER D'UNE CULTURE FINANCIÈRE AU SERVICE DE SON ARGUMENTATION

Philippe Volff, chef d'entreprise est également formateur, expert en négociation commerciale et financière, notamment auprès de grands groupes tels que Valeo, Axa, Électrogeloz.

Son éclairage est le suivant :

Le monde économique bouge, évolue, fonctionne avec des exigences souvent tournées vers des performances accrues.

Cette économie de marché génère de nouvelles compétences pour la force de vente : après avoir migré de la vente de produits à la vente de solutions, la nouvelle évolution consiste à réussir le passage :

DE LA NÉGOCIATION COMMERCIALE

À LA NÉGOCIATION FINANCIÈRE

À ce titre le négociateur se transforme en partenaire, en véritable fabricant de valeur ajoutée, à l'affût de toute parcelle de niche de profit qui lui donnera un avantage concurrentiel déterminant. Les pays économiquement émergents, notamment l'Europe de l'Est, la Chine et l'Inde, qui représentent plus de 50 % de la démographie mondiale, génèrent des taux de croissance proches de deux chiffres et forcent ainsi nos négociateurs à la compétence et à l'exigence !

Les négociateurs ont vu leur métier évoluer depuis les années 2000 du fait de la mondialisation. Ainsi, dès lors que l'art de la négociation commerciale est acquis, la nouvelle étape légitime de leur cursus sera dorénavant de parvenir à développer :

UNE CULTURE FINANCIÈRE !

L'objet de cette démarche est double

D'une part, acquérir les fondamentaux du fonctionnement financier et fiscal des principales formes juridiques du marché français afin de réussir à créer de la valeur ajoutée et d'anticiper les objections financières.

D'autre part, réussir à orienter le client vers le meilleur outil de financement disponible face à sa situation opérationnelle. Ainsi, la négociation financière permet au négociateur de conserver sa marge par une argumentation concrète et de développer son retour sur investissement grâce à la connaissance des outils du financement.

Voyons plus en avant les principaux concepts à maîtriser. Comment utiliser un argumentaire spécifique en fonction de la structure juridique de votre client ? Voir le tableau p. 140.

Quelles sont les principales valeurs à explorer pour réussir à construire votre argumentaire financier ?

Quelle est la politique patrimoniale concernant l'outil de production de notre client ?

- Orientée sur l'autofinancement ?
- Axée sur le financement par choix ? par nécessité ?
- Quel est son secteur économique ?

Autant de questions auxquelles vous pourrez répondre par une analyse de l'actif immobilisé de sa liasse fiscale.

- Quel est son cycle de production ? Comment le finance-t-il ?
- Quels sont ses besoins en trésorerie liés au financement de son cycle d'exploitation courant ?
- Est-il propriétaire ou locataire de son fonds ?

L'étude de l'actif circulant vous répond : le Besoin en fonds de roulement (BFR) correspond au financement courant du cycle d'exploitation de l'entreprise. Autrement dit, c'est la somme des ressources nécessaires à l'entreprise pour fonctionner. Le BFR résulte ainsi du décalage qui existe entre les créances et les dettes.

- Comment se porte la trésorerie de votre client ?
- Indication forte quant au délai de règlement qu'il risque de vous négocier.

Les formes juridiques de l'entreprise

	Entreprise individuelle	SNC	EURL	SARL	SA
Constitution	Une seule personne majeure ou mineure.	Deux au minimum, tous les associés sont commerçants.	Un associé.	De 2 à 50 associés.	7 associés minimum.
Capital	38 112,25 € minimum divisés en actions. Apports en nature, numéraire.	1 € minimum depuis août 2003. Apports en nature, numéraire. Apports en industrie.	Pas de minimum exigé.	Pas de minimum exigé.	Pas de minimum exigé.
Formalités	Inscription au RM	Constitution de la société au CFE (dépôts des statuts, publications, etc.). Inscription au RM avec mention du gérant et transmission au RCS.			Constitution de la société au CFE Inscription au RM avec mention du P-dg + transmission au RCS.
Responsabilité	Le chef d'entreprise est responsable sur tous ses biens personnels.	Chaque associé est solidairement et indéfiniment responsable.	Les associés sont responsables dans la limite de leurs apports. Au-delà de leurs apports, s'ils ont fourni leur garantie personnelle. Gérant : responsable des fautes de gestion.		Les actionnaires, engagés dans la limite de leurs apports. Les administrateurs, responsables de leurs faits.
Pouvoirs	Pouvoirs de décision et de contrôle. Les assemblées d'actionnaires. Pouvoirs de direction : P-dg et conseil d'administration ou directoire.	Le chef d'entreprise a tous les pouvoirs.	Pouvoirs de décision et de contrôle : les associés au sein de l'entreprise. Pouvoirs de décision : le gérant dans la limite fixée dans les statuts. Pour l'EURL l'associé unique cumule les deux fonctions.		Un ou plusieurs gérants vis-à-vis des tiers, pouvoir d'accomplir tous les actes de gestion dans l'intérêt de l'entreprise.
Régime fiscal	Impôt sur le revenu.	Gérant majoritaire : IR Gérant minoritaire : IR Catégorie salaire.		Possibilité d'opter pour l'IS. Mais irrévocable.	
	Rémunération des dirigeants : IR Catégorie salaire.	Transparence fiscale de la société. Chaque associé est imposé à l'IR dans la catégorie BIC, au prorata des parts qu'il détient.	Transparence fiscale de la société. L'associé unique acquitte l'IR dans la catégorie BIC sur la totalité des bénéfices.	La société IS 33 % + 10 % sur les bénéfices distribués et non distribués.	
Régime social	Régime des travailleurs non-salariés, non-agricoles. Pas de droit aux Assédic.			Gérant majoritaire : comme un chef d'entreprise individuelle. Gérant minoritaire : régime général des salariés.	Régime général des salariés.

Légendes du tableau

RM: Répertoire des métiers
RCS: Registre du commerce et des sociétés
CFE: Centre de formalités des entreprises
SA: Société anonyme

EURL: Entreprise unipersonnelle à responsabilité limitée
SARL: Société à responsabilité limitée
SNC: Société en nom collectif

CGI: Code général des impôts
BIC: Bénéfices industriels et commerciaux
IR: Impôts sur le revenu
IS: Impôts sur les sociétés.

Jetez un œil sur la puissance de négociation qu'il représente vis-à-vis de ses clients par le ratio d'exploitation :

$$\frac{\text{Créances clients et comptes rattachés} \times 360}{\text{Chiffre d'affaires TTC}}$$

Exprimé en jours, il mesure la durée moyenne de crédit accordé aux clients.

L'approche du passif stable vous permet de comprendre la structure capitalistique et les résultats développés par votre prospect ou client.

Quels sont ses actionnaires ? ses filiales ? ses réserves ? Et bien entendu, ses résultats présents et passés. À cet effet, les capitaux propres correspondent à l'intensité des efforts faits par les actionnaires soit sous forme d'apports, soit sous forme de bénéfices non prélevés et laissés en réserve. Les capitaux permanents sont constitués pour leur part des moyens financiers dont a disposé l'entreprise sur une assez longue durée pour assurer son financement. Ils s'obtiennent donc en cumulant les capitaux propres et les dettes à moyen et long terme.

Quelques axes de réponses tous disponibles sur des sites non spécialisés :

$$\frac{\text{Ressources stables}}{\text{Actif immobilisé}}$$

Mesure l'excédent des ressources stables sur l'actif immobilisé. Supérieur à 1, l'entreprise dispose d'un FR > 0.

$$\frac{\text{Capitaux propres}}{\text{Actif immobilisé}}$$

Évalue la structure du financement de l'entreprise ; plus il est élevé, plus l'entreprise dispose de capacité pour s'endetter.

$$\frac{\text{Résultat net}}{\text{Chiffre d'affaires}}$$

Ce ratio est à calculer en glissant sur plusieurs années et doit être comparé à la moyenne observée dans le secteur d'activité de l'entreprise.

Quel est l'état d'endettement et donc le niveau de sécurité que représente votre client avant de négocier avec lui un nouvel encours ? Quel est le délai qu'il s'octroie ou qu'il va négocier pour le règlement de ses fournisseurs ?

Optez cette fois-ci pour le ratio suivant :

$$\frac{\textbf{Fournisseurs et comptes rattachés} \times 360}{\textbf{Achats TTC}}$$

Mesure la durée moyenne de crédits obtenus des fournisseurs. Exprimé en jours, il doit être supérieur aux crédits clients pour assurer une trésorerie positive.

Comment fonctionne l'activité économique de votre client ? Quel est son chiffre d'affaires ?

Comment et où fabrique-t-il sa marge ? Quels sont ses principaux flux financiers ? Quelle est la valeur ajoutée produite ?

Le *compte de résultat* opérationnel correspond davantage à la vie courante de l'entreprise que le bilan. Il regroupe effectivement l'ensemble des opérations qui se répètent chaque mois dans toute société : que ce soit des flux commerciaux, financiers ou exceptionnels. Le compte de résultat enregistre donc les flux alors que le bilan représente les stocks. Il traduit ainsi directement l'activité de l'entreprise. Les flux sont de deux natures : les flux d'entrée et les flux de sortie.

Il s'exprime en colonne ou en liste ; la présentation en liste met en évidence les différents résultats : le résultat d'exploitation, le résultat financier, le résultat exceptionnel et le résultat final, appelé résultat net.

Voici quelques définitions :

Le *résultat d'exploitation* est la capacité de la société à dégager des profits grâce à son activité courante.

Le *chiffre d'affaires* représente le score total réalisé par l'entreprise sur une période de référence, généralement de douze mois, appelé exercice. Le chiffre d'affaires se traduit donc par l'ensemble des opérations facturées par l'entreprise au cours de l'exercice ; ce chiffre est donc significatif et représentatif de l'évolution de l'activité de l'entreprise, et ce par rapport à l'exercice précédent. Ainsi, une augmentation à deux chiffres du chiffre d'affaires est signe d'une activité en forte croissance si l'on compare celle-ci à la croissance réalisée au niveau national qui sera située pour 2013 autour de 2,5 %. Cependant il ne faut pas confondre augmentation du chiffre d'affaires et croissance du bénéfice.

La *capacité d'autofinancement* permet d'exprimer la faculté financière dont dispose l'entreprise afin de financer sa croissance ; elle s'obtient une fois que l'entreprise a déduit de son chiffre d'affaires le coût d'achat de ses marchandises, ses charges de personnel et ses impôts divers.

La *marge brute* s'obtient en retirant du chiffre d'affaires le prix d'achat des marchandises. Mais la somme des prix d'achat n'est pas forcément significative car l'entreprise peut avoir puisé dans ses stocks par choix ou par nécessité afin de produire son chiffre d'affaires. Il ne faut donc retenir, pour le calcul de la marge brute, que le total des achats consommés au cours de l'exercice.

Le *résultat financier* est très dépendant de l'endettement de l'entreprise ; plus celle-ci est endettée, plus ses charges d'intérêt seront élevées.

$$\frac{\text{Charges financières}}{\text{Chiffre d'affaires}}$$

Ce ratio est très important aux yeux des partenaires financiers. Il indique la manière dont l'entreprise gère et optimise sa trésorerie zéro.

Le résultat exceptionnel

Ce résultat reste peu significatif et marginal car, par définition, les éléments exceptionnels ne se reproduisent pas d'une année sur l'autre. Il permet cependant de vérifier que le résultat net positif n'est pas dû à un élément qui ne se reproduira pas l'année suivante !

Achat ou investissement ? Comment votre client souhaite-t-il financer son investissement ? Quels sont les principaux avantages de ces deux modes de fonctionnement ?

Quelques axes de réflexion :

Combien de temps me faudra-t-il pour récupérer mon investissement ? Est-ce une bonne opportunité en ce moment ? Serait-il possible de dégager davantage de profit par une source de financement externe ? Quel montant total va être dépensé ? Quand amortirons-nous notre dépense ? Quels sont les meilleurs moyens pour investir notre cash ?

L'achat sur fonds propres reste le mode de financement le plus ancré dans les mentalités des PME-PMI. Le sentiment de propriété, mentalité très latine, permet aux entreprises d'améliorer leur patrimoine, leurs actifs sans avoir recours à l'endettement.

L'intérêt principal de cette solution est simple : pas de montage financier complexe, ni de négociation avec un organisme financier ou une banque, et une transparence totale des coûts induits. Cependant l'intérêt de cette stratégie a été remis en cause début 2005, notamment par l'application progressive des nouvelles normes internationales de comptabilité IAS/IFRS. Ces normes privilégient l'économique (l'utilisation du bien) sur la propriété du bien, et souhaitent ainsi améliorer la transparence financière des entreprises dans tous les pays.

Le financement permet au négociateur entre autres de :

- proposer l'ensemble des services associés liés à son offre afin de déclencher la décision en sa faveur ;
- préserver sa trésorerie, sa capacité d'endettement et sa marge d'autofinancement ;
- réaliser sa volonté d'être propriétaire au terme du contrat ;
- valoriser l'efficacité permanente de l'outil de production par une évolution sans besoin de réinvestissement.

Quant au négociateur, l'utilisation du financement ne peut que lui procurer une multiplicité d'avantages commerciaux et financiers !

- Absence de délai de paiement, nuisible à son entreprise et au paiement de son salaire !
- Absence totale de risque lié aux impayés potentiels qui représentent en France 10 % du motif de liquidation d'entreprises.
- Rotation de ses placements plus rapide.
- Accélération du cycle de décision.
- Protection de son portefeuille face à la concurrence.
- Croissance de son chiffre d'affaires de 10 % en trois ans.
- Vente d'un budget de fonctionnement et non plus d'investissement.
- Double rémunération de son employeur et du leaser.

Ouverture aux marchés

Comme nous l'avons évoqué, l'économie de marché au sein de laquelle nous progressons, sans cesse plus exigeante, nous impose plusieurs nouveaux critères de fonctionnement.

- La raréfaction des différences pures produits en termes de valeur ajoutée spécifique.

- L'érosion des taux de marge et la migration des objectifs commerciaux vers un volume de marge mensuel ou trimestriel.

- Les services supplémentaires ou associés à apporter à nos clients sont de plus en plus significatifs, une sorte d'*all inclusive* commercial ! Et sans augmentation liée de tarifs.

Dans cette optique, la montée en compétence financière entraîne la différenciation dans la négociation finale et permet aux vendeurs d'apparaître sous un nouvel angle : conseil en matière de financement.

L'enrichissement acquis facilite la négociation avec un directeur financier, crédibilise l'analyse et facilite ainsi le maintien de quelques points de marge supplémentaire par une argumentation financière adaptée et judicieuse.

Vous bénéficierez par là même de la récurrence commerciale pour développer vos parts de marché sur un marché en faible croissance.

L'expertise des outils du financement permet un accroissement majeur du chiffre d'affaires des négociateurs sur un marché atone : jusqu'à 100 % de croissance en 36 mois !

Surtout, le maniement judicieux de ces techniques permet de transformer une négociation alors que le client ne dispose pas de suffisantes ressources pour autofinancer le bien. C'est pourquoi l'usage de l'écoute proactive est plus que jamais nécessaire au cours de la phase exploratoire afin de développer et maintenir l'intérêt du client jusqu'à l'argumentation.

Autant d'éléments sur lesquels le négociateur va orienter ses recherches afin de se donner davantage de chances de gagner, au sein de la même entreprise, avec les mêmes produits, les mêmes clients et le même secteur géographique.

Donc, à n'en pas douter, un négociateur capable d'avoir cette culture financière et qui saura la mettre au service de son argumentation disposera d'une vraie valeur ajoutée au regard de ses compétiteurs.

SAVOIR DÉJOUER LES TACTIQUES D'ACHAT

Même si ma conviction qu'une bonne négociation se construit avec deux acteurs animés d'un désir de solution gagnant-gagnant est tenace, il ne faut pas en déduire pour autant que la négociation est une aimable discussion de salon. Négocier n'a rien d'angélique ! Ainsi, parmi la panoplie de tactiques mobilisées par les acheteurs, certaines sont tout à fait manipulatoires.

Dans son ouvrage, *Négociation,* aux Éditions d'Organisation, Patrick Audebert Lasrochas a recensé pas moins de 278 tactiques de négociation !

Voici quelques tactiques majeures utilisées par des acheteurs professionnels.

Le faux pivot (ou retournement)

Objet : il s'agit d'entraîner son fournisseur à négocier sur des objectifs totalement secondaires (voire factices !), lesquels sont montés en épingle. Après avoir rendu la position du fournisseur inextricable et mesuré son embarras, l'acheteur va finalement (et volontairement) céder pour pouvoir être beaucoup plus exigeant sur son objectif principal, abordé ensuite.

Commentaire : cette tactique est redoutablement efficace. Toutefois l'acheteur (démasqué) peut perdre sa crédibilité. L'acheteur peut se faire prendre à son propre jeu si c'est le fournisseur qui cède volontairement pour être plus rigoureux ensuite.

Le point par point (ou saucissonnage)

L'offre complète

Certains acheteurs professionnels pratiquent la technique « saucissonnage », c'est-à-dire qu'ils s'efforcent de décomposer un produit en de multiples sous-ensembles et négocient une remise ou un effort commercial pour chacun de ces sous-ensembles. Le fournisseur non avisé ne se rendra pas compte que la somme de ces petites remises représentera une concession commerciale énorme, voire insupportable (au-delà du seuil de marge ! C'est donc une vente à perte !).

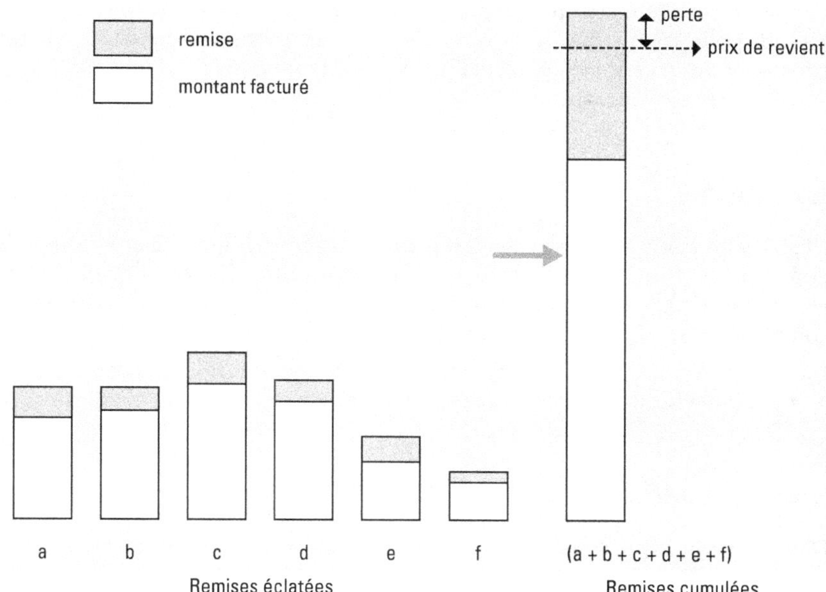

Il s'agit donc pour un bon négociateur d'intégrer l'ensemble des éléments de négociation pour :

• défendre sa marge ;

• ne pas négocier plusieurs fois (une fois pour le « principal » puis une [ou plusieurs] fois pour les accessoires).

Les services associés doivent donc être compris dans la négociation (frais de conditionnement, de contrôle, de transport, conditions de règlement, mise en service, formation du personnel utilisateur, etc.).

Combien de commerciaux oublient notamment d'intégrer les conditions de règlement et subissent l'imposition, par exemple, d'un « 90 jours fin de mois comme tous nos fournisseurs, d'ailleurs c'est stipulé dans nos conditions générales d'achat ! »

Objet : l'acheteur va négocier thème par thème en évitant de les relier pour obtenir une suite d'accords partiels qui représenteront des avantages plus importants et plus facilement obtenus qu'un accord global (voir schéma du paragraphe valorisation).

Commentaire: cette tactique est encore plus efficace si l'acheteur verrouille les accords partiels obtenus, interdisant d'y revenir. Notons que cette tactique est consommatrice de temps et d'énergie et laisse peu de place à l'imagination, à la créativité, aux ouvertures.

Le paquet

Objet: cette tactique consiste à établir des liens entre les objets en discussion et à négocier sur ces ensembles ; par exemple, relier le prix à la qualité et aux conditions de règlement plutôt que de traiter ces trois points séparément comme dans le « point par point ».

Commentaire: cette tactique induit un climat coopératif. Elle est plus rapide et apporte de la fluidité et des marges de manœuvre.

L'élargissement

Objet: cette tactique consiste à sortir du strict cadre initial pour développer les enjeux, amplifier l'importance de la négociation et mettre ainsi le fournisseur dans des dispositions de plus grande générosité (appâté par des perspectives peut-être réelles mais parfois aléatoires).

Commentaire: cette tactique d'achat peut être manipulatoire si l'élargissement est factice, ou très positif si l'élargissement est réel et fondé. Faire preuve de discernement et collecter quelques garanties sera nécessaire au fournisseur.

Le bilan

Objet: un acheteur va dresser à chaque étape de la négociation un bilan entre le coût (maximisé) des concessions qu'il fait et des avantages (minimisés) qu'il reçoit en contrepartie. Fort de son bilan, il va alors réclamer à son fournisseur un équilibrage (c'est-à-dire un effort supplémentaire).

Commentaire: il s'agit d'une tactique d'achat efficace si elle est bien préparée car elle repose pour l'acheteur sur l'anticipation de contreparties avantageuses et acceptables.

L'offre concurrente idéale

Objet : un acheteur va solliciter différentes offres, organiser ces offres en différents postes et va repérer pour chaque compétiteur le ou les postes où son positionnement est optimal. Il va ensuite négocier à partir d'une offre artificielle composée des meilleurs postes émanant non pas d'un mais de plusieurs concurrents.

Commentaire : approche très efficace si le fournisseur ne fait pas (là encore) preuve de discernement.

La solution provisoire ou exceptionnelle

Objet : certains acheteurs vont négocier des conditions particulières exceptionnelles.

- Ces conditions seront négociées pour une première affaire, mais ils réclameront les mêmes pour les suivantes !
- Une tranche de remise quantitative correspondant à un volume très supérieur ; le temps d'une montée en puissance qui ne viendra peut-être jamais !
- Contre une promesse de traiter d'autres affaires qui se traiteront peut-être avec d'autres compétiteurs !

Commentaire : l'expérience montre que ce qui est provisoire peut devenir définitif et que ce qui peut être fait une fois fait office de précédent et peut être perpétué.

Les quatre marches

Objet : il s'agit d'une tactique alternative à quatre échelons (et non deux comme habituellement) présentée de façon progressive.

	Pour soi	Pour l'autre
Marche 1	Solution idéale mais irréaliste	Inacceptable (dramatique)
Marche 2	Excellente	Acceptable
Marche 3	Acceptable	Excellente
Marche 4	Inacceptable (dramatique)	Solution idéale mais irréaliste

Processus :

- le négociateur présente d'abord la marche 4 comme solution de pure forme mais d'emblée éliminée (parce qu'irréaliste) ;
- le négociateur profitera de la déstabilisation provoquée pour détruire par une argumentation négative la marche 3 ;
- il présentera ensuite la marche 1 qui sera éliminée pour les mêmes raisons que la marche 4 ;
- puis il argumentera de façon positive la marche 2 qu'il présentera comme un vrai compromis.

Commentaire : cette tactique d'affaiblissement met en évidence l'intérêt pour le fournisseur d'appréhender le circuit de décision.

Le bon et le méchant

Objet : ledit « méchant » positionne l'entretien de façon offensive et déstabilisante sans craindre la rupture. Le « bon » se positionne spécieusement en « allié » compréhensif et obtiendra par sa flexibilité des concessions importantes.

Commentaire : cette tactique de déstabilisation a plusieurs variantes.

- Les deux acheteurs sont présents en même temps ou se succèdent.
- Il peut aussi y avoir plusieurs « méchants » (le méchant financier, le méchant qualiticien, le méchant juriste, etc.) mais un seul « bon ».

LES APPELS D'OFFRES À ENCHÈRES INVERSÉES

Voilà une « invention » récente de certains services achats pour obtenir de meilleures conditions de la part des fournisseurs… En quoi cela consiste-t-il ?

Deux principaux cas de figure.

- Les enchères inversées sur le Net : le donneur d'ordres confie un login aux fournisseurs pressentis et ouvre une fenêtre de consultation (exemple de 10 heures à 16 heures) pour remettre leur meilleure offre. L'acheteur indique les meilleurs prix reçus, incitant les autres compétiteurs à surenchérir (ou plutôt dans ce cas à « sous-enchérir » !). À l'issue de la consultation, l'acheteur répartit ses commandes.

- Les enchères inversées physiques : le donneur d'ordres convoque les fournisseurs choisis et les reçoit dans une même salle, en même temps (!), et présente ses besoins et son cahier des charges. Puis, poste par poste, il attribue ses ordres au mieux-offrant, faisant préalablement baisser les prix, à l'opposé d'un commissaire-priseur qui les fait monter !

Commentaire : On pourrait considérer qu'une telle démarche est d'une efficacité absolue pour l'acheteur, et affirmer qu'il ne peut que gagner ! C'est en fait loin d'être le cas, notamment pour les raisons suivantes.

- Un fournisseur choisira peut-être d'aller moins loin dans l'attribution de remises en présence de ses concurrents directs (pour ne pas divulguer l'importance de sa marge de manœuvre) qu'il ne le ferait seul, face à son client.

- Le risque de défaillance d'un fournisseur qui se sera laissé griser par l'enjeu et se sera spontanément engagé sur un lot, pour s'apercevoir ensuite, après analyse détaillée, qu'économiquement l'affaire traitée n'est pas viable. Il va donc se désengager après avoir tout tenté en interne ce qui signifie qu'un temps précieux se sera écoulé, et le délai de fabrication s'en trouvera affecté. L'acheteur, à n'en pas douter, lorsqu'il apprendra le retrait du fournisseur défaillant, le déréférencera, mais il devra faire face à une situation pour le moins délicate : en effet, en devant confier ce lot devenu vacant à un autre fournisseur, il devra payer ce lot au prix fort (l'impact de l'urgence), ou pire, si le délai est devenu irréalisable, assumer un retard de livraison auprès du client final !

Pour déjouer de telles tactiques, inspirons-nous de quelques préceptes de Richard Nixon :

> *« Toujours être prêt à négocier, mais ne jamais négocier sans être prêt ».*
>
> *« Ne jamais prendre d'attitude belligérante, mais toujours être ferme ».*
>
> *« Ne jamais abandonner unilatéralement ce qui pourrait servir de monnaie d'échange ».*
>
> *« Ne jamais perdre la foi ».*

Conseils utiles pour ne pas se faire lapider ses marges

Ne pas céder à la pression d'acheteurs qui demandent une décomposition détaillée du prix (matière, main-d'œuvre, conditionnement, transport) ; c'est comme s'ils vous demandaient votre marge ! Leur objectif est de repérer les surcoûts et d'exiger une rétrocession de la différence !

Savoir se « séparer » d'un chiffre d'affaires qui n'est pas en rapport direct avec son cœur de métier. Je me souviens d'un client qui contestait le prix proposé, notamment la part dédiée au transport ; en lui proposant de venir enlever la marchandise ou d'organiser le transport (ce qu'il accepta), je pus préserver mes marges sur les produits. En réalité, deux enlèvements plus tard il nous demanda de nous charger de la livraison au coût initial !

Savoir diversifier ses interlocuteurs pour avoir des appuis moins mobilisés par le prix.

Comprendre les rôles de tous les acteurs directs et indirects :

- les prescripteurs : ils définissent le besoin ;
- les utilisateurs : ils sont souvent consultés ;
- les conseillers : ils ont un pouvoir d'influence ;
- les négociateurs : ils sont les interlocuteurs privilégiés des fournisseurs ;
- les juristes : ils rédigent le contrat ;
- les financiers : ils analysent l'impact de l'achat ;
- le décideur : il exerce un rôle d'arbitrage ;
- le signataire : on ne le rencontrera peut-être jamais ;
- les influenceurs indirects : les concurrents, les autres services du fournisseur, les clients de nos clients.

Puis imaginer les objectifs de chacun.

Repérer les autres motivateurs (autres que le seul prix) permet de défendre ses marges (voir SONCAS) :

- la sécurité : votre solution rassure, offre des garanties supérieures, la sécurité a un prix !
- la praticité : votre solution est simple, fonctionnelle, facilitante, le confort a un prix !
- l'innovation : votre solution est avant-gardiste, novatrice, originale, la nouveauté a un prix !
- la valorisation : votre solution va mettre en valeur votre client, va flatter son ego, l'image a un prix !
- la confiance : votre comportement inspire confiance, les affaires précédentes vous ont donné du crédit, la confiance a un prix !

Ne pas oublier d'intégrer le poste « conditions de règlement » dans le périmètre de négociation.

> Je me souviens de ce commercial qui, à l'issue d'une âpre négociation, obtint enfin l'accord de son interlocuteur; celui-ci se vit invité à signer le contrat, ce qu'il fit, mais, en biffant la mention « paiement comptant », pour la remplacer par « paiement à 60 jours, le 15 du mois suivant » ! Notre commercial essaya bien de lutter en évoquant ses conditions générales de vente, mais son client lui opposa ses conditions générales d'achat non négociables !

Ne pas tomber dans le piège de « on coupe la poire en deux ». L'acheteur mesure l'importance des concessions qu'il obtient en fonction de la difficulté qu'il rencontre à les obtenir.

Vous pouvez être plus cher si vous êtes capable de livrer dans un délai plus rapide et que celui-ci est une composante majeure.

Conclure vite n'est pas toujours la meilleure tactique car l'urgence exerce une pression croissante sur le client et non sur le fournisseur, et cette pression va réduire les exigences du client. Bien entendu, d'autres paramètres (la pression d'un concurrent, par exemple) peuvent nécessiter une tactique inverse et inciter à conclure rapidement.

GÉRER LE CAS PARTICULIER D'UN RAPPORT DE FORCES DÉFICITAIRE

De nombreux acheteurs professionnels, avant de recevoir un nouveau fournisseur, s'informent du CA de l'entreprise qu'ils s'empressent de diviser par le montant représenté par le potentiel de commandes; ils déterminent ainsi l'indice de dépendance. C'est dire l'importance du rapport de forces dans une négociation. Toutefois, même s'il est évident qu'une PME est moins vulnérable lorsque son CA est réparti sur un nombre conséquent de clients, il ne faut pas condamner pour autant celles dont le CA repose sur quelques « locomotives ». Alors, comment fidéliser ses plus grands clients, comment défendre ses marges et ses positions dans un contexte où le rapport de forces est déficitaire ?

Le dirigeant laisse le grand client prendre conscience de sa position de force

Dans une configuration où le dirigeant laisse un grand client prendre conscience de sa position de force dans les relations acheteur/vendeur, les conséquences pourront être les suivantes :

- Le client va accroître son niveau d'exigence et réclamer de plus en plus d'avantages.

- Il aura tendance à considérer tous ces avantages et privilèges qui lui sont consentis (s'ils ne sont pas valorisés) comme un dû.

- Il peut considérer son fournisseur comme un sous-traitant et dicter ses conditions voire s'immiscer dans sa gestion.

- L'asymétrie des pouvoirs entre le client (donneur d'ordres) et le fournisseur (« offreur » de produits et de services) va être déséquilibrée au point de constituer une réelle menace pour les marges du fournisseur qui peut s'en trouver affaibli.

Jusqu'où faut-il aller dans les concessions accordées à ce grand client ?

Même s'il est de bon ton de considérer que tous les clients sont égaux, qu'il n'y a pas de petits clients, il n'est pas choquant d'accorder à son plus grand client des égards particuliers. Témoin, la multiplication des cartes Privilège, Gold, First Class, VIP ou Premium destinées à choyer ses meilleurs clients.

Alors, jusqu'où aller ? C'est une question de seuil, et c'est à chaque dirigeant de se fixer ses limites et de s'y tenir. En effet, il n'y a pas de réponse universelle, tout dépend des opportunités ou des risques du marché, de son positionnement par rapport à la concurrence. Une fois que ce seuil est atteint, il faudra savoir dire « Stop ! ». Et pour cela il existe des garde-fous comme le prix marché, surtout s'il est étayé par une décomposition du prix attestant de coûts incompressibles (les concurrents se heurteront aux mêmes contraintes !) Observons que ce n'est pas parce qu'un fournisseur dit « Stop ! » que la rupture sera consommée ! Il peut s'agir d'un acheteur qui exerce une pression destinée à s'assurer des meilleures conditions.

Pour déterminer le juste niveau de remises ou de concessions et par conséquent le seuil de rupture, le dirigeant peut utiliser un outil familier aux

« marketeurs » : le SWOT. Il pourra ainsi considérer d'un côté ses forces et ses opportunités, et de l'autre ses faiblesses et ses risques.

Alors à quoi peut ressembler le SWOT d'un fournisseur vis-à-vis d'un client « lourd » ?

Forces :	**Faiblesses :**
• *Réactivité.* • *Capital confiance.* • *Maîtrise du dossier.* • *Qualité des relations.*	• *Marges réduites.*
Opportunités : • *Développement lié aux propositions réalisées.* • *Position privilégiée pour capter les opportunités.*	**Risques :** • *Vulnérabilité liée au niveau de dépendance.* • *Cible privilégiée des concurrents.*

Si, de façon réductrice, on considère que l'on trouve à droite de ce tableau des motifs de crainte, on constate à gauche matière à être optimiste et une réelle incitation à défendre ses marges.

Comment fidéliser un grand client ?

Il s'agit ni plus ni moins pour un fournisseur de se rendre incontournable !

- Par une réalisation irréprochable des produits ou services exécutés, par un strict respect voire un dépassement du cahier des charges.

- Par une hyperréactivité. Ainsi chaque appel, chaque courrier, chaque demande émanant d'un tel client deviennent de fait prioritaires. Il s'agit donc d'une vraie disponibilité, d'une vraie proximité.

- Par un comportement à la fois rigoureux et flexible, et ce dans une juste proportion car l'excès de rigueur (rigidité) et l'excès de flexibilité (laxisme) seront préjudiciables.

- En capitalisant sur ses atouts. Ainsi, l'un d'entre eux est la parfaite connaissance de son client (sa culture, son organisation, ses spécificités, ses usages, etc.).

- En fondant ses relations sur de multiples interlocuteurs pour s'appuyer sur de véritables « supporteurs » qui exerceront en interne consciemment ou inconsciemment une influence positive sur le ou les décideurs.

- Par un comportement proactif. En effet, la réactivité est nécessaire mais insuffisante dans un contexte aussi spécifique. Un fournisseur leader se doit d'être force d'anticipation, d'être force de proposition. On ne peut être leader et suiveur !

- Par un comportement novateur, créatif, imaginatif. Il s'agit d'inventer de nouveaux produits, de nouveaux services, de nouveaux développements. Ceux-ci seront acceptés ou refusés mais même dans ce dernier cas il en restera toujours une image de fournisseur-entrepreneur…

- Par un comportement facilitateur. Assister son client en lui offrant des prestations de confort que ne pourront peut-être pas se permettre nos concurrents.

Alors pour rester sur une note optimiste, observons que si un client accepte de confier à un fournisseur des commandes représentant une part aussi significative de son CA, c'est qu'il y trouve aussi son compte. Ainsi le gagnant-gagnant prôné en négociation n'est pas un vain mot !

SAVOIR RÉDIGER UNE PROPOSITION ÉCRITE

Que ce soit sur support papier ou sur support électronique, la proposition écrite est traçable, à ce titre elle nécessite un soin accru de la part de son auteur qui rappelons-le engage sa personne, mais aussi son entreprise.

Les avantages de la proposition écrite

Avant tout, il est nécessaire d'insister sur la complémentarité entre l'oral et l'écrit. Les deux modes de communication sont nécessaires et présentent des avantages. Ceux de la communication écrite sont les suivants :

- la communication écrite est pérenne, « les paroles s'envolent, les écrits restent » ;

- la communication écrite est fiable, l'information orale peut être déformée ;

- la communication écrite est précise, l'oral se prête davantage à la dispersion ;

- la communication écrite est engageante, impliquante, un engagement oral peut être volatile, un engagement écrit est traçable (« Vous me le confirmerez par écrit ! ») ;

- la communication écrite est source documentaire, elle permet la fourniture de schémas, d'annexes, de tableaux en amont d'une négociation, ou de compléments ou d'illustrations en aval ;
- la communication écrite permet pour son destinataire le recul et la réflexion qui pourront digérer des informations techniques, technologiques ou intellectuelles plus facilement qu'en écoutant son interlocuteur ;
- la communication écrite permet la démultiplication des destinataires, notamment l'atteinte de destinataires que l'on ne rencontrera jamais.

La préparation d'une proposition commerciale

Il convient de se poser (et d'y répondre !) des questions clés.

- Quel but, quelle finalité j'attends de cette correspondance ?
- Quelle stratégie vais-je développer pour parvenir à ces objectifs ?
- Quels sont les faits ?
- Quel est l'historique des relations ?
- Dans quel contexte le destinataire va-t-il en prendre connaissance ?
- Qu'attend-il ? Qu'a-t-il envie de lire ?
- Quels sont les autres destinataires ou lecteurs potentiels que celui à qui je l'adresse ?
- Quels arguments vais-je développer ?
- Quelles preuves vais-je mobiliser pour crédibiliser mes arguments ?
- Quels sont mes concurrents ?
- Quelle est ma valeur ajoutée par rapport à ceux-ci ? Pour ce faire, élaboration d'un SWOT = forces, faiblesses, opportunités, risques.
- Parmi les informations collectives (en interne et en externe) quels sont les éléments clés que je vais valoriser dans ma proposition ?

Le courrier d'accompagnement

De la même façon qu'un *curriculum vitae* est accompagné d'une lettre de motivation, une proposition commerciale sera accompagnée d'un courrier. Celui-ci va présenter le plan de la proposition mais également la valoriser en termes de conformité aux attentes, de motivation, d'optimisation du cahier des charges, d'affirmation des compétences. Il est important car il va donner le ton, il va conditionner la première impression du lecteur.

L'architecture de la proposition commerciale

Toute proposition commerciale doit être structurée. Sa charpente peut s'inspirer de l'architecture d'une négociation selon un processus en sept étapes.

Le contexte – la situation actuelle

Il s'agit de décrire l'environnement, le cadre. Même si nous pensons que c'est inutile car familier au destinataire, il est indispensable de lui démontrer notre connaissance, notre appropriation.

La problématique – les attentes

Il convient de démontrer notre parfaite compréhension des attentes, besoins, motivations, insatisfactions éventuelles (et leurs conséquences). Une simple description sera insuffisante, c'est une analyse que nous devrons produire. Cette étape est capitale car un déficit de compréhension mettra en péril le bien-fondé de la proposition.

La (ou les) solution(s) proposée(s)

L'usage de propositions alternatives est habile notamment en cas de décideurs multiples (qui n'ont pas les mêmes critères de choix). Ils opteront pour des versions peut-être différentes mais émanant d'un même fournisseur.

L'argumentation

Il est impératif de mettre en valeur les avantages (ce que procure l'usage du produit ou du service à tous leurs utilisateurs) et les bénéfices (les avantages dédiés au destinataire de l'offre) de la (ou des) solution(s) proposée(s). Les arguments seront assortis de preuves (documents, références, démonstration).

Le chiffrage

Il devra être soit détaillé (si le cahier des charges le précise), soit global (le coût d'une solution et non le prix de x produits). Il intégrera les engagements réciproques. Si le cahier des charges mentionne un budget, faire observer le respect ou l'optimisation de celui-ci. Le chiffrage sera assorti d'une période de validité.

Le planning

Le planning de mise en place de la solution proposée est une demande très impliquante qui permet :

* de rassurer le client (tout est organisé, planifié, le fournisseur est prêt !) ;
* de démontrer notre motivation ;
* de l'impliquer dans ce calendrier.

La conclusion

Elle sera établie dans un esprit d'invitation à l'action, d'engagement.

Quelques règles à respecter

La règle des 10 « C »

La proposition commerciale respecte 10 règles développées dans le tableau suivant.

Conforme	Conformité au cahier des charges, conforme aux enseignements des entretiens précédents, conforme aux engagements pris.
Cohérente	Cohérence avec la culture, l'image de l'entreprise.
Concise	Elle doit être synthétique. Les détails seront réservés aux annexes ou à l'oral !
Compréhensible	La proposition peut être lue par d'autres lecteurs (voire décideurs !) que le destinataire désigné, lesquels n'ont pas forcément le même niveau technique, par exemple.
Concrète	Une proposition commerciale doit être opérationnelle et non philosophique.
Compétente	Elle doit traduire une image de professionnalisme.
Complète	Pas d'esquive ni d'impasse. Le destinataire doit pouvoir trouver les réponses à toutes ses interrogations.
Claire	Une proposition doit être servie par une présentation valorisante et une syntaxe accessible.
Conviviale	Ne pas sous-estimer la dimension humaine.
Commerciale	Le dixième C est contenu dans le titre (proposition commerciale). Cela signifie qu'une proposition commerciale doit persuader, convaincre, fédérer, et toutes les tactiques de négociation seront mobilisées à l'écrit.

L'esprit solution

La rédaction d'une proposition commerciale doit traduire un esprit solution. Pour ce faire, quelques conseils :

* exprimer la volonté d'aboutir en utilisant le présent et le futur (bannir l'imparfait et le conditionnel). Le présent parce que c'est le temps de l'action, le futur parce qu'il projette le lecteur dans la situation à venir qui devient en quelque sorte certaine et non hypothétique. Par exemple : « Vous pourriez avoir tel avantage… » (hypothétique) deviendra « Grâce à… vous pourrez bénéficier de… » (certain) ;

* privilégier les verbes d'action et utiliser délibérément une terminologie positive (performance, efficience, engagement, démonstration, efficacité, etc.).

L'esprit partenarial

* User sans modération du vocable « ensemble ». Ce mot est associatif, impliquant, il véhicule une image de partenariat.

* La notion du gagnant-gagnant s'applique aussi à l'écrit. La proposition commerciale doit faire apparaître les bénéfices réciproques.

L'esprit d'implication

Par l'usage de pronoms appropriés.

* Le « vous » doit être privilégié ; le destinataire doit se sentir concerné, désigné, impliqué, reconnu.

* Le « nous » est réservé au savoir-faire de l'entreprise (« Nous sommes spécialistes en… »).

* Le « je » sera utilisé pour valoriser son implication personnelle (« Je ne manquerai pas de… »).

* Le « on » est à proscrire ; il est beaucoup trop impersonnel.

Par l'usage d'une terminologie appropriée (garantie, contrat, engagement, etc.). S'agissant d'engagements, évoquer la notion d'engagements réciproques.

L'esprit de précision

En privilégiant les faits et en excluant les opinions. En mentionnant des chiffres, des noms, des dates.

En privilégiant les constats et les analyses au détriment des avis et des suppositions.

Le sens de l'appropriation

Par l'usage de la terminologie voire du jargon ou de citations du destinataire. Cela démontrera notre sens de l'adaptation, de la personnalisation. Le destinataire se reconnaîtra dans la proposition qu'il recevra et qui lui semblera ainsi familière.

Les pièges à éviter

L'usage de lettres types. Chaque proposition mérite d'être réellement personnalisée, reliée à un entretien physique ou téléphonique, ou à un courrier précédent.

Tout le vocabulaire imprécis (éventuellement, à peu près, environ, dans les meilleurs délais, etc.). Il est préférable de chiffrer, de quantifier à chaque fois que c'est possible.

La terminologie négative (problèmes, difficultés, obstacles, réclamations, plaintes, etc.). Par exemple, « pour répondre à votre réclamation » deviendra « pour prendre en compte vos observations ».

L'usage de « fourchettes » car le destinataire ne retiendra que la position la plus avantageuse pour lui. Ainsi, « nous nous engageons à vous livrer dans un délai de quatre à six semaines », le client retiendra quatre semaines. Ou encore « nous pouvons concéder une remise de 6 à 8 % », le client réclamera 8 %.

Les phrases (pourtant classiques) du type : « Voici notre meilleure offre pour la fourniture éventuelle de… ». Si le terme « meilleure » est pris à la lettre, le destinataire peut considérer que cette offre n'est pas négociable donc définitive, ce qui privera son auteur d'une possibilité de contre-proposition ou d'ajustement éventuel (manque évident d'assertivité).

La critique frontale ou le dénigrement de la solution en place, celle que l'on veut remplacer. En dénigrant cette solution, on critique en même temps celui qui l'a choisie, c'est-à-dire peut-être le destinataire de notre offre !

Astuces et conseils supplémentaires

La cosignature

Apposer une seconde signature (celle d'un directeur commercial, d'un directeur technique ou d'un dirigeant de l'entreprise) va à la fois donner du poids à la proposition et valoriser son destinataire.

La remise en main propre

Chaque fois qu'elle est possible (disponibilité, importance de l'enjeu, distance, etc.), la remise en main propre est conseillée. C'est une tactique permettant de se donner une opportunité de la commenter donc de l'argumenter et peut-être de lever une interrogation ou une objection, de la personnaliser, de s'assurer de sa bonne réception et aussi de la valoriser et de se démarquer des concurrents qui opteront pour une transmission plus classique, mais beaucoup plus impersonnelle. Par là même, on peut optimiser son pouvoir d'influence et dans certains cas on peut même envisager, si l'on constate un ajustement nécessaire, de reprendre sa copie qui n'était alors qu'un projet.

À titre d'exemple, Euridis Business School fournit à ses élèves (Master ou Bachelor dans le secteur des nouvelles technologies) un plan type d'une proposition commerciale.

Plan d'une proposition commerciale

1. Page de garde customisée avec le logo client et un titre sous forme de promesse commerciale.

2. Préambule – lettre d'introduction.

3. Sommaire paginé.

4. Le contexte :

- Contexte du marché (marché, tendances, des données chiffrées, en lien avec le projet).

- Contexte de la société.

- Contexte du projet (l'état des lieux, les manques actuels, les « points de douleur » !).

5. Les enjeux du projet.

6. La demande et les critères (rappel du cahier des charges client si cas échéant).

7. Notre solution : la promesse.

8. Les options et leurs bénéfices respectifs.

9. Le planning et la méthodologie (intervention, déploiement et suivi).

10. Les prérequis pour la réussite du projet.

11. Les points forts de notre offre : les facteurs clés de succès. Rappel de la proposition de valeur.

12. Nos références :

- Exemple de mise en œuvre pertinente en lien avec le client.

- Autres références du secteur.

13. Synthèse financière :

- Rappel des 3 principaux bénéfices pour le client pour chaque option.

- Le chiffrage.

- Le ROI.

14. Présentation de notre société.

15. Les interlocuteurs du projet.

16. Annexes techniques et commerciales.

AVOIR LA CULTURE INTERNATIONALE

La dimension internationale fait partie du cahier des charges des grandes entreprises à l'égard de leurs commerciaux. La pratique (*a minima*) de l'anglais est nécessaire, mais pratiquer une ou plusieurs langues est certes nécessaire mais insuffisant. L'appropriation de la culture du pays est une nécessité. À cet égard, Roger Perrotin, auteur de *L'entretien d'achat* aux Éditions d'Organisation, apporte des réponses pertinentes, dont le tableau suivant qui en est extrait.

Tableau récapitulatif des caractéristiques comportementales relatives à cinq pays

Pays	Utilisation du temps	Utilisation de l'espace	Le discours
États-Unis	On traite les affaires sur le champ ; le temps c'est de l'argent. On modifie facilement ce qui était prévu initialement.	La notion de territoire n'est pas formalisée. On fait facilement abstraction de l'entourage lors d'une discussion avec un interlocuteur.	Est très analytique (direct et peu cérémonial).
Japon	Très structuré et méthodique, on a tendance à globaliser. L'agenda est tenu avec précision et on s'en tient à l'ordre du jour.	On est très formaliste sur la proximité pour mettre à l'aise les protagonistes. Le centre du local est très privilégié, que ce soit professionnellement ou dans le lieu d'habitation.	Est subtil et indirect. On cultive l'art du détour.
Allemagne	On ne fait qu'une seule chose à la fois et avec méthode. On s'en tient à l'ordre du jour.	On a un sens très développé de la territorialité. Le désordre et l'intrusion sont intolérables (par exemple, une porte ouverte).	Est très analytique (direct et peu cérémonial).
Grande-Bretagne	Il faut impérativement créer une « ambiance » pour traiter une affaire ; le temps passe au second plan. On modifie facilement le plan prévu.	On ne personnalise pas l'espace et le phénomène d'intrusion existe peu.	Est varié et modulé en amplitude pour ne pas gêner.
Italie	On globalise et les affaires sont traitées dès la confiance obtenue.	On a le sens de la propriété mais on vit assez bien dans le désordre.	Est vivant, très détaillé et imagé.

Tableau récapitulatif des caractéristiques
comportementales relatives à cinq pays

Pays	Prise de décision	Type de réaction cherchée	Mode pour convaincre	Comportement social
États-Unis	La décision est préparée en groupe mais les pouvoirs sont donnés au négociateur.	Relation à court terme. Recherche de l'affrontement.	Très concret et démonstratif, le négociateur américain ne s'implique jamais personnellement mais fait appel au rapport de force.	Centré sur les résultats, le négociateur américain se préoccupe peu de ce que l'on pense de lui. Les problèmes émotionnels sont sans importance.
Japon	Elle est prise par consensus de l'ensemble du groupe concerné.	Relation à court terme. Mise en sécurité par la confiance mutuelle. Recherche du compromis.	Modestie. Respect et valorisation de l'autre sans flatterie. Patience.	Sauver la face est impératif, même pour l'adversaire.
Allemagne	Le négociateur délégué ne peut s'écarter de règles et procédures très strictes.	Relation à court terme. Conciliation.	Très concret et analytique (il faut des preuves pour convaincre).	Rigueur et pragmatisme.
Grande-Bretagne	La décision est prise par le négociateur délégué.	Court ou long terme suivant l'enjeu. Recherche de bonne relation.	Sentimental. Contournement et brouillage de cartes.	Recherche une bonne ambiance. Fait confiance. Aime rire.
Italie	La décision est prise par le négociateur délégué.	Court ou long terme suivant l'enjeu. Recherche d'une relation de confiance.	Surargumentation. Dialectique vivante. Débats animés.	Il faut sauver la face à tout prix ; c'est une question d'honneur. Il est émotif et sentimental.

TROISIÈME PARTIE

SAVOIR PROFITER DES OPPORTUNITÉS DE PROGRESSER

 # Les enseignements de la pratique

LA REMISE EN CAUSE ET L'AUTO-ÉVALUATION

La remise en cause : plus qu'une nécessité, un état d'esprit

La notion de remise en cause est fondamentale et nécessaire. Elle peut être volontaire ou imposée. En effet, un négociateur n'a pas le choix. C'est un métier où chaque entretien est unique, a sa valeur d'enseignement et l'analyse objective des forces et faiblesses doit être permanente, et encouragée. Combien de réunions commerciales n'ont pour seul but que de comparer les résultats aux objectifs et combien de managers s'adressent à leurs commerciaux sur le mode de : « Tu dois... », « Il faut... », en oubliant l'essentiel, c'est-à-dire la mise en commun des expériences du terrain. Il est primordial en cas d'insuccès d'en repérer les causes (pour ne pas les reproduire), mais aussi en cas de succès d'en analyser les facteurs déterminants (pour les perpétuer).

Évaluation et auto-évaluation

Voilà un exemple de *débriefing* possible ainsi qu'une grille d'évaluation qui peut être utilisée par le négociateur. Cette même grille peut bien entendu être employée comme outil d'auto-évaluation.

Auto-évaluer sa démarche

1. Préparation Connaissance du dossier. Qualité des supports (fond et forme).	
2. Phase de mise en situation Climat de confiance, atmosphère positive. Présentation réciproque (homme + entreprise). Notification de la visite. Ordre du jour (réciprocité).	
3. Phase d'identification Variété et ordonnancement des questions. Pertinence du questionnement. Richesse et variétés des informations collectées. Validation de la compréhension (reformulation).	
4. Phase de diagnostic Sélection et reformulation des attentes clés. Contrôle – validation.	
5. Phase de proposition Adaptée (affirmée ou suggérée). Claire et explicite.	
6. Phase d'argumentation Connaissance du produit/service. Exploitation des informations collectées. Sélection pertinente des arguments clés. Présentation d'avantages et de bénéfices. Apports de preuves. Évaluation de l'impact positif de chaque argument.	
7. Phase de valorisation Offre globale (prix, conditions, services associés). Équité et réciprocité des concessions. Accord explicite et contrôlé.	
8. Phase de conclusion Le moment opportun. Respect du processus (sélection/reformulation/conclusion). Résultat obtenu (commande, RV, engagement).	
9. Phase de consolidation Remerciement (confiance ou temps accordé). Orientation et étape suivante. Image positive (homme et entreprise).	
10. Traitement des objections Identification des objections. Prise en compte et traitement appropriés. Validation – contrôle. Ancrage.	

Auto-évaluer son « comportemental »

1. Présentation Présentation adaptée Tenue ajustée	
2. Expression orale Élocution fluide. Rythme adapté. Intonation variée (relief). Volume juste.	
3. Non-verbal Regard franc. Gestuelle adaptée. Postures synchronisées.	
4. Écoute active Parole client respectée : pas de coupure. Prise de notes sélective. Attention portée au client.	
5. Empathie Compréhension. Adaptabilité. Dialogue réel et harmonieux. Réels échanges.	
6. Attitude positive Dynamisme, enthousiasme. Imagination, créativité. Comportement vivant. Esprit d'initiative.	
7. Crédibilité Assertivité. Cohérence. Pertinence. Force de conviction.	

Diagramme d'analyse d'entretien

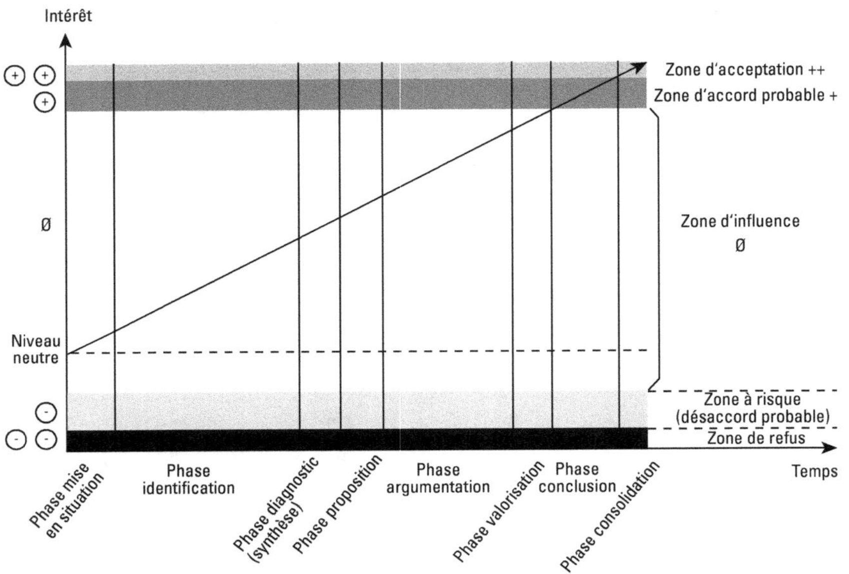

Exemples d'analyses d'entretien

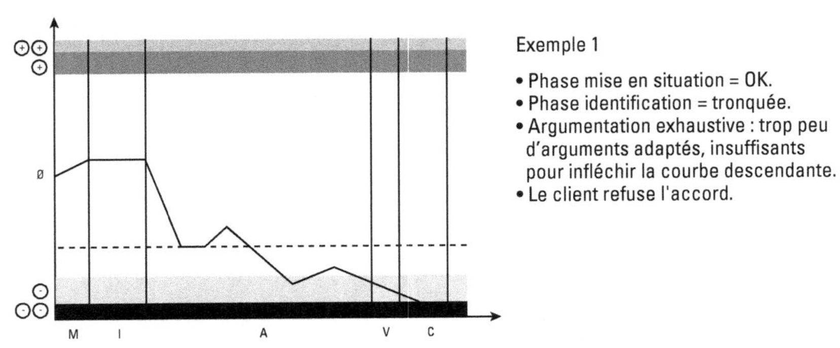

Exemple 1

- Phase mise en situation = OK.
- Phase identification = tronquée.
- Argumentation exhaustive : trop peu d'arguments adaptés, insuffisants pour infléchir la courbe descendante.
- Le client refuse l'accord.

Exemples d'analyses d'entretien (suite)

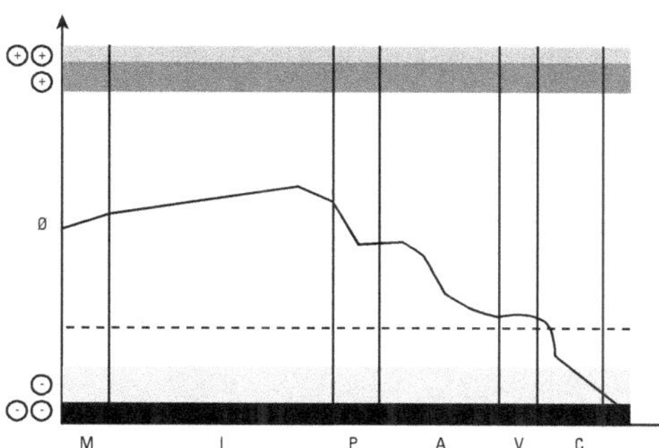

Exemple 2

- Phase mise en situation = OK.
- Phase identification = OK.
- Il manque une synthèse à l'identification.
- Le commercial n'exploite pas son identification : la proposition n'est pas adaptée et l'argumentation n'est pas convaincante.
- Le client refuse l'accord.

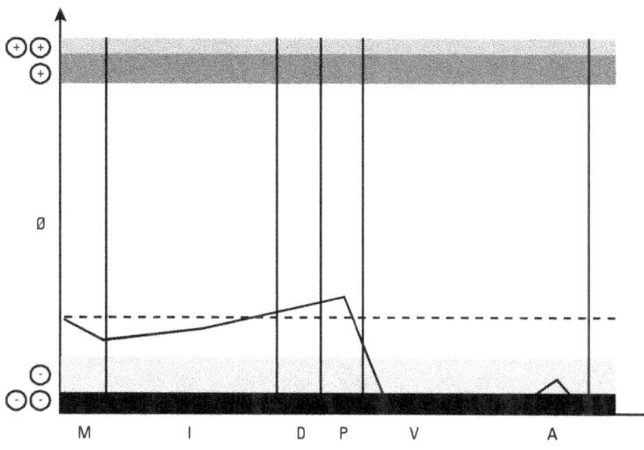

Exemple 3

- Phase mise en situation = mauvaise.
- Phase identification = OK.
- Le diagnostic reprend bien les attentes du client...
- La proposition semble intéresser le client.
- Mais le client entraîne le fournisseur sur le prix avant l'argumentation... ce prix est estimé trop cher et l'argumentation qui suit n'est pas suffisamment performante pour sortir de la zone à risque et le moindre argument « inutile » engendrera un refus.

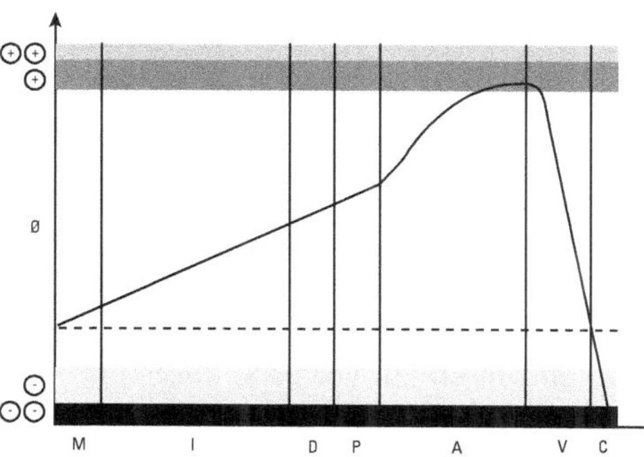

Exemple 4

- Tout se passe très bien... jusqu'à la conclusion.
- Un commercial qui ne conclut pas au bon moment surargumente et il sort de la zone d'accord probable.
- Le client hésite... puis entre en zone de désaccord et... refuse.
- Quel gâchis ! L'acceptation était acquise.

Exemples d'analyses d'entretien (suite)

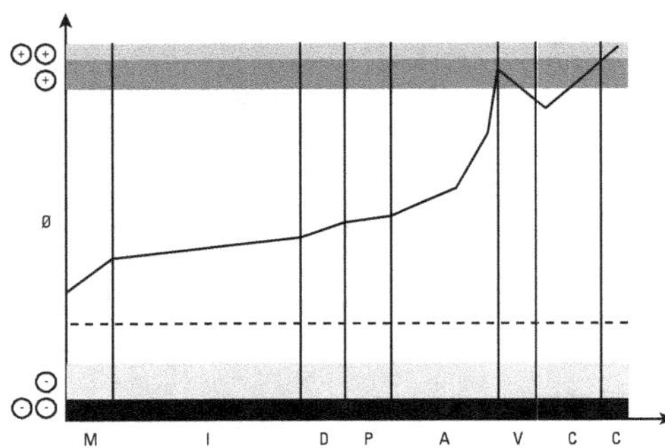

Exemple 5

- Phase mise en situation = OK.
- Identification, diagnostic et proposition = OK.
- Argumentation performante.
- Le client est refroidi par le coût mais reste proche de la zone d'accord grâce à la qualité des étapes précédentes, et la qualité de la conclusion fera le reste, et l'accord est obtenu.

LE MARKETING DIRECT AU SERVICE DE LA PROSPECTION

Pour aborder ce sujet, j'ai fait appel à Jean-Marie Lagache, dirigeant et fondateur de Picardie Consulting, call-center comptant parmi ses références notamment GAN-SWISS LIFE-PSA, mais également consultant en management commercial et class-manager de l'école des conseillers financiers de La Poste à NEGOCIA.

Voici son approche du marketing direct : Où ? Quand ? Comment ?

Outil d'aujourd'hui et de demain ? Serpent de mer surgissant à la moindre difficulté d'expansion ou vecteur essentiel de communication ? Nous devons avouer que le marketing direct est en fait un peu tout cela. Ses qualités en font un outil efficace et à la portée de tous, mais l'exigence de la maîtrise paralyse parfois son utilisation. Loin des grands utilisateurs que sont la VPC et le commerce en ligne, sans doute vous demandez-vous par quelle facette devrez-vous aborder votre nouvel allié.

Vous avez pris rendez-vous avec un nombre de prospects significatif. En avez-vous rencontré la plupart ? Avez-vous planifié les relances inéluctables et analysé votre premier bilan ? Celui-ci atteint rarement vos espérances premières et vous avez songé à accroître votre puissance de feu par d'autres moyens. Contacter plus de monde, nourrir votre vivier d'affaires en cours, qualifier vos cibles : par où commencer ? Tel est l'objet du marketing direct.

Préambule

Un sondage réalisé auprès d'un échantillon représentatif de la population commerciale ferait exploser les ratios de certitudes suivants.

La prospection demeure le seul, l'unique moyen d'atteindre ses objectifs.

Le temps qui passe ne fait que conforter la nécessité d'aller sans arrêt chercher de nouveaux clients censés remplacer ceux de plus en plus nombreux qui vous quittent à la première désillusion ou à la première opportunité d'acheter la même chose pour moins cher, parfois simplement par la lassitude qui semble envahir nos désirs les plus affirmés.

Dans le même temps, dès l'instant suivant, le même adepte de la conquête glorieuse vous glissera dans le creux de l'oreille, qu'en dépit de son extrême volonté, il n'a pu prospecter depuis… plus longtemps encore.

Là se trouve le paradoxe vivant de la chose : l'incontournable prospection est évitée, contournée, déléguée, oubliée.

Il reste difficile de prospecter. Est-ce plus dur de nos jours que par le passé ? C'est en tout cas différent, sans doute en raison des moyens techniques et de leur corollaire, la difficulté de choisir le meilleur plan d'action.

Le plan d'action commercial regroupe la totalité des outils qu'une entreprise utilise pour agir sur son marché afin d'y progresser et de gagner des parts. Elle doit à cette fin respecter les fondamentaux suivants :

- la culture d'entreprise écrite ou transmise verbalement ;
- la stratégie de l'entreprise ;
- la connaissance du marché sur lequel cette entreprise évolue ;
- les différentes contraintes issues des nouvelles habitudes de consommation, du cadre juridique dans lequel elles évoluent, etc.

Les phases essentielles d'un plan de prospection

Quelles priorités et dans quelles circonstances ? Une fois les précautions présentées plus haut observées, l'élaboration d'un plan de prospection doit l'essentiel de sa réussite au ciblage et à la base de données qui sera créée.

Fidéliser, dynamiser (cible intensive) et prospecter les non-clients (cibles intensives) peut être traité conjointement ou distinctement ; les fichiers concernés auront des sources, une fiabilité, préciseront les moyens de les approcher, tous bien différents.

Les clients seront ainsi identifiés selon leur importance de commandes, leur potentiel réel, le risque financier qu'ils représentent pour l'entreprise, la marge bénéficiaire que vous réalisez avec eux (cette simple vérification vous invite parfois à prendre des décisions draconiennes), enfin les coûts de vente que vous engagez pour les garder (localisation, SAV, etc.).

Comportant par définition plus d'inconnues que les clients, ils devront subir une validation préalable articulée autour de quelques questions de bons sens :

- Quel est leur potentiel de commandes dans votre domaine ?
- Y a-t-il un centre décisionnel sur le site ?
- Qui fournit actuellement ce compte ?
- Ai-je déjà un client appartenant au même secteur d'activité que ce prospect ?
- Quels sont les enjeux actuels de cette entreprise ?
- Quels sont les meilleurs vecteurs utilisables pour l'approcher ?

Dans *Le marketing direct en actions* (Éditions d'Organisation, 1995), Chantal Desjardin fait un recensement rigoureux de ces outils :

« *Le mailing* [et maintenant l'e-mailing] permet une précision du ciblage et une personnalisation forte, il offre de surcroît une grande liberté de création et d'expression.

Il pâtit d'une incertitude de sa réception, d'un effet de saturation et de frais fixes élevés.

Le téléphone, média de synergie parfait, permet une interactivité totale. Offrant une grande souplesse, il est rapide et son ciblage est aisé. » En revanche, on rencontre des filtres importants, des barrages secrétaires, des boîtes vocales, et les coûts dépendent des compétences très spécifiques des téléacteurs.

La visite directe des entreprises comporte tous les avantages exprimés ci-dessus et un inconvénient de taille : chaque visite coûte à l'entreprise entre 70 et 200 euros selon le montant de rémunération offerte au prospecteur…

Les salons sont intéressants, à condition de créer un stand remarquable qui reflète le savoir-faire de l'entreprise, de préférer des professionnels aux hôtesses incapables de renseigner vos clients.

L'animation par les commerciaux présents, et la présence de représentants de la direction de l'entreprise sont autant de facteurs favorisants…

Les coûts directs (emplacement, création du stand) et indirects (déplacements des collaborateurs, frais résidentiels, etc.) doivent inciter à une sévère réflexion préalable.

Le réseau demeure, et de loin, la meilleure formule et s'avère la plus efficace. Toutefois, d'après l'anthropologue britannique Robin Dunbar, et le journaliste anglo-canadien Malcom Gladwell (auteur du best-seller *Le point de bascule*, Transcontinental, 2006), le cerveau humain ne peut enregistrer plus de cent cinquante connexions sociales…

Enfin, *le « réseautage » en ligne*, avec les réseaux sociaux, devient une activité prisée destinée à multiplier les contacts et les partenaires.

Attention à ne pas sous-estimer les délais parfois démesurés entre le premier contact et… la première transaction sonnante et trébuchante. »

Voici quelques éclairages complémentaires :

Le fichier

Se procurer un fichier est une opération souvent complexe et toujours coûteuse si elle n'est précédée d'aucune réflexion en amont concernant :

- l'identification de la cible souhaitée ;
- les moyens les plus simples possible de trouver cette information ;
- la réelle capacité en temps et en effectif dont on dispose pour effectuer le suivi de cette opération ;
- l'adéquation de notre offre aux attentes présumées de nos destinataires ;
- l'antériorité de notre fichier, qui, contrairement aux grands crus, vieillit vite et mal.

On a coutume de dire que le meilleur fichier est le vôtre. Cette affirmation prendra tout son sens au fil de votre prospection, dont pas une seule information ne devra être laissée pour compte. En l'instant, nous gardons l'hypothèse d'un départ au point 0 dont vous ferez une belle réussite.

> Sachez qu'il existe des organismes vendeurs de fichier tels que *Conso Data Claritas*, La Poste, les chambres de commerce, etc. Des organismes loueurs comme la VPC qui vous donneront accès à leur base de données une, deux ou trois fois et vous factureront chacun d'entre eux – attention, des destinataires mystères y figurent et toute tentative de tricherie sera identifiée et punie par quelques espèces sonnantes et trébuchantes supplémentaires.

Le mailing

N'envoyez que ce que vous pourrez relancer ; le message miraculeux aux retombées magiques ne nécessitant aucune autre intervention doit demeurer blotti au cœur de vos fantasmes ! Le texte élaboré brillant, relevant plus de la dissertation que de la volonté d'intéresser pourra aisément rejoindre l'oubli afin de laisser place aux messages pertinents. Lesquels ?

Ceux qui prendront en compte les nouvelles habitudes de lecture de nos contemporains, leurs attirances, leurs rejets, le volume grandissant des missives se bousculant dans leurs boîtes aux lettres. La presse a depuis longtemps intégré ce changement en modifiant sa mise en page en donnant la priorité aux articles courts agrémentés d'illustrations de photos, en s'adaptant en synthèse au zapping ambiant.

La première épreuve à franchir pour le mailing est celui de sa simple lecture, car, beaucoup rejoindront la corbeille sans avoir été extraits de l'enveloppe. Cette enveloppe porteuse de vos espoirs devra donc user de tous les artifices pour provoquer le désir d'en savoir davantage. Elle pourra jouer sur son format, sa couleur, sa personnalisation, son mode de distribution, ouvrir ci et là des fenêtres de personnalisation : « Lettre destinée à M. Ö ».

Cette adaptation n'est pas systématiquement liée aux moyens dont elle dispose, jugez plutôt.

Les objectifs majeurs d'un mailing sont :

- d'attirer ;
- d'intéresser ;
- de démontrer ;
- de déclencher un accord.

Un message efficace doit « séduire » le plus grand nombre possible de destinataires. Toutes les motivations de type méthode SONCAS doivent être concernées.

Un message efficace doit être réussi sur la forme aussi. Si les supports changent, les principes restent les mêmes : qualité du papier, choix des couleurs employées et contraste des « à-plats », visuels, photos et gadgets qui les accompagnent.

Une grande banque française voulait adresser une invitation destinée aux agriculteurs retraités les invitant à se rendre à leur agence la plus proche afin de leur présenter de nouvelles raisons d'augmenter leur volume d'épargne chez elle.

Grand renfort de moyens, mailings luxuriants, plaquettes publicitaires quadricolores représentant des paysages de rêve, et bien peu de résultats.

Pendant ce temps, une de leur responsable d'agence, armée de simples papiers à en-tête, d'enveloppes blanches, d'un stylo, et de sa bonne volonté rédigeait elle-même, le texte suivant :

« Bonjour Monsieur, Madame,

Je souhaite vous rencontrer pour affaire vous concernant.

Votre conseillère »

L'enveloppe était écrite à la main et rappelait un temps où la lettre portait l'ensemble de notre communication. Elle obtint 67 % de réponses et laissa sur place les perspectives les plus optimistes.

Cette dame avait mis parfaitement en adéquation le message avec la cible, son contenu avec les attentes de ses destinataires. La relance de votre mailing doit idéalement être réalisée à J + 3 de la date d'envoi de celui-ci, avant c'est trop tôt après on a déjà oublié.

La mise en pages

Les blocs de texte dissuadent d'aller plus loin ; vos messages doivent être concis aérés, les schémas et flèches qui y figurent doivent être orientés vers l'intérieur des textes, jamais vers l'extérieur.

Les illustrations et les photos

Préférez les photos aux dessins, les photos individuelles aux photos de groupes, les photos d'enfants à celles d'adultes. N'oubliez pas qu'un tableau parle davantage qu'un long discours !

Les couleurs

Ne construisez pas un arbre de Noël ! Point trop n'en faut, les professionnels choisissent rarement plus de trois couleurs. Ces dernières doivent refléter le contenu du message : les couleurs douces et pastel pour les accroches rassurantes, les tons flamboyants pour annoncer l'affaire du siècle !

Les gadgets

N'oubliez pas de solliciter les sens de votre destinataire : le goût, les parfums, un toucher agréable, de la musique qui s'en échappe sont autant d'éléments favorisant la lecture ou l'écoute de votre message. Songez également au format qui influence l'intérêt que l'on porte à un document. Maurice Siegel, fondateur de l'hebdomadaire VSD, l'avait bien compris en donnant à son titre un format qui empêchait de le placer parmi les autres publications. Les diffuseurs de presse ont été contraints de le loger dans une « chaise » à la caisse, un endroit rêvé pour une publication.

La lettre

L'accroche doit être présentée immédiatement ; vous devez captiver votre lectorat dès les trois premières lignes, à défaut de quoi vous serez relégué aux oubliettes au bout de dix secondes ! Votre destinataire est le plus important : parlez-lui donc de lui, pas de vous ! « Parlez vrai » : adoptez son langage, pas celui d'un corporatisme hermétique. Allez droit au but !

Soyez rassurant, apportez les preuves de vos affirmations et surtout… Soyez exigeant quant au délai de réponse, car seuls les plus réactifs seront éligibles à l'offre extraordinaire qu'est la vôtre.

Encore une fois, la presse en est un exemple vivant, qui annonce le scoop mondial qui déclenchera chez l'éditeur une rupture d'approvisionnement. Seuls les plus rapides seront servis…

N'oubliez pas que le pléonasme est le nerf de la guerre, alors usez et abusez-en. « Cette offre est gratuite, sans frais et ne coûte absolument rien » ne permettrait pas à son auteur de rejoindre les bancs de l'Académie française, mais elle fera le meilleur effet sur l'indécision de votre destinataire.

Après avoir recensé les différents outils de prospection, dressons à présent un tableau de synthèse assorti des avantages et inconvénients de chacun d'entre eux.

Médias	+	–	Coût	Résultats esomptés
Le mailing et l'e-mailing	Permet une précision du ciblage. Permet une personnalisation forte. Offre une grande liberté de création et d'expression. À un grand potentiel.	Pâtit d'une incertitude de réception. Entraîne un effet de saturation subjectif. Représente des frais élevés.	B to C = 70 à 5 €. B to B Jusqu'à 30 €.	1,8 % 1 %
Le téléphone	Média de synergie parfait. Interactivité totale. Souplesse et rapidité. Ciblage garanti.	Filtres importants. Barrages secrétaires. Boîtes vocales. Coût des compétences très scientifiques des téléopérateurs.	6 à 10 €.	20 % sur le contact argumenté.
La visite directe aux entreprises	Présente tous les avantages exprimés ci-dessus.	Un inconvégnient de taille : chaque visite coûte à l'entreprise entre 70 et 200 € selon le montant de rémunération offerte au prospercteur.	70 à 200 €.	Une vente pour quatre rencontres avec le décisionnaire.
Les salons	Un stand remarquable qui reflète le savoir-faire de l'entreprise. Préférer des professionnels aux hôtesses incapables de renseigner vos clients. Une animation par les commerciaux présents et présence de la direction sont autant de facteurs favorisants.	Les coûts directs : emplacement, création du stand. Les coûts indirects (déplacements des collaborateurs ; frais résidentiels, etc.) doivent inciter à une sévère réflexion.	Prix moyen du mètre carré équipé.	Dépend du nombre d'exposants 250 €/m^2. 26 000 exposants Monte Carlo Travel Market Prêt-à-porter Porte de Versailles 400 €/m^2. 44 000 exposants. Ratio vente directe si rencontre du décisionnaire.
Le réseau	L'utilisation du relationnel demeure de loin la meilleure formule et la plus efficace.			

Focus sur le télémarketing

Décrié par les uns, lui reprochant de perturber le monde du travail, leurs brefs instants de loisir à des heures inciviles, et choisi par tous les autres pour :

- qualifier leurs bases de données ;
- prendre des rendez-vous avec leurs clients ou leurs prospects ;
- faire des appels de courtoisie ;
- réaliser des enquêtes ;
- accueillir et optimiser leurs réceptions d'appels ;
- et bien d'autres choses encore car vous découvrirez sans aucun doute d'autres applications.

Quels sont les ratios habituellement constatés ?

Vous ferez ou ferez faire environ 20 appels par heure ; 6 à 7 contacts argumentés dont vous extrairez en moyenne 4 qualifications ou 1 rendez-vous.

Ces ratios seront minorés de 20 à 25 % en région parisienne

Comment s'y prendre ? Les professionnels vous diront que la phase amont d'une campagne de télémarketing détermine plus de 50 % des résultats de celle-ci.

La préparation comporte un coût fixe annuel par point de vente de... € HT, soit... € TTC comprenant :

- l'import du fichier sur notre logiciel .... ;
- création des argumentaires ;
- la mise en place des masques informatiques (modèle d'import) ;
- la mise en place des états ;
- la création du tableau synthétique trié (rendez-vous, autres) ;
- la réalisation des bilans intermédiaires ;
- l'envoi journalier par e-mail des accords et rendez-vous ;
- la formation des téléconseillers ;
- les tests et essais enregistrés ;
- la mise sous pli et l'envoi des confirmations de rendez-vous (hors frais de port) ;

Ces ratios obéissent à la logique suivante :

<table>
<tr><td align="center">Introduction – 1</td></tr>
<tr><td>Bonjour, je suis.................et je souhaite m'entretenir avec le responsable ou le directeur. Si absent ou indisponible : « À quel moment puis-je le rappeler ? »
Noter, remercier, congés.</td></tr>
</table>

<table>
<tr><td align="center">Sensibilisation au rendez-vous – 2</td></tr>
<tr><td>M. ...., du cabinet.......... souhaite vous rencontrer...... afin de vous présenter nos services en vous permettant de bénéficier d'un audit gratuit, et vous présenter notre Multirisque Entreprise spécialement adaptée à votre profession.
Cette période de l'année plus calme est propice à cette réflexion. Qu'en pensez-vous ?</td></tr>
</table>

<table>
<tr><td align="center">Proposition de rendez-vous – 3</td></tr>
<tr><td>Je vous propose d'en discuter de façon plus détaillée à l'occasion d'un rendez-vous. Existe-t-il un moment dans la semaine qui vous arrange pour le rencontrer ?
Si oui, enchaîner carte 5.
S'il y a une objection, traiter l'objection.</td></tr>
</table>

<table>
<tr><td align="center">Concrétisation positive, rendez-vous – 4</td></tr>
<tr><td>Vous êtes plutôt disponible en début de semaine ou en fin de semaine ? Je vous propose donc le.......... à......
Vous rencontrerez M. .... Votre adresse est bien...
Je vous rappelle notre numéro de téléphone si vous souhaitez nous joindre entre temps... Parfait !
J'ai bien noté que M. .... se rendra chez vous le...... à.... H.
Vous l'avez noté de votre côté ?
Je vous remercie du temps que vous m'avez consacré et je vous souhaite une excellente journée/soirée. Au revoir M./Mme..........</td></tr>
</table>

Objections

L'anticipation des réponses aux objections.

<table>
<tr><td align="center">Concrétisation négative – 5</td></tr>
<tr><td>Très bien, je comprends.
Sachez que nous restons à votre disposition.
Je vous rappelle nos coordonnées si vous changez d'avis.
M. .... est à votre disposition au n° suivant : Numéro de téléphone.
Je vous remercie de votre accueil et je vous souhaite une bonne journée/soirée.
Au revoir M./Mme......</td></tr>
</table>

<table>
<tr><td align="center">Je n'ai pas le temps – 6</td></tr>
<tr><td>Je comprends.
Notre objectif n'est pas de vous faire perdre du temps mais vous permettre d'être bien informé pour prendre vos décisions en toute connaissance de cause et de vous faire profiter d'un audit très intéressant et gratuit.
Pour cela, il est utile que vous en parliez avant avec M....... lors d'un prochain rendez-vous. Nous convenons d'une date ?</td></tr>
</table>

Question technique – 7
C'est une question intéressante qui ne relève pas de ma compétence. Le mieux serait de pouvoir en discuter avec M. ....   Je lui transmets votre question pour qu'il puisse vous rappeler et vous apporter une réponse précise. Quand êtes-vous le plus facilement joignable ? (En aviser l'agent.)

Envoyez-moi une documentation – 8
Mieux qu'une documentation, M. .... se propose de réaliser avec vous une étude globale de vos besoins. Nous convenons d'une date ?

J'ai déjà un contrat mis en place – 9
Je suis persuadé que vous avez pris les précautions essentielles pour votre entreprise mais il s'agit là de réaliser une approche globale de vos risques et de profiter des conseils de spécialistes.   Si oui : proposition de rendez-vous (enchaîner 4 et 5).   Si non : auprès de quel assureur ?   Si l'interlocuteur ne souhaite pas répondre, dire que c'est à des fins statistiques.

Puis vient l'heure des bilans. Que mesurer ? (Citer les différentes rubriques puis donner l'exemple d'un tableau rempli.)

Opérations	Bilan patrimonial	Transporteurs prospects	Total
Cibles confiées	6 282	107	**6 389**
Non traité	3	46	**49**
Injoignables	13	2	**15**
Absents	791	8	**799**
Faux n° tél.	148	4	**152**
Doublon	41	0	**41**
Refus de dialogue	849	16	**865**
Hors cible	7	0	**7**
Déjà concurrence	10	2	**12**
Pas d'argent	4	0	**4**
Déjà contacté…	8	2	**10**
À recontacter	434	20	**454**
Déjà	40	0	**40**
Litige	2	0	**2**
Envoi doc	3	0	**3**
Barrage secrétaire	51	0	**51**
Contactera	16	0	**16**
RDV Agence	12	0	**12**
RDV Domicile	29	0	**29**
RDV Lieu de travail	70	6	**76**
Sans n° tél.	532	1	**533**
Ne correspond pas	65	0	**65**
Refus RDV modifié	3	0	**3**

Région	....
Opération	**Action**...........
Date opération	
Total fiches fournies	6 282
% de fiches traitées à date	49 %

Fiches traitées	3 098	% sur fiches traitées
Accord RDV (1)	111	3,58 %
Contactera agent et/ou à recontacter (2)	450	14,53 %
Refus de RDV (3)	859	27,73 %
Refus de répondre (4)	51	1,65 %
Déjà client (5)	40	1,29 %
Absent	791	25,53 %
À la retraite	0	0 %
Litige (8)	2	0,06 %
Hors cible (9)	60	1,94 %
Stop action (10)	0	0 %
Injoignable (11)	13	0,42 %
Doublon (12)	41	1,32 %
Sans n° de tél. (13)	532	17,17 %
Mauvais numéro (14)	148	4,78 %

Fiches traitées	3 098	% sur fiches traitées
Contacts augmentés (1 + 2 + 3)	1 420	45,84 %
Autres contacts (4 à 11)	957	30,89 %
Faux contacts (12 +13 + 14)	721	23,27 %

Contacts argumentés	1 420	% sur contacts argumentés
Accord RDV	111	7,82 %
Refus de RDV	1 557	109,65 %
À recontacter par agence	450	31,69 %

Heure de production	
Contacts argumentés à l'heure	
Accords RDV à l'heure	

	Date	Rendez-vous	Refus	Recontacter	Contacter à...	Déjà	Déjà eu contact	Refus sur rappel	Rendez-vous sur rappel	Injoignables	Contacts argumentés	Faux n°	Contacts cadrans	Nombre heures appels	Ratio RDV/CA
Semaine	1	34	304	181	31	8	13	39	8	32	646	34	680	70	5,15 %
	2	47	304	155	35	7	18	43	5	30	644	12	656	54	8,07 %
	3	46	319	178	37	8	20	51	6	25	690	21	711	70	8 %
	4	47	329	158	34	21	16	40	9	23	687	25	712	70	8 %
	Total	174	1 256	672	137	44	67	173	28	110	2 667	92	2 759	264	7,49 %

Quel est l'avenir du télémarketing ?

Il est celui d'un média unique dans sa capacité de résultats (de 4 à 30 % de la cible utilisée) car aucun média n'est capable d'obtenir de telles performances, unique par la souplesse de sa mise en œuvre (une campagne est susceptible d'être modifiée à tout moment), unique par son interactivité car il permet de mesurer à chaque contact établi la pertinence du message initial et de le modifier le cas échéant.

Téléphiles, téléphobes ?

Là encore, Jean-Marie Lagache nous apporte son témoignage d'expert.

« Derrière nous doivent demeurer les campagnes d'appels agressives laissant des destinataires conscients d'avoir été dérangés à des fins uniquement mercantiles, pour la simple raison qu'ils figuraient sur un fichier vieillissant.

J'ai en mémoire cette personne âgée de 90 ans relancée par un plateau de télémarketing mandaté par son assureur afin de lui proposer une réduction sur une assurance automobile.

Cet assureur lui témoignait ce jour-là l'indifférence totale dans laquelle il la traitait, ne la considérant que dans les limites de son pouvoir d'achat.

Nous sommes loin, Dieu merci, de cette caricature de communication, sans doute parce que la législation s'est montrée de plus en plus sévère avec les acteurs peu scrupuleux, également parce que des professionnels se sont engagés à rédiger ensemble un code de déontologie, mais surtout parce que la relation client à distance, se doit pour être efficace, de s'imprégner des préceptes suivants :

- qualifier jusqu'à l'extrême la base de données ;

- séduire, sans tenter d'imposer inutilement ;

- construire la rentabilité d'une campagne autour de la fidélisation en abandonnant le *one shot* ;

- substituer l'action "chirurgicale" aux méthodes dépassées de balayage aveugle d'un fichier. »

L'ORGANISATION COMMERCIALE, FACTEUR D'OPTIMISATION

Pour un négociateur, l'organisation doit être considérée non pas comme une fin mais comme un moyen. Plus particulièrement un moyen au service de l'efficacité : une meilleure organisation = plus de temps, donc plus de négociation, et donc plus de résultats.

Pour aborder ce sujet, j'ai fait appel à un expert, Marc Lelièvre, qui exerce ses talents auprès d'entreprises telles que HP, Fraikin, Air France, TPS, SAGE, etc., ainsi qu'auprès de grandes écoles de commerce et d'ingénieurs. Voici son approche de l'organisation commerciale.

Définition

L'action du commercial est rarement isolée, elle s'inscrit dans l'action globale de l'entreprise orientée vers l'atteinte de ses objectifs. Le rôle du commercial est de gérer au mieux les potentiels : produits, marchés, entreprises, afin de saisir un maximum d'opportunités. Au-delà de la réalisation de quotas, l'entreprise attend de son commercial qu'il témoigne d'un réel esprit marketing par la remontée d'informations concrètes et exploitables sur son environnement. Le marketing souligne un certain nombre de principes. S'adaptant aux contraintes de l'environnement, la politique et la stratégie commerciale s'inscrivent dans la politique globale de l'entreprise, avec comme objectifs majeurs :

- la satisfaction client ;
- la recherche constante de productivité/rentabilité/efficacité.

De par ses conséquences et les coûts qu'elle engendre, la relation client, phase essentielle de la vente, doit donc être parfaitement encadrée :

- en amont : par une préparation adaptée ;
- en aval : par un suivi rigoureux.

La préparation et le suivi deviennent de plus en plus exigeants et impliquent une organisation et des méthodes de contrôle plus rigoureuses.

De plus, l'efficacité et la productivité du commercial dépendent de plusieurs facteurs :

- ses compétences produits/services ;
- ses compétences relationnelles (techniques de vente et de négociation) ;
- ses compétences organisationnelles ;
- sa capacité à réaliser des performances ;
- sa volonté de les réaliser.

La sectorisation

Les circuits de distribution

En fonction du nombre d'intermédiaires, on parle de circuits longs, courts ou directs.

Un circuit long peut faire intervenir plusieurs intermédiaires :
producteur → grossiste → détaillant → consommateur

Un circuit court peut faire intervenir ces intermédiaires :
producteur → détaillant → consommateur

Quant au circuit direct : producteur → consommateur

Le rôle des membres composant un groupe décisionnel d'achat

À qui dois-je vendre ?

L'acheteur n'est peut-être pas l'unique décideur dans le processus d'achat. À ce titre, plusieurs participants au processus d'achat peuvent intervenir et influencer le déroulement de la vente.

L'initiateur

- Individu ou entité qui remarque que l'on peut résoudre un problème ou apporter des « plus » en se procurant un produit ou un service. Exprime un besoin.

Le prescripteur

- Exerce une influence sur le processus d'achat. Positionnement formel ou informel, interne ou externe.

Le décideur

- Il détient le pouvoir réel en ce qui concerne l'approbation d'un achat ou la sélection d'un fournisseur. Il doit être localisé au niveau des organigrammes formels et informels.

L'utilisateur

- Utilise ou bénéficie du produit ou du service. Important quant à l'évaluation du produit, du service, du fournisseur.

L'acheteur

- Mandaté pour négocier avec le commercial. Son pouvoir est à déterminer suivant l'implication de la décision et la composition du groupe décisionnel d'achat si celui-ci intervient dans le cycle.

Diagnostic du secteur

Éléments généraux

- La première étape d'une stratégie de vente est la définition et la sélection des marchés cibles.
- La segmentation d'un marché est la division d'un marché hétérogène en groupes distincts et significatifs, appelés segments, dont les besoins, les comportements d'achat ou les composants sont suffisamment semblables pour faire :
- soit l'objet d'une même offre produit/service ;
- soit l'objet d'une stratégie identique.

Analyse de la clientèle

L'analyse qualitative de la clientèle nécessite le choix de critères permettant de classifier le client suivant différents niveaux d'importance. Cette classification n'est pas exclusivement liée au CA ou à la marge dégagée par le client. Des critères marketing ou stratégiques doivent être intégrés. Cette analyse est le préalable à l'organisation commerciale du commercial et indispensable à sa productivité.

Plus le client est important, plus il mérite de visites.

Analyse des coûts et rentabilité

- Cette analyse nécessite une organisation permettant de collationner tous les coûts directs occasionnés par le client : préparation, démarche commerciale, suivi. Les coûts indirects peuvent être intégrés soit précisément, soit par unité de charge avec clé de répartition.

Étude de pénétration

- Par type de clientèle.
- Par valeur décroissante des clients.
- En nombre de clients.
- En rapport avec le potentiel de CA.

Potentiel de développement

- Estimation du marché potentiel et prévision des ventes. La première démarche que doit faire le commercial est d'évaluer son marché potentiel afin de prévoir une estimation de ses ventes futures.
- Le gestionnaire de compte commence par collationner toutes les informations sur son environnement :
- historique ;
- information démographique (population, nombre de prospects, nombre de clients) ;
- information économique (PIB, situation économique d'un secteur géographique ou d'une activité) ;
- informations diverses : concurrence, etc.

Le marché potentiel d'un commercial représente les ventes prévues d'un produit ou d'un service sur l'ensemble de son marché sur une période déterminée.

Les ventes potentielles du commercial correspondent à une part de ce marché qu'il peut raisonnablement espérer atteindre.

Les prévisions des ventes en CA, ou nombre de produits, représentent l'estimation des ventes faite par le commercial, résultante de son action face à ce potentiel.

Quel est le potentiel d'une entreprise ?

Nous l'avons dit, le portefeuille regroupe l'ensemble du potentiel constitué des clients et prospects.

L'identification du potentiel se fait en fonction de chaque gamme de produit/service.

On distingue plusieurs niveaux de potentiels.

- **Le potentiel théorique** : il se détermine en dehors du contexte marché et des priorités définies par l'entreprise. C'est l'ensemble des entreprises, professions libérales, associations ou artisans de son secteur géographique. Il suffit de prendre un fichier exhaustif de ces entités pour le constituer ; par exemple, les « pages pros », le fichier INSEE, le Kompass sont souvent utilisés.

- **Le potentiel utile** : il comprend les clients et les prospects intéressants à travailler en fonction des opportunités et des axes marketing.

- **Le potentiel efficace** : ce sont les affaires réellement exploitables sur le moment ; celles qui peuvent engendrer du CA à court, moyen ou long terme.

Potentiel accessible du distributeur ou du client final

Pour diverses raisons, mise en concurrence, sécurité, le client peut estimer préférable de travailler avec plusieurs fournisseurs. Dans ce cas, l'objectif est de maintenir sa position, voire de l'améliorer au détriment de ses concurrents.

Une telle démarche nécessite un investissement qui ne peut être justifié que si le potentiel de développement théorique est réellement un potentiel accessible.

- Quelle est l'évolution prévisible du potentiel du client ?
- Parmi ces concurrents quels sont les plus vulnérables ?
- Quelle est la stratégie fournisseur du client ?

Identification du potentiel

Objectifs :

- connaître le client ;
- répertorier les inconvénients des solutions concurrentes en place ;
- évaluer la faisabilité des prévisions de vente des commerciaux.

Potentiel de visite

Même lorsque le face-à-face avec le client est considéré comme essentiel dans l'activité globale du commercial, **on constate qu'il y consacre rarement plus de 30 % de son temps et plus généralement de 15 à 20 %.**

En divisant ce temps réellement opérationnel pour l'activité « visite » par le temps moyen d'une visite, on obtient le potentiel réel du nombre de visites du commercial.

Coût d'une visite

Ce coût est le résultat du coût annuel de fonctionnement du commercial divisé par le nombre de visites.

Le coût de fonctionnement du commercial intègre les charges directes et indirectes : salaire, charges, frais, quote-part du coût de l'encadrement, de la secrétaire, etc.

D'un point de vue économique, tout investissement doit être appréhendé par rapport à son potentiel de retour sur investissement.

**Le coût des visites doit donc être couvert
par un CA moyen généré par visite.**

Gestion du temps

Le potentiel temps est réparti suivant les différentes activités du commercial. Nombre de tâches effectuées par ce dernier sont valorisées en unité de temps par leur fréquence et projetées sur une année : visite, déplacement, téléphone, devis, propositions, réunions, reporting, diverses tâches administratives, etc.

Mesures correctives

Tâches non indispensables à supprimer ou à transférer. Activités surdimensionnées par rapport à leur importance. Activités à regrouper pour une meilleure efficacité. Manque de temps à consacrer aux tâches essentielles.

Aménager des séquences de temps dédiées aux urgences de façon à pouvoir gérer les priorités.

Déterminer les priorités en fonction d'un réel retour sur investissement. Pour mieux gérer son temps, le commercial doit transformer :

- ses objectifs généraux en objectifs particuliers ;
- ses objectifs annuels en objectifs journaliers.

Pour planifier son temps, le commercial doit :

- analyser l'ensemble de ses activités, les qualifier et les quantifier ;
- analyser leur degré d'importance et leurs fréquences ;
- enfin, planifier ses activités du quotidien à leur échéance la plus lointaine.

À défaut, il s'expose à ne traiter à terme que les urgences, alors qu'une bonne organisation et gestion du temps doivent lui permettre de gérer les priorités.

Impact des critères de segmentation sur l'efficacité commerciale

Critères	Avantages	Inconvénients
Crière géographique	Insertion locale. Simplicité. Connaissance de la concurrence locale. Coûts des déplacements.	Risque de privilégier tel ou tel marché ou type d'entreprise. Difficulté à travailler aussi efficacement sur les différents marchés ou entreprises. Difficultés à obtenir une polyvalence produits. Éloignement éventuel/siège.
Gammes de produits	Compétence produits des commerciaux.	Plusieurs commerciaux visitent un même client. Coûts des déplacements.
Type de marché (vertical market)	Adaptation aux comportements d'achat.	Multiplicité des marchés et de leur taille. Coûts des déplacements. Risque fort/motivation du commercial si marché en crise.
Taille des entreprises (grands comptes/mass market par exemple)	Suivi particulier du potentiel CA. Possibilité de progression de carrière pour les commerciaux.	Démotivation éventuelle des commerciaux mass market. Coûts des déplacements.
Clients/prospects	Fidélisation clients. Pénétration du marché.	Démotivation éventuelle des commerciaux prospects. Difficulté à homogénéiser objectifs et salaires.

En réalité, du fait qu'aucun critère n'est parfaitement adapté, les entreprises mixent les critères. Le critère géographique est très souvent utilisé comme base de segmentation puis de découpage des zones de vente entre commerciaux.

L'organisation de l'activité du « commercial »

Rappel des missions

Le rôle du commercial doit être concret. Pour accomplir une mission, il faut réaliser un certain nombre de tâches, elles-mêmes susceptibles d'être éclatées en plusieurs éléments. L'objectif du commercial est de qualifier ces différents éléments, de déterminer le degré de compétence nécessaire, et d'accroître ainsi sa performance quant à l'accomplissement de ces tâches.

Organisation des visites

Conduit à visiter des clients nombreux et variés sur des zones géographiques parfois étendues, le commercial manque de temps. Savoir organiser ses visites est une étape essentielle de l'organisation commerciale qui doit intégrer :

- le coût élevé des visites ;
- le temps limité dont dispose le commercial ;
- le besoin de disponibilité d'esprit dont il doit faire preuve face au client ;
- la nécessité d'être réactif face aux situations nouvelles.

La cadence des visites

Différentes approches sont proposées afin de déterminer la fréquence théorique de visites pour chaque client. Il convient d'abord de sélectionner les différents critères d'analyse utilisés :

- le CA réalisé ;
- la marge dégagée ;
- le potentiel de CA ;
- le positionnement stratégique ;
- le positionnement de la concurrence ;
- la fréquence des visites actuelles ;
- la fréquence de visites idéale pour ce type de client.

Cette analyse confirme souvent la loi de Pareto.

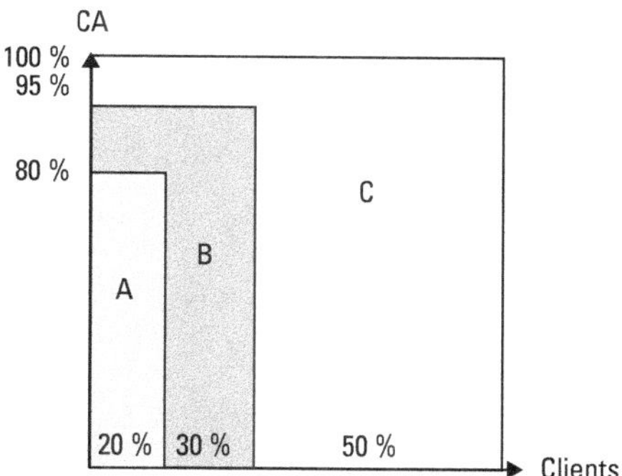

Ces clients méritent naturellement toute l'attention du commercial, mais il ne faut pas négliger les 80 % restants car si les visiter coûte très cher et rapporte peu, certains d'entre eux sont porteurs à terme de CA conséquents.

Une autre démarche permet avec ces mêmes critères de donner à chacun d'eux une importance relative en termes de pourcentage, puis d'établir pour chaque critère une grille d'appréciation permettant de traduire ce positionnement en nombre de points. À chaque plage de note obtenue correspond une fréquence de visite idéale.

Cette approche permet aussi de comparer et de répartir l'effort de vente entre les différents types de clients, et aussi de comparer l'effort de vente global théorique à l'effort de vente potentiel et disponible du commercial. Un rééquilibrage par approche successive en fonction du temps disponible et du niveau de priorité des clients permet une planification des visites sur le calendrier annuel.

Mise au point des visites

Ciblage du portefeuille et des visites

	Clients acquis (fidèles)	Clients à risque (peu fidèles)	Prospects évolutifs pour vous	Prospects acquis à la concurrence
Fort potentiel	A	B	B	C
Faible potentiel	B	C	B	C

Ce tableau permet de classer nos clients/prospect selon le potentiel et l'effort de vente. Pour être plus efficace, on peut ajouter un segment « Moyen potentiel ». Il conviendra ensuite de mettre en place les actions propres à chaque catégorie, en fonction des priorités déterminées.

- A : priorité 1
- B : priorité 2
- C : priorité 3

Il s'agit d'un exemple à adapter aux spécificités de votre stratégie de couverture.

Type clientèle	CA/produit	Marge/produit	Taux de marge	CA après-vente	Importance de la référence	Risque si perte	Difficulté de pénétration
Grandes entreprises segment A	++	+	–	++	++	– –	– –
Middle market segment B	+	+	+	+	+	–	–
Mass market segment C	=	=	++	=	–	++	+

Définition du territoire

Le territoire du commercial représente son marché potentiel. Sa mission consiste donc à développer le volant d'affaires sur le territoire de vente qui lui est confié. Ce territoire peut être déterminé par un secteur géographique ou par un groupe de clients sélectionnés suivant certains critères. Déterminer des territoires de vente a pour objectifs :

- de rechercher une meilleure efficacité ;
- de cibler une action marketing ;
- de contrôler précisément les performances ;
- d'analyser spécifiquement les problèmes rencontrés ;
- de contrôler les coûts ;
- d'analyser les rendements liés au potentiel et à la charge de travail qui en découle ;
- de déterminer les quotas de vente.

Les techniques d'organisation des visites

Les visites en spirale

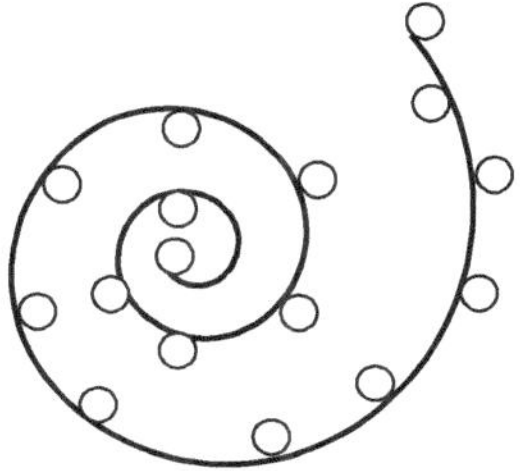

La spirale

Le commercial balaie son secteur en cercles concentriques ou en spirale.

Les + : le secteur est bien balayé quand la population de clients à visiter est homogène.

Les − : le commercial doit résider au centre de son secteur. Le nombre de kilomètres parcourus devient vite important. La fréquence de visites doit être la même pour l'ensemble des clients.

Les visites en trèfle

Le commercial tourne chaque jour dans un quart géographique et repasse tous les soirs par son entreprise.

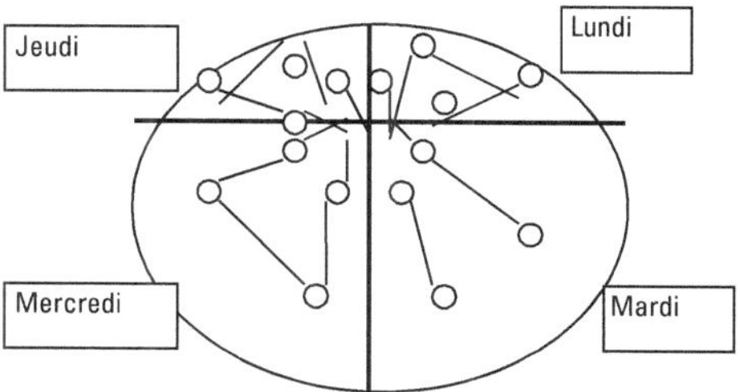

Le commercial rentre chaque soir, les visites journalières sont effectuées sur un quart du territoire.

Les + : les autres activités du commercial sont réalisées chaque jour ; peu de frais annexes, notamment pas de frais de séjour ; balayage du secteur systématique.

Les –: fractionnement du territoire en secteurs homogènes ; kilométrage parfois important ; le bureau doit être au centre du territoire ; le secteur ne doit pas être trop étendu.

Si le territoire est beaucoup plus étendu, celui-ci peut être découpé en secteurs beaucoup plus nombreux sous forme de marguerite.

Les visites en zigzag

Le commercial détermine un axe et un lieu où il commence ses visites, puis visite ses clients sur le chemin du retour en se déplaçant de part et d'autre de cet axe.

Les +: limite le temps de déplacement du commercial ; le déplacement aller peut se faire en dehors des heures de visite.

Les –: frais de séjour si cette option est requise.

De manière à limiter le parcours par rapport au zigzag, il est possible de déterminer une route courbe ou enveloppe incluant l'axe déterminé.

Les visites par zonage

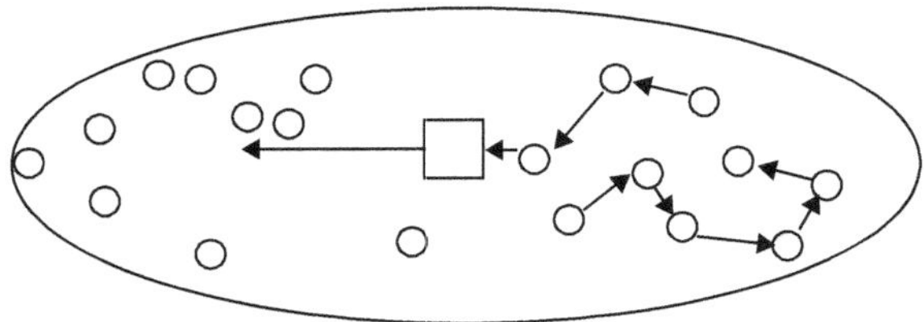

La ligne droite et les zones

Le commercial se rend directement dans une partie de son secteur dans laquelle se trouvent beaucoup de clients et tourne à partir de cette nouvelle base. Il détermine des gisements de visites suivant des critères homogènes et organise ses visites sur chaque zone.

Les +: possibilité de déterminer chaque zone suivant des critères propres ; optimisation de la qualité des visites suivant les critères retenus ; maîtrise du kilométrage.

Les –: zonage du secteur pas toujours aisé ; bonne adéquation du profil commercial avec le segment de clientèle déterminé.

La marguerite

Le commercial balaie chaque jour un sous-secteur (a, b, c…) situé dans une zone donnée. La rotation se fait entre les zones 1, 2, 3, 4 quel que soit le secteur ce, qui fait qu'il balaie l'ensemble de son secteur.

Les + : les mêmes que pour le trèfle, mais la marguerite permet de couvrir des secteurs plus vastes, d'autant plus que a, b, c, d peuvent être des sous-secteurs ou des tournées dans le même secteur.

Les − : les mêmes que pour le trèfle, mais la marguerite résout en partie le problème de la taille du secteur.

À utiliser lorsqu'il faut balayer régulièrement le secteur (et qu'il y a beaucoup de problèmes exceptionnels à régler) dans un secteur assez grand et/ou avec une clientèle abondante.

LE PLAN D'ACTIONS COMMERCIALES (PAC)

Organiser son secteur, nous venons de le voir, est un facteur d'efficacité mais un négociateur se doit aussi d'élaborer et d'animer son plan d'action.

Pour traiter de ce sujet, Christian Grard, expert reconnu en management et en négociation propose la démarche suivante :

Pourquoi un commercial doit-il construire un plan d'action ?

L'économie de marché, des offres de plus en plus attractives, une meilleure connaissance des marchés et des profils des acheteurs permettent à la concurrence, tous secteurs d'activité confondus, de se développer, d'être réactive et de maintenir un haut niveau d'agressivité commerciale.

Le marché, qu'il soit celui de la grande distribution, celui des services, celui de l'industrie, impose à tous ses fournisseurs de solutions, de produits, de services, de reconsidérer et de repenser leurs approches commerciales et économiques.

Le fournisseur doit faire face à deux enjeux : l'obligation d'obtenir des résultats pour assurer sa pérennité par l'atteinte de ses objectifs, et rester concurrentiel d'une manière durable face aux autres offres et à l'exigence aiguë des décideurs.

Il est donc nécessaire et impératif que toute entreprise commerciale optimise l'activité de ses commerciaux afin de toujours présenter, au travers de son offre, des avantages concurrentiels crédibles et des coûts maîtrisés.

> Le manager, le commercial concerné doit donc se poser la question suivante : « Quel est le chemin le plus court pour atteindre, efficacement, les objectifs attendus de production ? ».

Le PAC est une réponse à cette interrogation

Il est entendu que chaque plan d'action intégrera des variantes, des spécificités liées à la politique commerciale de l'entreprise mais également inhérentes au secteur géographique sous la responsabilité du commercial et au secteur d'activité concerné. Afin d'être cohérent, réaliste, faisable, le PAC doit intégrer la politique commerciale de l'entreprise, les objectifs commerciaux, les priorités de l'entreprise, les moyens humains, matériels, financiers, quantifier l'activité commerciale et administrative, positionner et programmer les actions commerciales dans le temps. Une fois mis en place, le PAC doit être scrupuleusement respecté afin que le commercial impliqué puisse mesurer concrètement ce qu'il a réalisé, au regard de ce qu'il avait prévu et mis en œuvre.

Autrement dit, le plan d'actions commerciales est la résultante d'une approche raisonnée, structurée et pragmatique, où ne trouvent pas place l'intuition et l'à-peu-près.

Architecture d'un PAC en 12 points

1. Identifier et se tenir aux axes de la politique commerciale :

- Conquête de parts de marché, fidélisation, conquête et fidélisation.

2. Fixer ou intégrer des objectifs quantitatifs et qualitatifs de développement commercial :

- Réaliser 1 500 000 € de CA dont 28 % de marge sur le 1er semestre, réaliser 5 contrats sur les produits Y par mois.

- Visiter tous les clients du segment A, identifier les risques des clients du segment B, construire une stratégie de fidélisation personnalisée par client stratégique.

3. Établir un diagnostic objectif et complet de type SWOT :

Cette approche doit mettre en évidence les forces (S) et les faiblesses (W) internes, les risques/menaces (T), mais aussi les opportunités (O) externes. Cette phase de diagnostic doit être fouillée car elle va conditionner la pertinence et l'efficacité du PAC.

- Analyser en interne, et entre autres choses : les résultats commerciaux de la période précédente, les outils utilisés, les méthodes de vente, les écarts entre le réalisé et le prévu, le prévisionnel d'affaires, le portefeuille d'affaires, les positives et celles à améliorer à partir de l'outil de CRM, le positionnement des produits, la communication sur l'offre, les atouts commerciaux, etc.

- Analyser en externe, et entre autres choses : les parts de marché, les risques clients, l'évolution de la concurrence et les stratégies observées (éventuellement un SWOT des compétiteurs), les tendances du marché, les opportunités locales, les stratégies d'attaque, de reconquête, l'évolution des besoins, les secteurs à mieux exploiter, etc.

4. Déclencher les actions opérationnelles ciblées de vente en cohérence avec les étapes 1-2-3 et en fonction des journées ouvrées travaillées :

- Cibler et qualifier 150 nouvelles cibles dont 50 cibles sur un type de profession libérale.

- Créer un nouvel argumentaire de phoning.

- Organiser 4 sessions de 3 heures de phoning par mois avec un objectif de 8 rendez-vous fermes par session.

- Définir les actions de formation individuelle et/ou collective, etc.

5. Planifier et acter sur l'agenda, et sur deux à trois semaines, l'activité toujours en cohérence avec les étapes 1-2-3-4, et répartir judicieusement ses priorités, donc gérer et maîtriser son temps :

- Élaborer le plan de tournée en fonction de la configuration du secteur commercial et de la répartition du potentiel identifié.

- Structurer le prévisionnel d'activité, par exemple :

  - nombre de visites de prospection sur rendez-vous et éventuellement sans rendez-vous (lister les outils commerciaux nécessaires) ;

  - nombre de visites de fidélisation (ex. de critères de priorité : urgent et important, CA, commandes, volume, risque, développement du CA, etc).

- Lister les outils et écrire les stratégies possibles par compte.

6. Construire le budget prévisionnel :

Tenir compte des coûts de déplacement, du coût par visite, des différents frais inhérents au secteur d'activité, des pratiques commerciales, des us et coutumes.

7. Mettre à jour ou constituer le portefeuille d'affaires et le prévisionnel d'affaires.

8. Proposer, argumenter le PAC auprès de la hiérarchie (N +1), le faire valider.

9. Agir sur le terrain et mettre en œuvre le PAC, et s'y tenir.

10. Analyser les résultats de la période considérée et enrichir le tableau de bord :

- Identifier et examiner les écarts d'activité, de productivité.
- Ratio de fidélisation en %, évolution du CA.
- Ratio de prospection en %, nombre de nouveaux clients, ratio visites utiles.
- Taux de transformation, gain sur la concurrence, etc.
- Évolution du portefeuille d'affaires et du prévisionnel d'affaires.

11. Corriger, réorienter les actions non porteuses :

- Modifier le ciblage, la structure des propositions commerciales, l'approche de la concurrence, les argumentaires, etc.

12. Rendre compte à la hiérarchie, selon le mode de reporting en vigueur, pour obtenir un avis, des idées, des conseils, des supports nouveaux, de l'aide, etc.

Ce modèle de PAC est naturellement adaptable et évolutif. Il n'a pour objectif que de mettre en évidence le rôle capital de la préparation des actions commerciales. C'est un moyen opérationnel au service de la réussite de tous les commerciaux, du développement et/ou du maintien d'un haut niveau de professionnalisme.

La méthode **VEDONCS**

En complément de ces apports de Marc Lelièvre et de Christian Grard, je propose au lecteur une méthode de gestion de son portefeuille destinée à répertorier ses cibles et à en suivre leur évolution ; outil destiné en outre à permettre de fiabiliser ses prévisions.

Étape 1 : identification des 7 niveaux

Vivier	Je liste parmi les raisons sociales qui me sont affectées, celles sur lesquelles je vais investir du temps. Je cible.
Étude	En phase de préparation, je vais préqualifier ces cibles en collectant le maximum d'informations sur le dossier avant de prendre rendez-vous.
Diagnostic	J'ai obtenu un rendez-vous qui m'a permis de qualifier le dossier et de déterminer une problématique à solutionner.
Offre	J'ai remis ou adressé une offre, donc une solution en réponse à la problématique du client.
Négociation	J'argumente, je valorise, je défends mes marges… je négocie !
Conclusion	Tout ce que je pouvais entreprendre a été entrepris… mon dossier est en commission de décision…
Signature	La décision m'a été favorable, contrat signé !

Étape 2 : élaboration du baromètre **VEDONCS**

Raisons sociales	V	E	D	O	N	C	S	Observations
A	x	x						
B	x	x						
C	x	x	x	x				
D	x	x	x	x	x			
E	x	x	x					
F	x	x	x	x	x	x	x	
G	x	x						
H	x	x	x	x	x	x		
I	x	x	x					
J	x	x	x	x	x	x	x	
K	x	x	x	x	x	x		
L	x	x	x	x	x			
M	x	x						
N	x	x						
O	x	x	x	x				
P	x	x	x					
Q	x	x	x	x	x			
[…]								

Les raisons sociales étant ainsi répertoriées, ce tableau permet une visualisation de l'ensemble du portefeuille selon l'avancement dans le cycle de négociation.

N. B. : les croix peuvent être avantageusement remplacées par des dates, ce qui permet de mesurer le temps de progression de chaque affaire.

Étape 3 : analyse

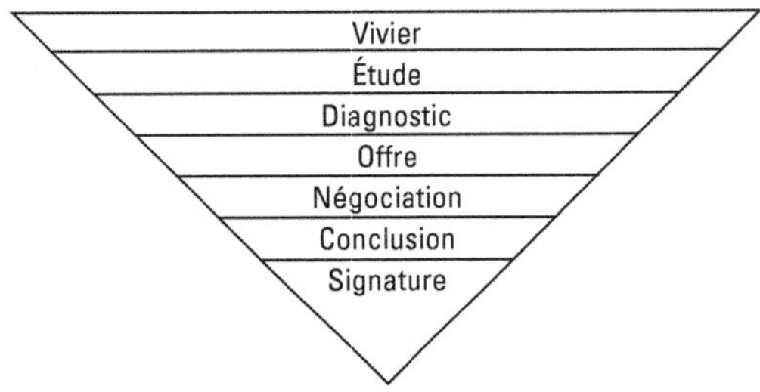

S/C	Permet de mesurer le ratio de concrétisation d'affaires en phase de conclusion.
S/N	Permet de mesurer le ratio de concrétisation des négociations.
S/O	Permet de mesurer le taux de concrétisation des propositions.
S/D	Permet de mesurer le taux de concrétisation des rendez-vous initiés.
D/E	Permet de mesurer son ratio d'obtention de rendez-vous.
O/D	Permet de mesurer sa capacité à révéler un potentiel.
E/V	Permet de mesurer le ciblage actif.

Fort de ce baromètre, chaque commercial pourra :

- fiabiliser ses prévisions ;
- orienter ses priorités ;
- mettre en place des actions correctives. Quelques exemples :

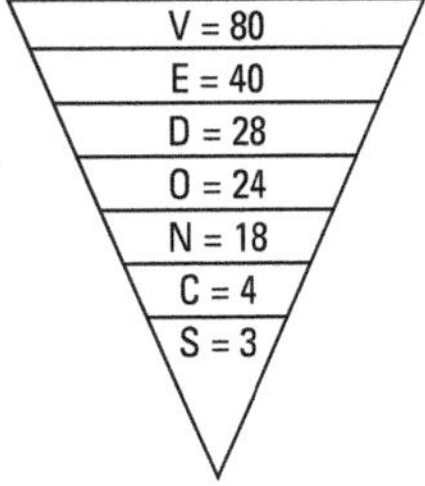

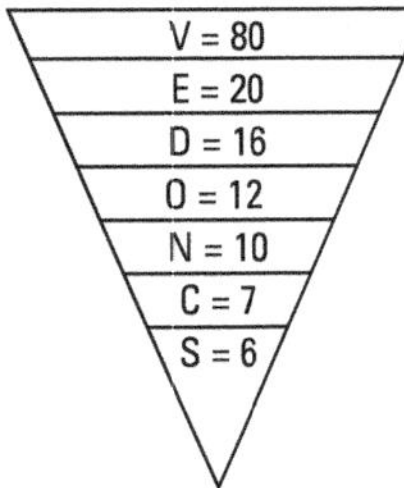

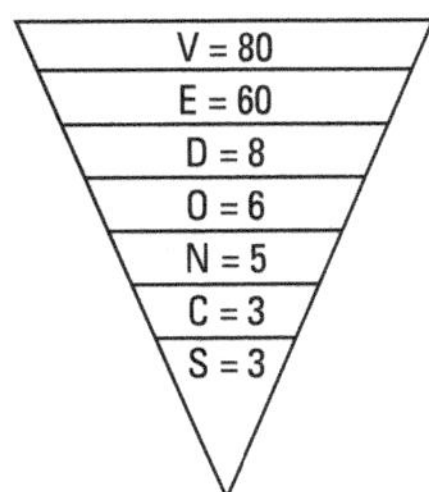

Le benchmarking

Pour un négociateur « averti », il est important de pratiquer le benchmarking…

Qu'est-ce que le benchmarking ?

Le benchmarking est une méthode développée au début des années 1980 par la société Xerox pour une prise de décision concernant un investissement lourd destiné à moderniser la gestion des stocks.

Xerox s'est ainsi intéressé alors aux meilleures pratiques de la concurrence, mais également aux pratiques dans d'autres secteurs d'activité sur le sujet. La méthode employée a été formalisée puis reconnue par la suite.

Quelques définitions :

• celle de David T. Kearns, ex-président de Xerox Corporation est la suivante :

« Le benchmarking est un processus continu et systématique d'évaluation des produits, des services et des méthodes par rapport à ceux des concurrents les plus sérieux et des entreprises reconnues comme leaders, dans le but de les améliorer. »

• celle de G. Balm est proche :

« Une méthode qui consiste pour une entreprise à se comparer aux leaders sur le marché, à s'inspirer de leurs idées, de leur fonctionnement, de leurs expériences afin que les procédés en interne se rapprochent de la perfection. »

• pour le ministère de l'Industrie et du Commerce de Montréal, c'est « l'éta-lonnage industriel ».

À titre anecdotique, citons cet adage japonais : « Voler, c'est voler ; copier, c'est gagner du temps et de l'argent » ! et empressons-nous de nuancer en précisant tout de même que copier c'est risqué ! Alors, pour « faire simple », je propose au lecteur : s'inspirer des meilleures pratiques et les adapter.

Les avantages d'une telle méthode

Une telle démarche ne peut être que positive dans la mesure où elle procède d'une intention d'optimisation.

Ainsi, l'analyse objective des différences avec d'autres pratiques lorsqu'elles sont défavorables, incite à mettre en place des actions correctives, lesquelles sont, par définition, facteurs de progrès. Rappelons d'ailleurs à ce sujet, que le bénéfice majeur de toute analyse n'est pas seulement le diagnostic d'une situation présente mais un outil d'anticipation et d'orientation de l'avenir ; le benchmarking n'échappe pas à cette règle !

En outre, savoir se remettre en cause est une valeur déjà recensée dans cet ouvrage ; remettre en question ses méthodes et ses pratiques, en vue de les améliorer, sera donc facteur de progrès.

Au titre des bénéfices également, citons l'amélioration des performances. D'ailleurs « benchmark » en anglais signifie « repère », « jalon ». Il s'agit donc de « jalonner » le progrès et de fixer des objectifs balisés sur le long terme, afin de devenir à son tour une référence.

Le benchmarking est aussi un formidable levier d'innovation, il incite à la pratique du management du changement vers une quête de l'optimum.

La méthodologie

G. Balm propose une démarche en 5 phases et 15 étapes :

Phases	Étapes		
A. Mesure de la performance interne	1. Définir les activités et leurs résultats	2. Déterminer les bonnes mesures	3. Revoir et améliorer la performance actuelle
B. Prébenchmarking	4. Déterminer le sujet du benchmarking	5. Choisir les « partenaires » du benchmarking	6. Déterminer les méthodes d'acquisition des données
C. Benchmarking	7. Collecter et organiser les éléments recueillis	8. Analyser les écarts de performances	9. Définir la future réalisation
D. Post-benchmarking	10. Communiquer les résultats du benchmarking	11. Définir les nouveaux objectifs et plans d'action	12. Mettre en œuvre les actions décidées
E. Observation et ajustement	13. Vérifier l'intégration des actions	14. Estimer le succès du projet	15. Recalibrer les objectifs et retourner à l'étape 1

« Le processus du benchmarking »

Il existe en fait plusieurs types de benchmarking, dans *Why you should benchmark – you way to businesss best practice*, Anne Evans a notamment identifié :

- le benchmarking interne ;
- le benchmarking concurrentiel ;
- le benchmarking fonctionnel ;
- le benchmarking générique ;
- le benchmarking stratégique.

Exemple de tableau de suivi pour un benchmarking concurrentiel

	CRITÈRE 1	CRITÈRE 2	CRITÈRE 3	CRITÈRE 4	CRITÈRE 5
NOTRE PRODUIT					
PRODUIT CONCURRENT 1					
PRODUIT CONCURRENT 2					
PRODUIT 1 CONCURRENT 3					
PRODUIT 2 CONCURRENT 3					

Conclusion

Le benchmarking est donc une démarche qui procède d'une volonté d'optimisation, dont le négociateur retiendra qu'au-delà de la méthode, le benchmarking promeut et illustre l'état d'esprit de remise en cause qui doit animer chaque professionnel en quête de progrès.

LES BÉNÉFICES DU COACHING

Une démarche gagnante pour progresser : le coaching ou accompagnement.

Si l'auto-évaluation est un réflexe positif, facteur de progrès, l'évaluation par un tiers observateur est incontestablement une opportunité supplémentaire. En effet, le spectateur attentif a l'avantage du recul durant son observation. Son attention est mobilisée sur la discussion seule et non sur l'enjeu de la discussion. Bien entendu, le coach passera du rôle de spectateur à celui d'acteur dès l'issue de la négociation. Il se fera alors analyste, psychologue et pédagogue. Il s'agira en effet de tirer les enseignements de l'entretien dans le seul but de progresser.

Les conditions d'un bon coaching

Cette démarche ne peut être positive si elle est entachée d'une notion de jugement. Le seul objectif doit donc être le développement du professionnalisme. Le dialogue portera donc sur le comportement et non sur l'individu.

Cette démarche ne peut être efficace si l'accompagnateur se substitue à l'accompagné. Le respect de son retrait durant la négociation est indispensable à l'objectivité et à la pertinence de son observation.

Les conditions de l'entretien de débriefing doivent favoriser un entretien convivial et constructif, c'est-à-dire que le cadre devra être propice à la discussion (ne serait-ce que pour être à l'abri du quotidien) et qu'une disponibilité suffisante doit être prévue (le temps nécessaire à l'analyse d'un entretien peut être au moins deux à trois fois supérieur à celui-ci).

Pour un coaching efficace, la rigueur est de mise dans l'organisation, la planification des actions, la structure de l'entretien ainsi que dans le suivi des actions menées.

En matière de coaching, Brigitte Boussuat nous apporte son témoignage.

L'œil du professionnel

« On parle beaucoup de coaching, celui qui s'adresse aux managers mais le coaching gagne le monde commercial.

En effet, depuis quelques années, les entreprises ont affiné leur segmentation pour créer des comptes clés ou encore *global accounts* sur lesquels les enjeux sont lourds. Des moyens importants sont alors mis en place pour améliorer l'efficacité commerciale. On voit donc aujourd'hui le coaching fait par des consultants externes se démocratiser dans les entreprises.

Mais si le coaching externe est un phénomène relativement récent, en revanche les managers commerciaux assurent un coaching auprès de leurs commerciaux à chaque journée d'accompagnement sur le terrain ! La difficulté en ce cas pour le manager est d'accepter de se mettre en retrait pour évaluer la négociation de son vendeur au risque de perdre une vente. On assiste de ce fait plus souvent à une démonstration de ce qu'il faudrait faire qui ne prend pas toujours en compte les difficultés du vendeur ! L'exemple donné par le manager et sa propre motivation ne suffisent pas forcément.

Il existe une solution alternative qui allie l'avantage du coût à celle du recul d'un formateur-terrain, celle d'un coach interne à l'entreprise différent de l'encadrement commercial.

Les thèmes travaillés en coaching sont très variés. On travaille sur l'organisation, la personnalisation des techniques de vente (dont les fondamentaux devront avoir été digérés pour profiter réellement d'un coaching). Il existe différents moyens pour réussir dans le métier ; le commercial doit s'appuyer sur ses talents pour développer ses propres stratégies. Certains, par exemple, seront des vendeurs « push » utilisant des techniques de conclusion par choix alternatifs, d'autres préféreront amener le client à faire sa propre conclusion en récapitulant les bénéfices.

La notion d'empathie est souvent développée. Se mettre à la place de son client, c'est éviter bien des objections ! Et si l'objection arrive cela permet d'éviter l'affrontement : "C'est trop cher ! ". Tout vendeur est tenté de répondre : "Mais pas du tout ! " En travaillant son empathie il répondra : "Je comprends qu'en tant qu'acheteur le coût soit une donnée capitale" et questionnera le client avant d'argumenter.

On travaille aussi beaucoup sur la confiance en soi. Il est capital avant d'entamer une négociation que le vendeur soit en ressources positives. Tout comme un sportif qui se prépare à l'épreuve il faut savoir se préparer mentalement. Comment convaincre si l'on pense que l'on va déranger, comment vendre si l'on n'est pas convaincu ? Le coach a un rôle important dans les passages à vide qu'un commercial doit savoir surmonter. »

Brigitte Boussuat démontre donc que bien au-delà d'un effet de mode, le coaching est un formidable vecteur de progrès pour le négociateur commercial.

UNE NÉCESSITÉ : LA FORMATION

Obsolescence des compétences ! Voilà ce que risque tout salarié qui exerce sans formation continue. Mettre à jour ses connaissances, ses compétences, ses méthodes est impératif pour tout négociateur qui veut progresser tout au long de sa vie.

Le *Lifelong learning* ou l'apprentissage à vie

Le « Lifelong Learning » désigne la poursuite de la connaissance tout au long de la vie, pour des raisons personnelles ou professionnelles. Il vise à améliorer non seulement l'inclusion sociale, la citoyenneté active et le développement personnel, mais aussi l'autonomie. En France, la loi prévoit les modalités suivantes :

- un droit individuel à la formation est créé pour l'ensemble des salariés (vingt heures par an, cumulable sur six ans) ;

- une partie de la formation pourra se dérouler en dehors du temps de travail et être partiellement rémunérée à hauteur de 50 % ;
- la création d'un contrat de professionnalisation pour les salariés à qualification insuffisante (ce contrat se substituera aux anciens contrats de qualification, d'orientation et d'adaptation) ;
- le recours à l'apprentissage est facilité ;
- les financements que les entreprises doivent apporter à la formation sont augmentés.

Pour aller plus loin, consulter le site http://www.education.gouv.fr/cid217/laformation-tout-au-long-de-la-vie.html

Et alors ? Et alors… je ne connais personne dont les compétences ne soient pas frappées d'obsolescence après trois ou quatre ans d'exercice sans formation continue. *A fortiori* dix, vingt ans… Le maintien de l'employabilité est de plus en plus réservé à la seule vigilance de l'employé. En cas de plan social, de fusion, de rachat, etc., vous devrez pouvoir justifier de la mise à jour régulière de vos connaissances et compétences.

Et alors… je ne connais pas de commercial qui ne soit intéressé par l'augmentation de ses revenus, de son potentiel d'affaires, de son portefeuille clients. Il faut pourtant s'y résoudre : sans formation continue, les risques de plafonner sont plus nombreux, et se présentent plus tôt. Renseignez-vous auprès de votre service RH, ou dans un salon de la formation professionnelle, mais ne dites plus que vous ne saviez pas !

Les étapes de l'apprentissage

Pour traduire la progression de l'initiation à la maîtrise, Hélène Ghouzi, consultante référente en management commercial, évoque parfois dans ses interventions le schéma suivant illustré par l'apprentissage de la conduite automobile.

Étape 1 : inconscient-incompétent	Avant la première leçon : je ne réalise pas que je ne peux pas (conduire).
Étape 2 : conscient-incompétent	Première leçon : je réalise que je ne sais pas.
Étape 3 : conscient-compétent	Après 20 leçons : je réalise que je sais et je suis vigilant.
Étape 4 : inconscient-compétent	Après 20 ans : je ne réalise plus que je sais (réflexes-automatismes) et je risque d'être moins vigilant.

Ce tableau peut être adapté à la négociation.

Étape 1 : inconscient-incompétent	Négocier semble simple, je sais sûrement !
Étape 2 : conscient-incompétent	Je découvre la négociation et prends conscience de la difficulté de l'exercice.
Étape 3 : conscient-compétent	Grâce à l'expérience et la formation je négocie de mieux en mieux en appliquant une méthodologie efficace.
Étape 4 : inconscient-compétent	Je maîtrise mais si je n'entretiens pas ma technique je risque d'oublier mes fondamentaux.

Une offre diversifiée

Nombreuses sont les offres en matière de formations commerciales. Vous pouvez vous rapprocher de votre DRH, visiter un salon de formations professionnelle et continue, visiter des sites sur ce thème mais privilégiez la formation-action et méfiez-vous des promesses tellement attractives qu'elles en deviennent suspectes ! Préférez les organismes qui s'engagent et communiquent sur une vraie stratégie de résultat.

À propos de vidéo

Alors bien entendu, la formation est un moyen performant pour s'entraîner, simuler les difficultés, se remettre en cause, échanger, analyser, progresser. Parmi les moyens traditionnels, la vidéo n'a pas d'égal en tant qu'outil pédagogique. Encore faut-il que la pédagogie vidéo soit utilisée à bon escient. De nombreux consultants rechignent à l'utiliser, indiquant que l'outil fait peur, il engendre des inhibitions, suscite des blocages. En fait, tout est question de conception et de présentation.

Face à un public qui découvre et appréhende d'affronter à la fois une caméra et un public, il me semble essentiel d'expliquer que cet exercice a valeur d'entraînement, que le but n'est pas de juger les acteurs mais d'analyser un entretien. D'insister aussi sur le fait que l'enregistrement ne sert que de matière pour analyser, c'est-à-dire bien entendu repérer des points à améliorer, c'est évident, mais aussi mettre en évidence des atouts, des points forts, des acquis. Et ce travail d'analyse est extrêmement riche d'enseignements à tel point qu'une demi-heure d'enregistrement peut engendrer un temps triple ou quadruple d'analyse.

Cela signifie aussi que les observateurs ont un rôle capital de par les échanges qui doivent être encouragés par l'animateur. Ainsi, l'analyse ne portera pas sur le mode du « Là tu as commis une erreur, il aurait fallu dire… », mais plutôt sur celui du « Quelle difficulté as-tu rencontrée ? », « Comment pourrait-on la surmonter ? » ; puis analyser un éventail de solutions et les expérimenter.

La formation et le théâtre

J'ai parfois l'opportunité d'animer des formations avec le concours d'acteurs professionnels. Leur mission : interpréter, pour donner la répartie à des stagiaires, le rôle de clients. Le résultat est édifiant !

Voici les principaux atouts de cette spécificité.

- Pertinence : les formules proposées cadrent avec la réalité (situations vécues, anecdotes) car il s'agit d'un outil de proximité.
- Force : l'impact des saynètes renforce la mémorisation des messages.
- Convivialité et humour : en jouant sur les cordes de l'humour et de l'affectif le théâtre d'entreprise transforme l'émotion théâtrale en source d'action.

La formation par le jeu

Pourquoi former par le jeu ? Telle est la question posée à Corinne Patarin, dirigeante d'Arkos-International spécialiste de cette forme de pédagogie. Voici sa réponse.

L'œil du professionnel

« Nous retenons 10 % de ce que nous entendons et 90 % de ce que nous faisons, utiliser le jeu en formation, c'est avant tout améliorer l'efficacité de l'apprentissage.

De quoi s'agit-il ?

Imaginez une salle de formation dans laquelle se trouve un groupe de 10 à 12 personnes, au centre de la pièce une table sur laquelle est posé un plateau de jeu. Les participants regroupés par équipes se voient remettre par l'animateur leur fiche de mission : "Vous êtes technico-commercial dans un grand groupe et avez pour mission de…".

Qui dit jeu, dit enjeu.

Suivant l'objectif de formation visé, l'objectif donné aux équipes dans le jeu va être différent :

- s'il s'agit d'une formation à la gestion de portefeuille, le but des équipes sera d'obtenir le meilleur portefeuille en valeur, mais aussi en qualité ;
- dans une formation à la négociation commerciale, le but du jeu sera de transformer le prospect en client ;
- s'agissant d'une formation coaching de vente, les équipes devront augmenter le niveau d'autonomie de leur vendeur pour gagner en CA final ;
- si enfin, il s'agit de former à la gestion du temps, le but des équipes sera d'optimiser leur retour sur temps investi (CA généré par rapport au temps).

Pour atteindre leurs objectifs, les équipes vont devoir agir et mettre en œuvre les bonnes décisions.

Le plateau de jeu va nous servir à dérouler le temps : une semaine d'activité, par exemple. Il peut aussi servir à visualiser la réalité des stagiaires : un secteur géographique sur lequel apparaissent les clients et prospects. Il peut encore être utilisé à visualiser les différentes étapes de la vente ou du coaching de vente.

Les équipes jouent chacune leur tour, elles lancent le dé et déplacent leur pion de couleur sur le plateau afin d'avancer sur le parcours. Elles rencontrent alors des situations concrètes qui impliquent d'agir ou de réagir.

Le principe du jeu ou de la simulation, comme nous l'appelons, est que toute action ou décision prise par les équipes a une conséquence mesurée et mesurable.

Par exemple, les actions commerciales choisies par les équipes vont générer un nombre variable de points de force pour le vendeur, et vont consommer plus ou moins de temps.

La nature des indicateurs choisis et leur importance permettent de faire passer des messages pédagogiques : telle action rapporte peu de force au regard du temps consommé.

Chaque situation est l'occasion d'apporter des méthodes ou des concepts.

La formation par le jeu est une méthode inverse à la pédagogie classique : au lieu d'expliquer le cours et de faire l'exercice ensuite, nous partons de l'expérimentation pour remonter ensuite à la théorie.

Le jeu sert de fil rouge tout au long de la formation, l'animateur faisant en permanence des apports en fonction des situations rencontrées.

Les aspects positifs de cette pédagogie, dite "inductive" sont nombreux :

- l'expérience de chacun est reconnue et sert de base : chacun peut projeter sa réalité dans les situations du jeu ;
- la transposition entre ce qui est vu en formation et ce qui est appliqué sur le terrain, est plus aisée : le passage à l'action est favorisé ;

• l'expérimentation signifie que la personne apprend par essai-erreur, une fois qu'elle s'est trompée, elle est motivée et réceptive aux apports de l'animateur.

Et puis, il faut ajouter un dernier point très important pour une efficacité renforcée de l'apprentissage : l'attention des participants est soutenue et permanente ; les personnes ne voient pas le temps passer, elles apprennent dans le plaisir et la convivialité.

Enfin, nous cultivons le droit à l'erreur et avons coutume de dire que dans le jeu, celui qui a gagné est celui qui s'est le plus trompé, car c'est celui qui a le plus appris.

À méditer. »

L'e-learning

Parfois proposé en qualité d'offre de substitution, l'e-learning est en fait un produit tout à fait complémentaire. Séverine Lacan, dirigeante d'Activ'Partners, nous en fait la démonstration.

L'œil du professionnel

« Ces dernières années, nombre d'entreprises ont dû pour se démarquer de leurs concurrents innover en matière de nouveaux produits et/ou de nouveaux services.

Pour les négociateurs, il va sans dire que cette tendance s'est traduite par une accélération des remises à niveau sur le plan des connaissances produits, mais également des offres pour une meilleure compréhension de leurs caractéristiques et de leurs argumentations.

Par exemple, dans la téléphonie mobile, il n'est pas rare de voir des commerciaux jongler avec plus d'une centaine d'offres à adapter en fonction des besoins de leurs clients et de l'évolution du marché.

Mais comment trouver le temps nécessaire pour se former dans un contexte où le temps constitue une denrée très rare et synonyme d'être obligatoirement rentabilisée ?

Un plan de mix formation alliant présentiel, échanges et suivi à distance assure de prendre en compte la notion d'environnement de travail et de temps nécessaire à la mise en place de tout nouvel apprentissage. »

Quels sont les avantages du mix formation (blended learning) ?

« Aujourd'hui pour optimiser les investissements formation, les modes de formation évoluent vers des solutions mixtes permettant d'offrir plus de flexibilité et de personnalisation.

Un plan de formation mixte allie présentiel, autoformation ou e-learning, échanges et suivi à distance par des formateurs.

Il permet de mieux prendre en compte les paramètres de délais, de juste nécessaire sur le plan du contenu à transmettre et donc de budget à dépenser.

À l'avenir, il deviendra de plus en plus courant de voir des équipes commerciales se préformer sur les nouvelles offres à distance sur intranet, CD-Rom ou plate-forme de téléformation avant d'assister à des formations présentielles.

En permettant l'utilisation conjuguée de différents supports et solutions de formation, les équipes bénéficient d'un dispositif de formation unique, et de parcours différenciés en fonction de vos objectifs opérationnels. »

Le mix formation : la garantie de l'efficacité des actions formation

« Ces actions peuvent être complétées de suivis des réalisations à distance, de forums d'échanges de bonnes pratiques concernant la mise en place des lancements de produits. Nos clients qui ont testé ces nouvelles formules sont convaincus de leur efficacité et de leur contribution au développement de compétences durables ainsi que leur impact sur la cohésion des équipes.

En cela, le mix formation participe au développement du knowledge management au sein des organisations : échanger des pratiques, formaliser des outils, homogénéiser les connaissances des forces commerciales pour renforcer les compétences en négociation. »

La formation commerciale en alternance

La formation en l'alternance est une solution… gagnant-gagnant-gagnant !

Le premier gagnant est le **futur commercial** qui va bénéficier d'une double formation, celle de l'organisme qui va lui apporter les « fondamentaux » une culture polyvalente, et celle de son entreprise qui va (outre l'apport d'un salaire) lui inculquer l'appropriation de ses produits et services, et la culture de l'entreprise.

Il va en outre bénéficier d'un salaire, ce qui revient finalement à être payé pour étudier, au lieu de payer pour étudier !

À terme (c'est-à-dire en général en un an), le futur commercial bénéficiera d'un diplôme et d'un emploi.

Le deuxième gagnant est **l'entreprise** qui va intégrer de jeunes commerciaux opérationnels et autonomes tout en bénéficiant de mesures incitatives (ex. : exonération de charges patronales, etc.).

Plutôt que de parier sur un talent en recrutant un collaborateur, elle va former, façonner un talent à son image et faire d'un jeune commercial un « pur produit maison » ! Certaines grandes entreprises ont bien compris cette opportunité, par exemple Steelcase, Xerox, Hilti, La Poste, Adecco, etc.

Le troisième gagnant est **l'organisme de formation** qui va former des pépinières de commerciaux et avoir une mission de révélateur et formateur de talents. Ajoutons que chaque apprenti est un futur manager potentiel qui sera prescripteur de formation pour ses équipes commerciales. J'ai pour ma part bénéficié à plusieurs reprises de ce cercle vertueux, c'est-à-dire former les collaborateurs d'anciens étudiants devenus managers.

UNE OPPORTUNITÉ DE RECONNAISSANCE : LA VAE

> *« La connaissance s'acquiert par l'expérience,*
> *tout le reste n'est que de l'information ».*
>
> A. Einstein

Une loi citoyenne

Reconnue par le Code du travail, la validation des acquis de l'expérience (VAE) permet de faire reconnaître son expérience notamment professionnelle ou liée à l'exercice de responsabilités syndicales, afin d'obtenir un diplôme, un titre ou un certificat de qualification professionnelle. Diplômes, titres et certificats sont ainsi accessibles grâce à l'expérience (et non uniquement par le biais de la formation initiale ou continue), selon d'autres modalités que l'examen.

La VAE est désormais un droit individuel inscrit au Code du travail (art. L. 900 et suiv.) et au Code de l'éducation (L. 335-5). Les motivations des demandeurs sont diverses : évolution ou promotion de carrière, reconversion, réduction d'un parcours de formation, projet personnel d'obtention d'un diplôme, etc. De son côté, l'employeur peut également proposer ce dispositif à son personnel dans le but de le qualifier, le fidéliser et/ou le motiver.

Pour tous les renseignements concernant les démarches de VAE, consulter le site http://travail-emploi.gouv.fr

Il s'agit d'un droit individuel qui rend possible l'obtention en totalité ou en partie, d'un titre ou diplôme, par la reconnaissance des acquis de l'expérience.

Cette expérience peut avoir pour cadre une activité salariée, non-salariée ou bénévole, exercée en mode continu ou non, à la condition de pouvoir justifier de celle-ci sur une durée minimale de trois ans.

L'expérience doit être en rapport avec le titre ou diplôme visé et jugée recevable par l'établissement qui délivre le titre ou le diplôme. Ce dernier doit être inscrit au Répertoire national de la certification professionnelle.

La VAE évalue et reconnaît les compétences, l'expérience et le savoir acquis. Elle est un encouragement à s'engager dans une logique d'apprentissage tout au long de la vie.

Le candidat doit présenter au jury VAE un dossier présentant son expérience et dont le contenu est fixé par l'organisme valideur. Ce dossier doit rendre compte des compétences acquises. Un accompagnement peut aider le candidat à décrire les activités qu'il a exercées et à mettre en relation ses compétences avec celles exigées par le référentiel de la certification visée, en lui proposant une méthode d'analyse de son expérience et une manière de la traduire dans des termes qui en facilitent la validation. Enfin, la phase assez lourde de constitution de dossiers doit se transformer en un processus d'apprentissage interactif. De même, l'accompagné doit se sentir impliqué et engagé dans le recours aux outils présentés. L'intérêt du dossier de validation est de porter sur une approche pratique et pragmatique, son corollaire étant la pleine conscience du candidat quant au niveau attendu par le jury de validation.

La nécessité de développer un accompagnement pour tous les candidats souhaitant une validation repose sur l'idée qu'il s'agit d'un vecteur positif et essentiel pour favoriser son appropriation du dispositif VAE, et obtenir la validation avec succès.

Une réponse à des enjeux variés

Un *enjeu économique*: la VAE est un outil de fluidification du marché du travail. Elle est également un outil de développement de la productivité de l'appareil de formation.

Un *enjeu social*: la VAE est une reconnaissance sociale et juridique des activités professionnelles et bénévoles. Elle est un outil d'aide à la promotion des salariés lors d'un changement de poste ou à leur reconversion en cas de licenciement.

Un *enjeu de gestion des ressources humaines*: la VAE constitue un outil fondamental dans la gestion des emplois par les compétences, dans la gestion de la mobilité des salariés et la gestion des formations vers une logique de professionnalisation.

Un *enjeu européen*: la VAE est un outil de reconnaissance des acquis construits dans un pays et transférables dans un autre.

Un *enjeu pédagogique* : la VAE sous-tend l'adaptation des cursus de formation articulés en modules, cohérents dans leurs contenus avec une logique de compétences et d'aptitudes nécessaires à l'exercice d'un métier.

Un *enjeu psychologique* : la VAE permet la reconnaissance de soi, interne et externe, notamment par la valorisation des activités exercées. En offrant un parcours individualisé, elle réassure le candidat sur ses capacités de réussite dans une démarche qui aboutit à un diplôme.

Par ailleurs, elle renforce sa confiance sur son employabilité. De nombreux salariés souhaitent changer d'emploi et d'entreprise mais n'osent pas s'engager dans un processus de mobilité, faute de diplôme suffisant.

Une opportunité pour les individus

La VAE pour un individu est l'opportunité de pouvoir valider ses acquis en totalité et d'obtenir ainsi un diplôme ou titre sans même suivre une seule heure de formation. Nous sommes bien là dans une logique de preuves et non d'épreuves, et donc très loin d'un univers scolaire qui bien souvent signifie « échec ».

Mais *a contrario*, la plus grande opportunité à saisir ne serait-elle pas pour l'individu celle de pouvoir s'inscrire dans un parcours individualisé de formation, plus ou moins long, mais qui tient compte précisément des compétences et savoirs manquants pour l'obtention d'un diplôme visé ? Pouvoir accéder à une formation, à laquelle très souvent l'individu n'aurait pu prétendre, eu égard au niveau requis à l'entrée, se rendre compte que le niveau d'expériences acquis et mis en lumière dans la démarche VAE lui autorise cet accès et, de plus, lui permet d'engranger des méthodologies, des apports de connaissances complémentaires et souvent une vision différente du métier exercé est certainement une grande chance à saisir. Il a par ailleurs l'opportunité de vaincre sa peur des études en bénéficiant d'un passage réussi en formation.

UN OUTIL D'ORIENTATION MAIS AUSSI DE DÉVELOPPEMENT : LE BILAN DE COMPÉTENCES

En amont d'un dispositif de VAE, il est opportun de réaliser un bilan de compétences. Celui-ci sera bénéfique aussi bien pour un futur commercial qui doute de ses capacités à convaincre, que pour un commercial confirmé qui s'interroge sur son aptitude à gérer des grands comptes, à manager une équipe, à s'orienter vers une fonction marketing ou toute autre voie.

Pour aborder ce sujet, j'ai fait appel à Alexandra Corcos, qui, après diverses expériences de management dans de grandes entreprises telles qu'Arjo Wiggins, Chronopost ou encore Presstalis, a créé bi'Com, son centre de bilan de compétences. Voici son éclairage sur le sujet.

En complément d'une approche classique qui consiste à réaliser un bilan de compétences lors d'entretiens exclusivement individuels, je préconise plutôt un dispositif intégrant également des ateliers collectifs. Les bénéfices supplémentaires sont notamment :

- synergie des idées du groupe ;
- mises en situation liées à la soutenance des projets face au groupe ;
- optimisation de son sens relationnel ;
- développement de son réseau.

Pourquoi un bilan de compétences ?

Motivation initiale

CLARIFIER	ÉVOLUER	CHANGER D'ENVIRONNEMENT	CHANGER DE MÉTIER
• Faire un point sur ses compétences, aptitudes • Étudier et organiser ses différentes pistes, ses idées et les transformer en projet(s) • Clarifier ses besoins de formation ou de VAE	• Faire évoluer le périmètre de ses activités • Faire évoluer son niveau de responsabilité	• Changer d'entreprise pour un poste similaire • Changer d'entreprise pour un poste différent • Créer / Entreprendre sur un même métier	• Rester dans l'entreprise, mais changer de métier • Quitter l'entreprise et changer de métier • Entreprendre sur un métier différent

LES MOTIVATIONS DU BILAN DE COMPÉTENCES

Les spécificités du programme bi'Com

Dispositif d'accompagnement proposé

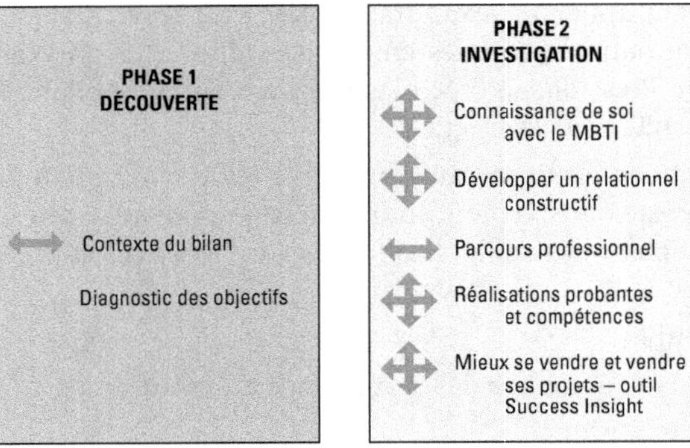

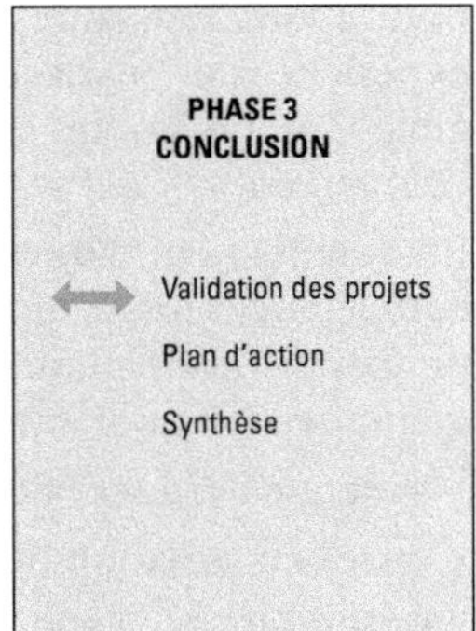

Ainsi, le commercial ou le futur commercial à l'issue de son bilan pourra :

* compter sur une meilleure valorisation de ses atouts destinée à développer sa force de conviction ;
* appréhender avec clairvoyance son évolution professionnelle.

LES APPORTS DU « DÉVELOPPEMENT PERSONNEL »

Pour comprendre les apports du développement personnel pour la négociation, j'ai choisi de m'adresser à un expert à double compétence : la psychologie bien sûr, associée à une expérience de développement commercial. Xavier Marchand peut revendiquer cette double expertise. Cadre de la fonction formation (Photo-Service, écoles supérieures de la CCIP) où il a contribué au développement des équipes commerciales (BHV, EDF, Air France, AXA, GMF), Xavier Marchand intervient désormais dans le monde du conseil aux entreprises (Didaction Conseil), où il accompagne des équipes de direction dans des transitions souvent sensibles (fusion, réorganisation, déménagement).

Voici les principaux apports de Xavier Marchand sur ce thème, formulés *via* sept notions clés.

L'individuation

Lorsqu'il naît, le nourrisson ne fait qu'un avec tout ce qui l'environne. Les personnes, les images, les sons, les odeurs, les sensations et lui… sont, de son point de vue, une seule et même chose. À force de donner des noms à tout (« c'est un biberon » ; « ça, c'est une chaise » ; « tu es en train de faire une colère » ; « tu pleures parce que tu as faim », etc.), les parents et l'environnement vont aider l'enfant à faire la différence entre lui et le monde. Plus il saura nommer le monde, plus il pourra se développer. Mais ce n'est pas toujours facile.

M. A. vient d'acheter le cabriolet de ses rêves. À peine sorti de la concession, un automobiliste imprudent change de file sans clignotant et raye l'aile avant. M. A. est hors de lui, il est prêt à en venir aux mains, s'il le faut. Pourquoi ? Qu'est-ce qui est égratigné, en fait : la tôle ou son amour-propre ? À moins que cela ne fasse qu'un…

M. B., commercial, débute dans l'immobilier. Il a un « bon relationnel », mais il ne fait pas ses objectifs. Au bout de quelques mois, il se plaint : « Je ne comprends rien. Mes propositions sont bonnes, je bétonne mes dossiers, mes maisons sont cossues et j'ai de beaux appartements à vendre. Mais les clients me disent non. Je ne les intéresse pas. Que faire ? » On peut déjà expliquer à M. B. que ce ne sont pas SES maisons et que le « non » qu'il obtient ne le concerne pas lui-même en tant que personne mais s'adresse au produit qu'il vend et/ou à sa manière de le vendre. En faisant l'amalgame de sa personnalité et de sa production, monsieur B. prend tout pour lui et ressent l'échec commercial comme un désamour, un rejet de sa personne, alors qu'il s'agit d'améliorer sa technique de vente.

Attention aux simplifications excessives… Pourtant, cet exemple, quoique caricatural, est significatif. Pour durer dans un métier où il faut « encaisser » neuf « non » pour un « oui », il faut savoir à quoi s'adresse le « non » tout comme le « oui ».

Désirabilité sociale

Vestige des peurs adolescentes, il arrive fréquemment aux commerciaux de préférer le « Moi IDÉAL » au « Moi RÉEL ». Ils agissent alors non pas en prenant en compte ce qu'ils sont réellement, mais ce qu'ils voudraient être. Les conséquences de ce comportement sont désastreuses.

• En recrutement, les tests utilisés comportent généralement des échelles de congruence, ou des échelles de sincérité. Répondre « ce que je voudrais être » plutôt que « ce que je suis », c'est risquer de mauvais scores… qui bloqueront l'accès à l'entretien de sélection ou, pire, mettront en lumière au moment de l'entretien une promesse non tenue entre ce qui est annoncé sur le test et la personnalité que vous afficherez en présence du recruteur.

• En négociation, les commerciaux en « moi idéal » promettent tout et n'importe quoi. « *Nous nous engageons à ne jamais vous livrer en retard. De toutes les façons, je vous appellerai tous les jours pour vous dire où en est votre commande. Et s'il y a un problème, nous trouverons une solution en moins de douze heures* » Plus dure sera la chute !

Bref, tous les comportements pour « se faire bien voir » sont à bannir. Même les plus vertueux possèdent des défauts. Connaître ses limites est bien plus rassurant pour un interlocuteur que d'être en face d'un demi-dieu qui ne tient aucun de ses engagements.

L'appartenance sociale

L'acte de négocier est avant tout une aventure humaine. Cette rencontre exige de se connaître soi-même, de porter une réelle attention à l'autre et d'avoir analysé l'environnement dans lequel se jouera cette alchimie interpersonnelle.

Depuis notre enfance, nous chargeons notre « hotte de vigneron » de milliers d'informations concernant notre identité (sexe, âge, éducation, classe sociale, niveau d'études, culture, religion, valeurs morales, statut familial, profession, idéologie politique, personnalité, etc.). Lorsque deux individus se rencontrent, ils échangent non seulement un contenu **manifeste** (les paroles, les écrits, les images… dans leur sens littéral, objectif, factuel, descriptif), mais aussi un contenu **latent** (les représentations, les inférences, l'imaginaire, les émotions, le non-verbal, etc.) : autrement dit, leurs deux « hottes » communiquent entre elles, qu'ils le veuillent ou non.

> En fin d'après-midi, en négociation avec un acheteur, je remarque que notre réunion risque de se prolonger d'au moins une heure. Connaissant son attachement à sa famille et son système de valeurs, j'interromps notre conversation et lui expose la situation : « Nous avançons bien, mais il reste encore trois points essentiels à régler. Compte tenu de la date de mise en œuvre de ce projet, je vous propose de boucler ce soir. Qu'en pensez-vous ? (Il confirme). Dans ce cas, souhaitez-vous prévenir votre épouse ? » (Il me remercie de cette attention.)

On déduira facilement de ce passage, qu'il faut fuir absolument l'humour et la séduction comme « Sésame, ouvre-toi » de toutes les portes de vos clients. Les clichés et les stéréotypes sociaux sont de faux amis. Comme il est expliqué dans ce livre, la clé est la compétence. J'y ajoute ceci : il s'agit d'écouter, de décoder et de respecter l'appartenance sociale de son interlocuteur.

La reformulation du latent

> En plus de reformuler le discours manifeste de l'acheteur : « Si je comprends bien, la délocalisation des unités de production vous incite à recentrer votre activité sur les services à forte valeur ajoutée » (il acquiesce), on ajoute : « Et je sens que la perspective d'avoir à faire un plan social parmi les ouvriers et techniciens vous soucie beaucoup » (mimique d'approbation).

La dernière partie de la reformulation commence par « je sens » ou « je ressens », ce qui indique à l'interlocuteur que l'on change de registre : on quitte le factuel pour atteindre l'émotionnel. Attention : il ne s'agit pas d'interprétation, mais de véritable reformulation (exhaustive, neutre, clarifiante, bienveillante) de ce qui n'a pas été dit de manière manifeste, mais latente. L'argumentation du client était : « Oui… (silence, regard dans le vague), ça signifie renforcer le secteur R & D et… pfff… par conséquent… que voulez-vous… c'est comme ça, pfff, pas facile pour les ouvriers… surtout pour les plus anciens qui se retrouvent sur le carreau… pas facile… » Dernier avertissement : la reformulation du latent est incongrue, inadaptée, lorsqu'elle vient de front. Soyez vigilant à toujours reformuler le manifeste en premier, puis, si la situation l'exige, passez au latent. Les bénéfices de la reformulation du latent sont nombreux. Ils se situent dans la sphère relationnelle, dans l'empathie, dans la compréhension interpersonnelle et dans l'assertivité. Ils sont systématiquement convoqués en gestion de conflit et par l'animateur, en animation de « réunion-discussion ».

Les distorsions entre travail prescrit et travail réel

M. C. vient tout juste d'avoir son client au téléphone à propos du rendez-vous de demain. Il lui demande d'apporter le compte rendu des résultats 2012 sur la Picardie. « Je vais prendre celui en couleurs », se dit M.C. Dans la précipitation, anxieux de ce que son client va lui annoncer sur cette région dont il est responsable, il prend le rapport 2011…

- Le **rôle prescrit** est celui que donne le client. Le mot « prescription » (et non pas « ordre ») est employé, car on sait que l'acteur chargé de réaliser la tâche prescrite peut l'interpréter, la déformer, la contourner en fonction de son analyse de la tâche à réaliser et de ses propres enjeux dans la situation.
- Dans l'exemple, la prescription est « apporter au prochain rendez-vous le compte rendu des résultats 2012 sur la Picardie ».
- Le **rôle perçu** concerne celui qui reçoit la prescription (M. C.) et la décode selon son analyse de la tâche à réaliser et ses propres enjeux dans la situation.
- Dans l'exemple, le rôle perçu aboutit à une interprétation : M. C. comprend qu'il doit apporter au client le compte rendu des résultats 2012 sur la Picardie, mais il interprète que ce sera mieux s'il prend la version couleurs… alors qu'on ne le lui demande pas.
- Le **rôle réel** est tenu par celui qui met en actes « ce qu'il a compris de ce qu'on lui a demandé » (toujours M. C.). Dans l'exemple, M. C. maintient la distorsion entre le prescrit et le perçu (=> il prend le compte rendu en couleurs) et il y ajoute un acte manqué (=> il prend le compte rendu 2011).

Suite de l'exemple : au rendez-vous, M. C. tend le document à son client. Celui-ci réagit : «Ah, vous avez pris la version couleurs ? C'est superflu ! Nous devons travailler dessus, le griffonner, ajouter des calculs complémentaires. C'est de l'argent jeté par les fenêtres ! Contrôlez mieux vos dépenses, cela permettra de nous faire de meilleurs prix ! » Puis, compulsant l'ouvrage, il vérifie la date sur la couverture et s'exclame : «Vous avez pris les chiffres de 2011 ! Vous avez trop honte de ceux de 2012 ? » Voilà à n'en pas douter une négociation bien engagée.

La part de l'information manquante

La mésaventure de M. C. nous renseigne sur la distorsion qui existe souvent entre « ce qui est demandé » et « ce que l'on en comprend », puis la distorsion entre « ce que l'on a compris » et « ce que l'on fait effectivement ». Cependant, elle ne nous renseigne pas sur la façon d'éviter ou de réduire cette distorsion : il s'agit du questionnement.

Pour comprendre l'attitude de M. C., voici le récit d'une expérience classique que je propose fréquemment à des groupes en formation. Je dessine au tableau la figure suivante : … en donnant la consigne de finir la figure en reliant les points A et C.

Les réponses sont majoritairement celles-là :

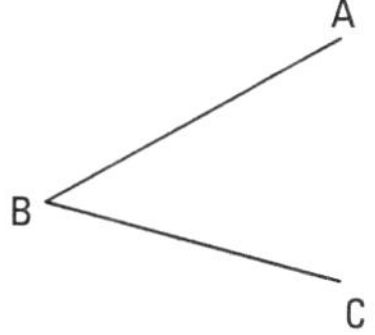
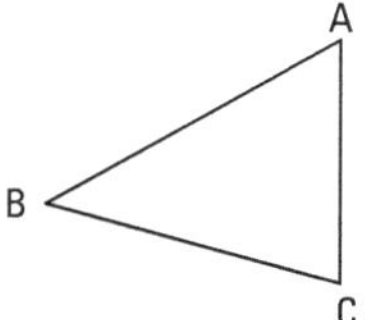

Alors qu'elles auraient pu être aussi :

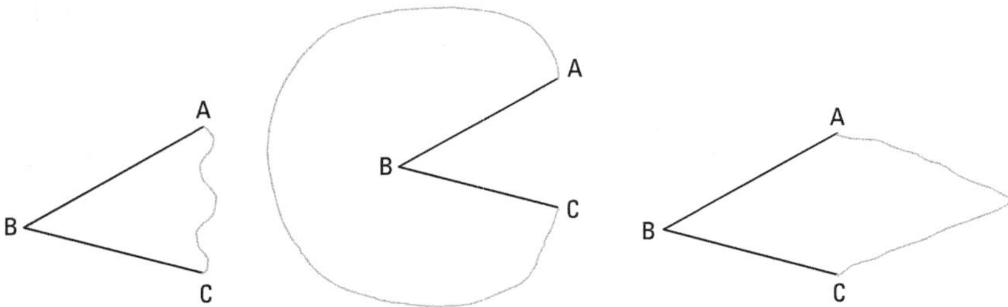

Il ne s'agit pas seulement de conformisme à des stéréotypes provenant de l'éducation, mais aussi d'une partie de l'information qui manque parce que l'acteur ne va pas à sa recherche. Attention : tout ne repose pas toujours sur la responsabilité de l'acteur qui dégrade le message reçu ou ne le questionne pas assez… il y va aussi de la responsabilité de celui qui formule la consigne pour se faire entendre. Pour autant, dans le cas de M. C. ou dans l'exercice d'une négociation, le commercial n'obtiendra de réponses qu'aux questions qu'il posera. La clarification de la demande, manifeste et latente, sera son obsession constante. Bien des affaires sont ratées à cause de ce manque d'investigation de la demande. Des problèmes d'éthique peuvent également en être la conséquence. Les cinéphiles connaissent l'expérience du psychologue américain Stanley Milgram réalisée entre 1960 et 1963, mise en scène dans le film I… comme Icare d'Henri Verneuil (1979). Ce protocole, très connu en psychologie, réunit deux volontaires pour une expérience sur la mémoire. L'un est l'élève qui doit apprendre correctement une liste de mots. L'autre est le moniteur, qui aide l'élève à se souvenir des mots en lui infligeant des punitions à chaque erreur. La nature de la punition a son importance, puisqu'il s'agit de décharges électriques qui vont de 15 à 450 volts. Évidemment, l'équipe de psychologues n'étudie pas la mémoire de l'élève, mais la soumission à l'autorité du moniteur. L'élève est un complice qui fait partie de l'équipe des chercheurs. Le dispositif électrique pour les punitions est factice… mais le moniteur ne sait rien de tout cela. Il a répondu à une petite annonce pour donner une heure de son temps à la science contre une maigre rémunération et le remboursement des frais de transport.

L'expérience fonctionne grâce au cadre de l'université, aux blouses blanches des professeurs qui accueillent le moniteur, au rôle (valorisant) de moniteur, et, surtout, grâce à la soumission à l'autorité du moniteur. Ce qui n'est pas dit dans le film concerne deux points : le système de valeurs du moniteur et la part de l'information manquante. Cette expérience était effectivement possible à réaliser en 1960 aux États-Unis, car le civisme et la conscience collective des apports de la science étaient vifs. En France, quarante-cinq ans après Mai 68, gageons que la mobilisation pour ce type d'activité ne serait pas évidente… Ensuite, il y a un mensonge par omission flagrant : si le moniteur avait posé des questions et obtenu des réponses, s'il avait fini par comprendre le véritable objet de l'expérience et l'absence de courant électrique sur son tableau de commande… l'expérience n'aurait pas eu lieu.

Le *locus of control*

Le *locus of control* (LOC) est un concept de psychologie proposé par le psychologue américain Julian Rotter qui concerne la façon dont on considère la source des événements que l'on vit.

- En *locus of control* **externe**, la cause de ce qui nous arrive est extérieure à nous-mêmes. Tout vient de l'environnement… incontrôlable par nature.

- En *locus of control* **interne**, la cause de ce qui nous arrive est intérieure. Tout vient de moi… et si je faisais attention, il ne m'arriverait pas ce qui m'arrive.

Les gens qui se jugent responsables ont tendance à s'impliquer d'avantage, en particulier dans le travail. En revanche, le fait de rejeter sur les autres la cause des événements ne pousse pas à s'investir dans l'activité professionnelle. Le *locus of control* est lié aux expériences de réussite ou d'échec antérieures et à la façon dont elles ont été décryptées tant par l'entourage que par soi-même.

N'en faisons pas une grille de lecture universelle, mais servons-nous de cet outil pour écouter nos interlocuteurs… et nous-même !

- « Je suis désolé d'être en retard, mais il y avait un embouteillage. Vers 17 h 30, ça n'avançait plus ! » (LOC externe : le retard est causé par un événement extérieur, par ailleurs largement prévisible).

- « Pardon de ce retard, j'aurais pu regarder l'état du trafic sur Internet avant de partir. D'autant qu'à l'heure des sorties de bureau, les embouteillages sont prévisibles. » (LOC interne : le retard est causé par une négligence personnelle, identifiée et analysée).

Pour le client, il n'est pas indifférent de réagir de l'une ou l'autre façon :

- « Oui, il y a du retard sur la livraison : que voulez-vous que j'y fasse, ce n'est pas moi qui conduis les camions ! » (LOC externe).

- « Notre transporteur est fiable, c'est moi qui n'ai pas vérifié la date d'arrivée. Quelles conséquences ce retard engendre-t-il ? Quelle solution pouvons-nous trouver ensemble ? ! » (locus interne).

Entraînez-vous, surtout dans les réponses à objections, à recourir exclusivement au LOC interne… le résultat est garanti. Cela déclenche systématiquement chez le client une meilleure acceptation des contraintes, un respect des règles du jeu, un sens de la responsabilité. En acceptant vous-même la critique, en reconnaissant vos limites, en faisant preuve d'esprit positif, orienté solution, vous encouragez en effet, votre interlocuteur à agir de même.

L'assertivité

De l'anglais « *assertiveness* » (A. Salter, puis J. Wolpe), l'assertivité désigne une attitude dans laquelle on est capable de s'affirmer tout en respectant autrui. En se respectant soi-même, en s'exprimant directement, sans détour, l'assertivité diminue le stress et augmente l'efficacité du commercial.

Par exclusion, on peut dire que l'assertivité n'est pas présente dans les attitudes de :

- fuite ;

- manipulation ;

- agressivité.

La fuite est souvent l'attitude choisie par les commerciaux qui aiment les relations harmonieuses avec leurs clients… et redoutent les conflits, les débats vifs, les confrontations, aussi fructueuses soient-elles. Leur réflexe est alors de se mettre en position de retrait par rapport à la situation, sans prendre parti.

- Leur devise : « pas de vague ».

- Leurs expressions favorites : « Il ne faut pas exagérer » ; « Chacun est libre de ses opinions » ; « Ce n'est pas simple, faut voir » ; « D'abord j'observe, après je vois » ; « Je ne veux pas vous déranger, faites comme vous voulez », etc.

La manipulation est l'attitude choisie par les commerciaux dont l'attitude première est la méfiance. L'environnement n'étant pas digne de confiance, il faut le détourner, imaginer des voies parallèles, des astuces, pour arriver à ses fins.

- Leur devise : « Le monde est pourri. »
- Leurs expressions favorites : « On ne peut compter que sur soi » ; « La vente, c'est avant tout une tactique pour piéger l'autre » ; « Il ne faut pas jouer franc-jeu, c'est dangereux », etc.

L'agressivité est l'attitude choisie par les commerciaux qui se sont construits en milieu hostile, sans notion d'équipe ni de coopération... encore moins de solidarité. Ce sont des chevaliers solitaires, qui conçoivent la vie comme une lutte incessante, et la vente comme un rapport de force. Les analogies au combat, à la stratégie guerrière, au rapport dominant-dominé sont légion dans leur vocabulaire.

- Leur devise : « Dans la vie, il y a des gagnants et des perdants... et je suis un gagnant. »
- Leurs expressions favorites : « Soit tu apprends à te battre, soit t'es mort » ; « La vente est un duel, celui qui tire le premier a gagné » ; « Dans les entreprises, il y a les décideurs... et les suiveurs : moi, je traite avec les décideurs » ; « En négociation, je garde la main, c'est plus sûr », etc.

L'assertivité est l'attitude choisie par les commerciaux qui ont compris que la fuite, la manipulation et l'agressivité n'étaient pas efficaces à long terme. En termes de développement personnel, l'assertivité est la seule voie d'épanouissement dans son travail. On dit de l'assertif qu'il se connaît bien, qu'il connaît ses limites et ses potentialités. Il est ferme et chaleureux, il a le sens de l'initiative, il a du charisme.

- Leur devise : « Visons l'intérêt mutuel ».
- Leurs expressions favorites : « J'ai confiance dans l'issue de notre collaboration » ; « J'ai accepté ces demandes, mais sur ce dernier point, je ne peux vous l'accorder. Cela mettrait en danger la qualité de nos services et vous seriez insatisfait du résultat. Ce n'est pas votre but, n'est-ce pas ? » ; « Même dans un conflit, on peut trouver des points d'accord, basés sur l'intérêt mutuel » ; « Je cherche à comprendre votre demande afin de mieux y répondre » ; « À vous écouter je sens que (+ expression des émotions) » ; « Je n'ai pas les compétences pour vous répondre, mais je m'engage à trouver l'information » ; « Maintenant que nous savons tous deux ce que nous avons à gagner à faire affaire, commençons la négociation... », etc.

Pour s'entraîner, on pourra trouver des exercices dans l'ouvrage *L'affirmation de soi* (ESF Éditeur, 2011), proposés par Dominique Chalvin.

La gestion du stress

Des réponses (avec la collaboration de Marion Benhaïm, coach et intervenante en développement personnel) à cinq questions sur le stress.

Qu'est-ce que le stress ?

Une tension permanente engendrée par des conflits internes non résolus ou des situations insolubles.

Comment ça marche ?

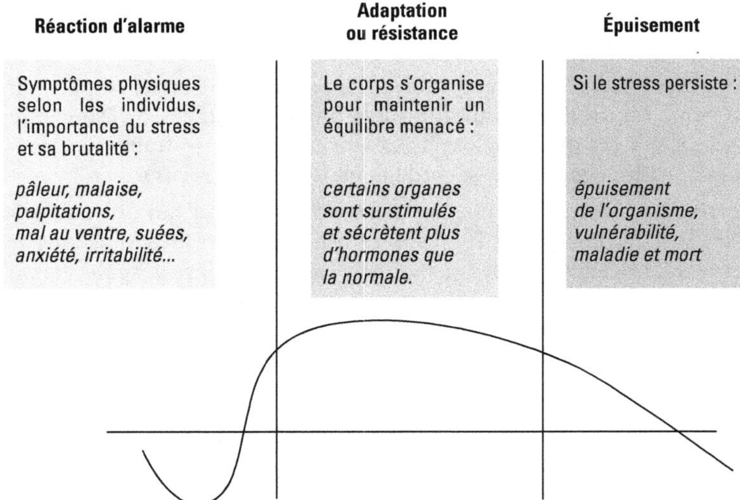

Quelles sont les situations stressantes ?

Les événements brutaux (maladies graves, chômage, deuil, etc.).

Les situations chroniques liées à un excès de stimulation (surcroît de travail, conflits personnels, etc.).

Les transitions de vie (adolescence-âge adulte, entrée dans la vie active, retraite, départ des enfants, etc.).

Les événements environnementaux plus ou moins momentanés (bruits, promiscuité, chaleur d'un bureau non climatisé, forte odeur, vive lumière, pénombre, etc.). Les événements prévisibles peu maîtrisés (examens, entretiens d'embauche, entretiens d'évaluation, prise de parole en public, présentation d'une proposition commerciale, etc.).

Pourquoi ai-je toujours le même type de réaction au stress?

Parce que notre mémoire enregistre les situations que nous vivons (ou imaginons vivre) en les associant à une émotion. Par exemple:

« Enfant, je me suis fait surprendre par un chien qui a aboyé. Cela m'a effrayé. Encore aujourd'hui, si je n'ai pas vu l'animal arriver, à chaque fois, c'est systématique, j'ai un mouvement de recul et un frisson de peur. » La mémoire a enregistré l'association: vision d'un chien + peur.

À chaque fois que la situation vécue ressemble à celle qui a été enregistrée en association avec un stress, le corps commande le processus de réaction (sueur, pâleur, palpitations cardiaques, tremblements, etc.)

Comment faire pour «gérer son stress»?

Une semaine avant:

- en état relaxé, visualiser le scénario de la situation stressante sur laquelle vous souhaitez travailler;
- revisiter mentalement la situation avec les attitudes, les sensations, les gestes, les paroles, les déplacements que vous avez effectués;
- découper ce scénario en cinq scènes courtes (comme des diapositives);
- remplacer chaque diapositive négative par la même scène en scénario positif;
- procéder ainsi pour les 5 diapositives;
- se repasser le film positif en entier.

Cinq minutes avant:

- relativiser l'événement et son enjeu, dans cinq ans, que sera devenu cet événement;
- identifier tous les éléments motivants de la situation;
- se sourire, respirer et se détendre;
- se projeter avec cet état dans les trente premières secondes de la situation;
- oser les affirmations personnelles positives et s'octroyer des «caresses» (*strokes* positifs).

Tout au long de la vie:

- voir le stress comme un facteur de changement et de croissance;

- accepter le stress comme un signal pour se confronter, trouver des solutions et gagner en confiance ;
- tendre le plus possible à être en accord avec soi-même.

Xavier Marchand prouve donc ainsi la prépondérance du facteur humain dans l'acte de négociation.

La préparation physique et mentale

Francine René et Dominique Fournet, dirigeants d'Axel et promoteurs du concept Action-types® s'inspirent de la méthodologie utilisée pour les sportifs de haut niveau, pour en faire bénéficier les commerciaux.

Voici leur témoignage.

> Comme les sportifs de haut niveau, les commerciaux sont soumis au stress des résultats, comme eux ils doivent apprendre à gérer la pression, développer leurs aptitudes et gagner ! Qu'est-ce qui différencie le champion d'un athlète obtenant des résultats satisfaisants ? Les observations sur le terrain permettent de constater qu'un champion instinctivement sait s'appuyer sur ses forces « naturelles » qu'elles soient physiques, mentales ou émotionnelles. Sur ce principe la démarche de préparation commerciale AXEL est avant tout une démarche de connaissance de soi. Tant que l'on n'est pas conscient de son processus de fonctionnement, on ne peut être efficace dans quelque action que ce soit.

Première étape

Prendre conscience de son potentiel commercial, de l'étendue de ses capacités et identifier son processus de fonctionnement « inné ».

Que va-t-on identifier ?

- Nos aspirations individuelles (moteur de l'action).
- Nos forces naturelles (moteur de la performance).
- Nos freins (causes des échecs).

Le diagnostic proposé permettra aussi de mieux comprendre pourquoi certaines situations professionnelles nous semblent plus faciles ou plus satisfaisantes que d'autres ? Pourquoi est-il plus simple de communiquer avec certaines personnes plutôt qu'avec d'autres ? Pourquoi réagissons-nous chacun différemment face aux objectifs, à la pression ou au stress ?

Il permettra également de prendre conscience que notre manière de fonctionner n'est pas la seule possible, que des personnes utilisent des mécanismes opposés et souvent complémentaires et que pour une tâche donnée il y a des approches plus appropriées que d'autres.

Seconde étape

Apprendre à s'appuyer sur nos forces « naturelles » et contourner nos faiblesses. Si l'on cherche à affronter directement nos faiblesses, nous risquons de dépenser beaucoup d'énergie, de temps et perdre confiance. Cette façon de faire pourrait s'apparenter au fait de remonter des rapides à contre-courant.

Apprendre à utiliser en premier nos ressources naturelles et à nourrir nos forces nous permet de fonctionner sur des modes plus fluides, plus économiques, de prendre confiance et une fois conforté dans ce que nous savons naturellement bien faire, d'aborder plus facilement d'autres procédés.

La spécificité de cette préparation : utiliser l'interaction physique et mental pour optimiser l'équilibre nécessaire à la performance. Un travail d'analyse est effectué avec les commerciaux à partir des tests de motricités physiques Action-Types®. Ces tests permettent d'identifier, pour chacun, les préférences motrices liées aux préférences cérébrales. Ces tests de motricité permettent de mesurer notre fonctionnement mental archaïque.

> Pourquoi mesurer notre mental archaïque ? Parce que si nous n'arrivons pas à communiquer avec nos clients, si nous sommes stressés ou fatigués, nous répondons par un réflexe archaïque.

L'intérêt de ne pas dissocier le corps et le mental

L'entrée physique permet d'agir concrètement pour optimiser de façon durable son efficacité ou ponctuellement pour faire face à des situations spécifiques.

Des exercices physiques utilisés dans l'entraînement des sportifs (Fit Ball, travail de coordination, respiration, etc.) permettent concrètement :

- d'activer sa fonction dominante pour performer ;
- d'activer ses fonctions cérébrales moins sollicitées pour aborder des situations spécifiques ;
- de se motiver ;
- d'optimiser sa concentration, son endurance ;
- d'équilibrer son énergie.

Charge attentionnelle et entretien de négociation

La notion de charge attentionnelle nous vient de l'ergonomie cognitive. L'attention nécessaire pour traiter les informations de notre environnement et agir en conséquence n'est pas la même selon la situation rencontrée. Lorsque nous exécutons des tâches habituelles (se laver les mains, par exemple), nous mobilisons moins d'attention que pour une tâche inconnue ou rare, inhabituelle (conduire une voiture sous la neige, téléphoner dans une langue que l'on ne maîtrise pas suffisamment, par exemple). Comme les automatismes mobilisent moins de charge attentionnelle, il reste plus d'attention pour traiter les autres informations de la situation. Cela peut paraître évident, mais ce n'est que depuis récemment que nous savons apprécier scientifiquement la saturation de notre système cognitif et les risques d'erreur, les décisions illogiques, les mises en danger pour soi et pour autrui qu'une surcharge attentionnelle peut engendrer.

Les applications dans le domaine professionnel sont nombreuses. Pour le commercial la notion de charge attentionnelle prend toute son importance dans l'entretien de négociation. Plus les actes simples (entrer dans le bureau, serrer la main + sourire + remercier de nous recevoir, installation manteau + sacoche sur une chaise, attendre que le client invite à nous asseoir, ouvrir l'ordinateur + phrase d'introduction qui rappelle l'objectif de l'entretien, etc.) sont automatisés, plus il reste de l'attention pour collecter, analyser l'information et agir en retour.

Reprenons notre exemple de prise de contact.

Pendant son entrée, le commercial remarque que le prospect a laissé sa proposition sur le bureau, ouverte à la page du transport des marchandises des entrepôts aux magasins. En bas de page, un cercle au feutre rouge entoure un groupe de mots. Le commercial – en train de démarrer son ordinateur tout en rappelant l'ordre du jour – reconnaît la page annotée et en déduit que le cercle rouge concerne la sous-traitance de la livraison. Cette dernière est un maillon faible de sa chaîne logistique et le client l'a peut-être repéré. Sans que cela soit sûr, sans en faire une source d'anxiété *a priori*, il faut cependant s'apprêter à argumenter sérieusement cet aspect.

Toujours pour reprendre cet exemple, le commercial novice n'aura pas ce degré d'attention. Il s'assied d'abord sur la chaise la moins pratique pour l'entretien. Il s'en rend compte, change ses affaires de place puis de siège. Même s'il a commencé à parler à son prospect, il ne l'écoute pas. Il s'affaire à ouvrir son ordinateur, à regarder si le diaporama prévu est bien en place. Il s'aperçoit qu'il a posé l'ordinateur sur une pile de dossiers et qu'il ne voit plus son interlocuteur, il change alors l'ordinateur de place, s'excuse auprès du prospect, démarre le questionnement qu'il a prévu sans prendre en compte ce qui vient d'être dit, car non seulement il était en attention flottante, mais en plus il n'a pas retenu ce qui a été dit…

On voit bien à quel point le manque d'habitude empêche de se dédoubler, de se regarder dans la situation et d'avoir cette nécessaire distance pour réagir très vite aux signaux faibles de la situation. Parlons clairement : il ne s'agit pas de faire du commercial un robot dont les séquences sont automatisées et répliquées à l'identique, quel que soit l'interlocuteur. Mais il est plus rassurant et plus performant pour le commercial de jalonner son entretien de balises, d'habitudes qui lui permettent de construire l'entretien tout en laissant ouverte la possibilité de traiter des aléas.

Négocier avec la génération Y

Xavier Marchand, cité plus haut, apporte son éclairage sur cette nouvelle spécificité.

Ils arrivent sur le marché du travail et… questionnent ce dernier. On les appelle la « génération Y » (de l'anglais « why »), car ils remettent en cause tout ce que leurs aînés acceptaient sans mot dire. Quelles sont leurs caractéristiques sociologiques ? Nous l'ignorons. Quels sont leurs ressorts psychologiques ? Nous l'ignorons. À l'heure où nous rédigeons ces lignes, le *corpus* d'écrits de recherche concernant cette génération inédite est en cours de constitution. Attention, il ne s'agit pas à proprement parler d'un phénomène nouveau. Comme toutes les générations depuis la toute première, nous sommes des êtres qui nous adaptons à notre environnement. Cependant… il se trouve que – en France et dans d'autres pays riches – l'environnement est historiquement inédit :

- pouvoir d'achat élevé (il y a encore trop de pauvreté en France, mais historiquement jamais en proportion si faible, et l'ensemble des Français a doublé son niveau de consommation depuis 1960) ;

- niveau d'éducation élevé (77,3 % d'une classe d'âge a obtenu le bac en 2014) ;

- niveau de santé élevé (l'espérance de vie a augmenté de trois ans depuis 1980) ;

- troisième génération sans guerre ni pandémie ;

- première génération à mettre effectivement en œuvre les principes nés de la révolution de mai 68.

C'est la première fois que nous voyons vivre des humains dans cette configuration. « Life on Mars » ? À ce jour, 87 % des entreprises du CAC 40 ont jugé utile de former leurs cadres au management de la génération Y. Alors, qu'elle existe ou non n'est pas la question. La réalité est là : l'incompréhension grandit entre cette génération et la précédente, notamment concernant son rapport au travail. Les nombreux consultants et organismes de formation qui ont vendu des prestations concernant ce thème ont comme point commun d'apprivoiser ou de dompter ce nouveau type de professionnels. Avec trois ans de recul, les managers sont d'accord pour dire qu'il s'agit surtout d'abandonner les anciennes grilles d'analyse de l'implication du travail pour écouter, questionner, comprendre les nouvelles formes d'engagement. Une première tendance semble se dégager de travaux en sciences humaines : la centralité du travail – jusqu'ici admise par tous et de tout temps – se délite au profit d'un projet de vie dans lequel le travail ne serait pas le centre, mais une composante d'importance égale à d'autres centres d'intérêts. Une seconde tendance semble se dégager : ils sont « cash ». Ils osent dire et faire ce que nombre de leurs aînés ont seulement imaginé.

En récompense d'une âpre négociation avec acheteur en centrale de grande distribution, le commercial grands comptes qui a la satisfaction d'avoir référencé sa gamme de produits à des conditions… acceptables, doit ensuite converser avec un jeune diplômé fraîchement sorti d'une école de commerce. L'acheteur avait promis la confirmation du contrat dans la semaine. Sans nouvelle au bout de dix jours, le commercial appelle le junior en charge du dossier. Ce dernier répond : «Ah oui, c'est vrai, j'ai complètement zappé, désolé. » Décontenancé par la légèreté et le manque de conscience des enjeux en présence, le commercial s'énerve et menace d'appeler le manager. Le junior lui rétorque calmement Je vois qu'on ne peut pas parler maintenant ; rappelez-moi quand vous serez calmé.» Et il raccroche.

Cet ouvrage est une réédition, revue et augmentée. Pour être honnête avec le lecteur, il nous faut donner non pas les solutions, mais conseiller de prendre des précautions : concernant le phénomène appelé «génération Y», méfiez-vous des recettes trop adéquationnistes qui dressent la liste des réactions à avoir selon la situation. « S'il vous dit ceci, répondez-lui cela. »

Parce que s'il n'y a qu'un conseil à vous donner pour négocier avec la génération Y, c'est celui-ci : évitez le systématisme.

Si vous reformulez trop, le junior vous le dira : « C'est bon, arrêtez de reformuler, j'ai l'impression de parler tout seul. » Si vous négociez sur une hypothèse haute pour vous laisser un volant de manœuvre, il vous dira : «Vous êtes à 2,40 et moi je touche un bonus en dessous de 1,80 alors allons tout de suite à 1,60, on évitera de perdre du temps. De toutes les façons, on y arrivera. »

Enfin, si vous faites observer qu'en négociation comme ailleurs, il y a des règles, préparez-vous à entendre : «Mon père dit ça aussi. » La règle avec la génération Y ? C'est qu'il n'y a pas de règle.

Rendez-vous dans la réédition 2020 : on vous renseignera plus précisément. En attendant, si vous avez le choix entre deux acheteurs, préférez celui âgé de plus de 30 ans… Vous pourrez alors appliquer ce que l'on vous préconise dans cet ouvrage.

Une dernière chose : mythe ou réalité, la génération Y semble présenter une troisième tendance que nous n'avons pas citée jusqu'à présent. Elle déteint.

De plus en plus de personnes âgées de 30 à 40 ans, voire au-delà, rejoignent les plus jeunes et remettent en cause ce qu'ils appelaient hier encore la « conscience professionnelle ». Déçus d'avoir tant donné et si peu reçu, d'avoir fait confiance sans être reconnus, d'avoir cru aux valeurs de l'entreprise affichées dans le hall d'entrée… Ils se disent que la centralité du travail dans le projet de vie a fait son temps.

Au sens étymologique du terme, c'est une révolution !

D'AUTRES SUPPORTS ET OUTILS AU SERVICE DU NÉGOCIATEUR

De nouveaux moyens au service des négociateurs viennent renforcer leur efficacité. Ces outils sont de plus en plus performants, de plus en plus conviviaux, de plus en plus miniaturisés, de plus en plus accessibles. Voici quelques exemples.

L'informatique optimise la réactivité

Auparavant, les logiciels étaient utilisés en amont (préparation) et en aval (reporting) de la négociation. Ainsi, l'informatique a permis et permet d'affiner la gestion de clientèle par l'analyse des bases de données autorisant un pilotage marketing (segmentation des clients et prospects, statistiques, ciblables, gestion d'opérations) et le pilotage commercial (analyse multicritère, suivi de la clientèle, suivi de la concurrence, contrôle de l'activité, etc.).

L'informatique permet aussi d'optimiser la gestion commerciale, constituant un outil de simulation, de comparaison, d'anticipation, de mesure d'impact d'opération, d'aide à l'organisation, d'influence sur l'organisation des équipes par le découpage des secteurs.

Aujourd'hui, l'ordinateur portable accompagne le négociateur chez son client ce qui lui permet d'avoir un maximum d'informations en un minimum de place. *Cela optimise donc son autonomie, sa réactivité, son efficacité.*

Des systèmes permettent aux commerciaux de lancer leurs commandes dès la saisie et donc d'optimiser les délais.

Le Net (Internet et Intranet) et sa mine d'informations

L'accès au Net apporte au négociateur une mine d'informations (marché, clients, prospects, concurrents, veille technologique…).

Internet est utilisé pour désigner le réseau informatique du monde entier, Intranet quant à lui fait référence à un réseau interne à l'entreprise réservé à ses collaborateurs permettant de mettre à leur disposition des messageries, des bibliothèques de documents, des agendas partagés, des argumentaires, des fiches-produits, des devis, etc.

Outre l'efficacité, les avantages du Net se traduisent en économie (de papier, de coûts d'acheminement et surtout de temps). Attention aux complications juridiques pas toujours maîtrisées.

Les réseaux sociaux, un outil d'identification des interlocuteurs

Souvent utilisés pour la recherche d'emploi, les réseaux peuvent aussi représenter pour un commercial en poste, le moyen d'identifier ses interlocuteurs, leurs profils, ainsi que de repérer quelques affinités potentielles…

Voici le classement en nombre d'utilisateurs (source Internet, site de Vincent Abry) :

1. Facebook : 901 millions ;
2. Twitter : 555 millions ;
3. Google + : 170 millions ;
4. Linkedin : 150 millions ;
5. Pinterest : 12 millions.

La négociation commerciale par visioconférence

Parmi les nouveaux canaux de distribution, Skype est un outil moderne, peu onéreux et de plus en plus utilisé pour se substituer à un « face à face » lorsque la distance est contraignante. Mais le bon usage d'un tel outil requiert des conditions, et j'ai fait appel à un expert en ce domaine, Emmanuel Fraysse, formateur et directeur du cabinet Digilian spécialisé en transformation digitale et business connecté pour traiter ce point, voici son approche :

Travailler de partout, en mobilité, sur la plage, dans le train devient commun. Cela passe par le fait de travailler avec son ordinateur portable sur les genoux ou de sortir sa tablette dès que l'on a 5 minutes. Sans oublier le recours au téléphone mobile, véritable doudou électronique servant tant dans la sphère perso que dans la sphère pro. Bref, désormais, dans ce contexte ATAWAD (AnyTime, AnyWhere, Any Device), travailler, négocier et vendre en visioconférence prend de l'ampleur dans notre quotidien. Quelles sont les meilleures pratiques de la négociation à distance ? Il y a quelques années, on disait : "Sur Internet, personne ne sait que tu es un chien". Ce qui voulait dire que, dans les échanges sur Internet (et notamment par mail), personne ne pouvait vraiment savoir qui vous étiez car ne pouvant pas vous voir. Désormais avec Skype, HangOut et autres outils de communication assimilés, on peut au moins vous voir. Justement, vous pouvez désormais tirer profit de la distance ET de l'image pour améliorer votre prestation en utilisant les spécificités de ce média.

Les 4 conseils pour bien vendre *via* Skype

1. De la préparation

En amont de la discussion, afin d'éviter le stress du bug informatique, testez votre application de communication (son et image), préparer vos documents de travail et vérifiez bien où sont les options pour la discussion dans l'application (partage d'écran, chat…). Pour parer à tout problème de dernière minute, en plan B, envisagez la possibilité d'une visioconférence *via* votre téléphone ou votre tablette en 4G si le Wifi est défaillant ! Bien sûr, dans ce cas, au préalable, pensez à installer les applications nécessaires sur les terminaux mentionnés.

2. Mettez-vous en scène

Derrière vous, choisissez un fond neutre qui n'attire pas l'œil de votre interlocuteur ou, mieux, un fond qui porte votre discours : espace open space, mur avec une illustration de votre entreprise (publicité corporate, paperboard…). Attention aux armoires ou aux personnes qui peuvent passer derrière vous et distraire l'attention de votre interlocuteur. Préparez votre première impression car « on n'a qu'une chance de faire une bonne première impression. » C'est aussi valable lors d'une visio, d'autant plus que, dans ce cas, la vision va jouer un rôle central. Ainsi, soyez à l'heure et faites en sorte que votre visage et vos premiers mots favorisent la création d'une zone de confort virtuelle (sourire, ton de voix apaisant…). Lors de la discussion, il est préférable de ralentir le débit de parole sachant que le son peut avoir quelques ratés. Modérez aussi vos gestes afin d'éviter les images saccadées. Bref, tenez compte du contexte technique pour votre argumentation.

3. Négociez en optimisant votre position

Votre interlocuteur ne voit que le champ de la caméra. Profitez du « hors-champ » pour y coller des aides, des « antisèches ». Vous pouvez même imaginer de demander à une tierce personne de vous assister dans l'ombre discrètement : recherche d'informations, stratégie de négociation…

Si la *confcall* rassemble trois interlocuteurs ou plus, n'hésitez pas à communiquer discrètement avec « vos alliés » pour orienter les discussions *via* chat ou mail.

Quant à la prise de notes durant la discussion, sachez que le bruit de frappe sur les touches du clavier peut être très gênant pour votre interlocuteur. Faites-y attention. Un support papier ou un autre terminal peuvent s'avérer nécessaires pour éviter les nuisances sonores.

En ce qui concerne le partage d'écran, vérifiez bien avant action ce qui est réellement partagé : tout le bureau ou uniquement l'écran Ppt ? Ne montrez pas d'informations confidentielles ou autres informations compromettantes. On a (trop) vite fait de partager des données sensibles. Même le nom de certains fichiers visibles lors du partage d'écran peut donner des indications sur vos relations avec des concurrents par exemple. La vigilance est de mise.

4. Une bonne clôture de discussion

En clôture de discussion, validez bien les « next steps » qui seront potentiellement formalisés dans un compte rendu. Quant à la poignée de main virtuelle à distance, elle sera en phase avec l'esprit de la discussion pour laisser une bonne impression aux interlocuteurs jusqu'au prochain contact.

Enfin, pour que la visioconférence se déroule bien jusqu'à la fin, vérifiez que vous êtes déconnecté avant de faire le moindre commentaire. On a tous connu des raccrochages téléphoniques plus ou moins heureux…

La solution CRM

Pierre Guepet, président de la région Île-de-France des DCF (Dirigeants commerciaux de France) depuis 2011, est en charge du Livre blanc sur le CRM (*Customer Relationship Management* ou Gestion de la relation client – GRC). Voici son apport sur ce sujet dont il est l'un des experts. L'histoire de la fonction commerciale existe parce que des commerciaux, des responsables commerciaux, des directeurs commerciaux et des dirigeants d'entreprises ont, de tout temps, su créer, construire et renforcer des relations commerciales entre des clients et des fournisseurs.

Le présent et l'avenir de la fonction commerciale s'écrivent par la nécessaire maîtrise d'un métier, par la connaissance des bonnes pratiques commerciales d'un secteur d'activités, et par la maîtrise de la dimension financière à la fois pour négocier le prix de vente et souvent s'assurer du recouvrement. Cela ne suffit plus désormais, car il faut savoir utiliser les outils et les méthodes du système d'information de gestion de la relation client.

En ce sens, l'application informatique dédiée à la fonction commerciale, le CRM ou GRC, est l'application informatique, l'outil dédié à la fonction commerciale. Le marché du CRM bouge rapidement. Si la cible, c'est-à-dire les grandes entreprises, est généralement équipée, de plus en plus de sociétés de taille plus modeste se dotent aussi de solutions CRM, ce qui augmente le nombre de clients potentiels, et fait baisser les prix et évoluer le mode de commercialisation.

La transversalité de l'application informatique de gestion de la relation client permettra aux autres métiers de l'entreprise de mieux percevoir la valeur de la fonction commerciale et les compétences nécessaires aux acteurs de la fonction commerciale. Il s'agit de répondre, en pleine « guerre économique », aux exigences conjuguées de la hiérarchie interne et des clients. Il apparaît clairement que le CRM va forcément faire se rapprocher le marketing et la vente dans la segmentation des marchés, le ciblage et la veille concurrentielle. Le CRM va également faire se rapprocher les ventes et la direction générale dans la vision stratégique de l'évolution de l'entreprise.

> Le CRM est une véritable opportunité pour valoriser la fonction commerciale et permettre à un plus grand nombre de dirigeants commerciaux d'accéder encore plus naturellement aux fonctions de direction générale.

L'ENTREPRISE LIEU DE CRÉATION
DE LA VALEUR AJOUTÉE

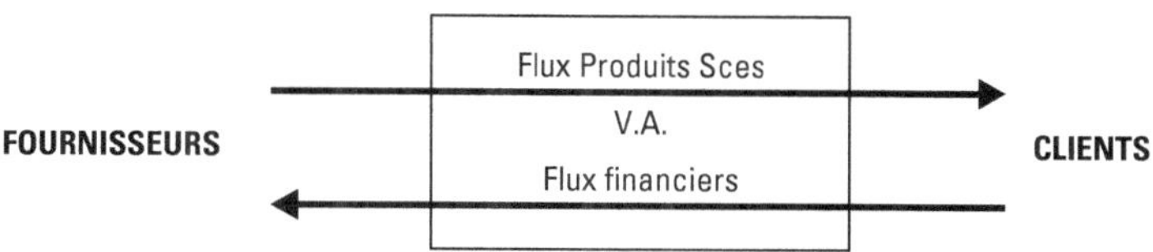

Définition

La GRC, signifiant aussi « Gestion des relations avec les clients », est définie comme suit par le CXP, cité par Jean-Louis Tomas : « La GRC est l'ensemble des outils et techniques destinés à capter, traiter, analyser les informations relatives aux clients et aux prospects, dans le but de les fidéliser en leur offrant le meilleur service. » Voici une autre définition : « En termes d'applications informatiques, il s'agit des progiciels qui permettent de traiter directement avec le client, que ce soit au niveau de la vente, du marketing ou du service, et que l'on regroupe souvent sous le terme de "front office", ceci par opposition aux outils de "back-office" que sont les progiciels de gestion intégrés (ou ERP) ».

LE SYSTÈME D'INFORMATION DE GESTION

Mise en œuvre des logiciels et de processus

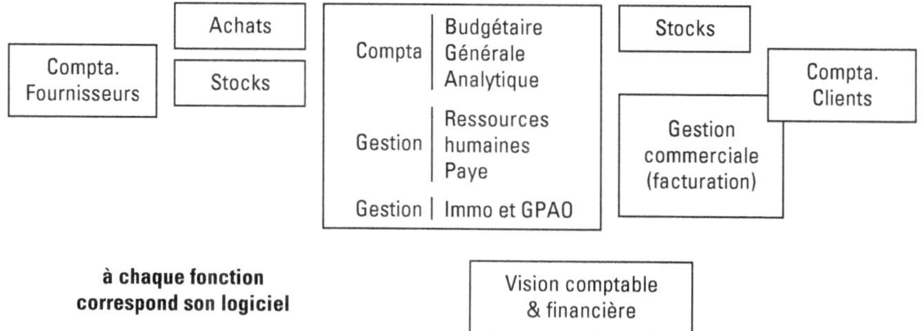

Analyse de l'offre

Comme chacun sait, la relation commerciale entre un client et un fournisseur existe de temps immémorial. Le marché du CRM est très dynamique avec des salons spécialisés, des magazines dédiés, des blogs d'experts, et même un contenu pédagogique dans le cursus de formation des jeunes. Pourquoi, le CRM devient-il tout à coup le sujet de conversation à la mode ?

La réponse repose sur la convergence de trois facteurs.

- Des entreprises qui souhaitent que leurs commerciaux soient en relation avec toujours plus de clients et qui souhaitent suivre les performances de leurs équipes au plus près.

- Des clients qui attendent que leurs fournisseurs les traitent comme s'ils étaient uniques au monde et qui font jouer une concurrence de plus en plus rude avec une forte tendance à remettre en permanence à plus tard la prise de décision. À titre d'illustration, il semble que depuis quelque temps, il existe une nouvelle pratique des acheteurs à l'égard de contrats pluriannuels : un contrat de trois ans que l'on met presque un an à formaliser et qui, dès sa signature, est dénoncé à titre conservatoire par le client ! En clair, cela signifie que le client anticipe le risque de ne pas respecter la période de préavis. Il exerce juste un peu plus de pression sur son fournisseur !

- Une industrie informatique, éditeurs, SSII, intégrateurs, etc., qui voient dans la fonction commerciale un marché devenu accessible. En effet, les éditeurs d'applications informatiques se sont lancés dans les années 1970 dans les secteurs de la comptabilité et de la gestion financière, ainsi que dans la paye et les ressources humaines, qui les ont fait vivre pendant des années. Le domaine commercial était d'accès difficile. En effet, chaque entreprise a une histoire et une culture qui lui sont propres. De plus, l'organisation commerciale de l'entreprise est moins formalisée que ne l'est le département finance, qui a son plan de compte national, ou celui des ressources humaines, dont la réglementation est imposée par les négociations entre partenaires sociaux. Un autre frein était la génération des technologies informatiques. On est passé au fil des ans de l'ordinateur centralisé avec des terminaux passifs (écrans noirs et verts pour ceux qui s'en souviennent !), à l'architecture client/serveur du fait de l'avènement des PC en réseaux et à l'actuelle génération internet, forte partie prenante de nos vies personnelles et professionnelles. C'est le meilleur moment pour croire en la pérennité des projets CRM.

Approche du marché

De quoi parle-t-on ? Ce marché est l'un des rares à être porteur puisque les chiffres de croissance seront de l'ordre de 10 % d'ici à 2025. Ce chiffre d'affaires colossal est composé à hauteur de 10 % par les éditeurs de solutions informatiques et 90 % par les fournisseurs de prestations associées. En effet, pour 1 euro de logiciel on compte près de 9 euros qui se répartissent entre conseil et assistance, formation et accompagnement, installation, et enfin paramétrage. *Quid* de la segmentation du marché ? Il existe déjà une segmentation par nature d'offre :

- Conseil : analyse du métier de l'entreprise, de son organisation commerciale, des processus existants et de leur niveau de formalisation, de l'environnement informatique, et préconisation de choix de solutions. On distingue les prestations de conseils de type assistance à la maîtrise d'œuvre et assistance à la maîtrise d'ouvrage.

- Éditeurs de solution : concepteurs, distributeurs de logiciels de CRM avec un périmètre qui recouvre trois grands domaines verticaux (vente, marketing et SAV – service clients) et un aspect horizontal pour la partie analytique (requête et reporting, intégré et/ou complété d'outils dédiés, par exemple, Business Object, leader français racheté par SAP en 2008).

- Intégrateurs et SSII : la force et la richesse du CRM sont d'autant plus grandes qu'il travaille en relation avec les autres applications informatiques de l'entreprise, aussi bien les applications de gestion comptable et financière dont la facturation clients, de GPAO, de logistique, de marketing, que d'applications bureautiques comme Word, Excel, ou encore Outlook.

- Production informatique : la tendance est d'une part à l'*outsourcing*, d'autre part au cloud et au SaaS, des prestations souvent externalisées auprès de spécialistes qui gèrent également les montées de versions.

- Formation et accompagnement : indispensables pour une bonne utilisation au quotidien des nouvelles technologies dans la vie du commercial. Il faut adapter la formation au stagiaire selon :
  - son mode de travail : commercial free-lance, sédentaire, itinérant ;
  - son organisation ou groupe de rattachement hiérarchique ;
  - son périmètre, un territoire géographique, un secteur d'activité, animant des ventes indirectes ou responsable grands comptes gérant des contrats cadres ;
  - son niveau de responsabilité, commercial, assistance commerciale, responsable ou directeur, directeur régional, national ou de zone géographique, par exemple EMEA (Europe, Middle East Africa).

Focalisation sur les éditeurs de CRM orientés « vente »

Il convient de discerner les applications destinées à la vente BtoC (Business to Consumer) c'est-à-dire aux particuliers, des ventes BtoB (Business to Business) c'est-à-dire aux entreprises. Dans le cas des entreprises, il faut ajouter une difficulté : la relation entre un fichier contenant des entreprises (personnes morales – tiers suspects, prospects et clients) et un fichier contenant des contacts (personnes physiques). Schématiquement, tous les CRM (marché BtoB) regroupent en une seule et même application informatique :

- le fichier des sociétés ou tiers avec différentes adresses : pour les commerciaux, les livraisons et la facturation ;
- le fichier des contacts avec les coordonnées des personnes physiques, leurs fonctions et les moyens de les contacter : téléphone, fax, e-mail, portable ;
- le fichier des actions, passées et futures entre les différents intervenants chez le fournisseur et les différents acteurs de la société cliente ; ces actions correspondent au cycle commercial.

Pour ce dernier point, il convient également de préciser les moyens de réaliser ces actions : rendez-vous, entretien face à face ou par téléphone, courrier ou e-mail, etc.

Sur ce type d'offres CRM, les acteurs sont des éditeurs soit internationaux – ayant tendance à se regrouper – soit nationaux, voire locaux, du fait de l'accès facile à la technologie :

- Les grands acteurs internationaux sont issus du monde ancien de la technologie des années 1990 : Client-Server tels qu'Oracle (qui a racheté Siebel en 2011), Selligent, SAP, Microsoft (qui rachète beaucoup d'éditeurs internationaux).
- Au sein des éditeurs internationaux, SalesForce.com – la vague californienne – occupe une place particulière pour ceux qui sont issus de la génération internet.
- Parmi les éditeurs nationaux et ceux qui vivent sur une niche, c'est-à-dire un pays et/ou un marché vertical, citons par exemple Cegedim sur le marché médical en France.

La concentration du marché mondial se fait naturellement autour de quelques internationaux illustres du fait à la fois de l'internationalisation et de la globalisation des marchés. Le marché français à destination des PME-TPE est ouvert aux éditeurs locaux qui, en raison des nouvelles technologies, sont tout à fait à même d'apporter des solutions très satisfaisantes à des entreprises de taille nationale et/ou locale. De plus, la localisation, l'adaptation, et la maintenance seront plus faciles en France avec un éditeur français du fait de l'absence de barrage de la langue !

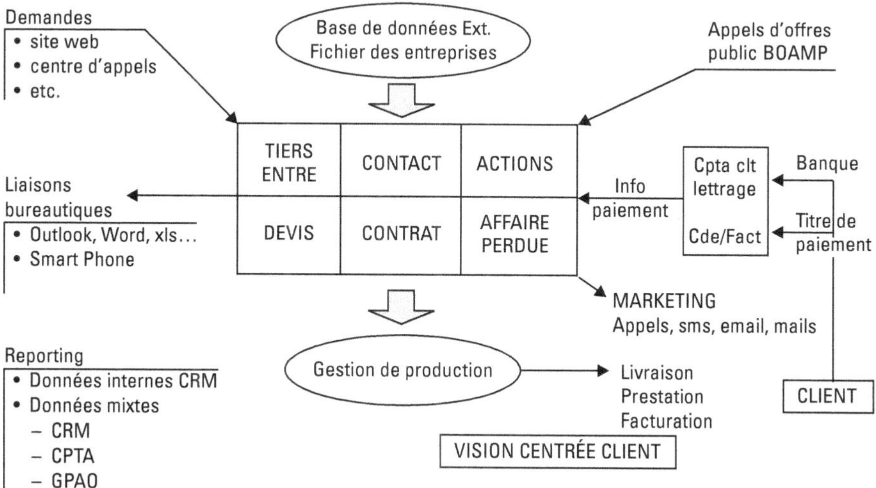

Les pièges à éviter

Une application informatique est constituée de programmes, « avec des zéros et des uns », puisque le langage informatique est binaire. La relation commerciale intègre le facteur humain ! Les processus mis en place dans le CRM doivent respecter les degrés de liberté qui permettent de ne pas faire subir une contrainte supplémentaire au commercial, mais plutôt de lui apporter une opportunité nouvelle dont il saura tirer profit. À ce stade, nous touchons la vraie difficulté des projets CRM : apporter des espaces de liberté dans un système rigide. Dans ce sens, il faut savoir où positionner le curseur sur la finesse des étapes du processus commercial, du nombre d'informations à renseigner, obligatoires et/ou facultatives. Il faut bien comprendre que ce n'est pas facile pour un commercial d'être celui qui fait preuve à la fois d'une grande souplesse d'esprit en face de son client en imaginant des solutions, et d'une grande rigueur, voire de rigidité, pour mettre des informations dans les champs de son CRM.

Le CRM retenu doit être suffisamment paramétrable pour bien reprendre le libellé de ce que l'entreprise appelle un client et savoir reproduire son cycle commercial. Par exemple, la notion de client varie selon les secteurs d'activités. Pour la RATP, c'est un usager, pour une compagnie de transport, c'est un passager, pour une association, c'est un membre, pour d'autres secteurs on peut parler de sociétaire, d'adhérent, de titulaire, de vacataire, d'agent, etc. Pour que le CRM soit bien utilisé, les libellés doivent tenir compte des habitudes de l'entreprise utilisatrice.

Par ailleurs, le CRM n'est pas mis en place de la même manière dans une petite structure et une grande entreprise. Ainsi, la grande entreprise est bien plus pénalisée par sa taille que la petite. Les volumes d'informations traités, la sécurité d'accès aux informations, les risques de malveillance, l'intégration à un existant et la capacité à donner des temps de réponse acceptables aux utilisateurs sont bien plus problématiques et coûteux que pour une petite structure.

La petite entreprise, elle, n'a bien souvent ni les moyens humains ni les moyens financiers pour conduire des projets d'implémentation longs. En revanche, ses exigences sont identiques à celles de la grande entreprise.

Fiche sociétés

Voici les quelques points auxquels il faut notamment faire attention : la façon de libeller le nom de la société (savoir gérer les appartenances à des groupes d'entreprises), d'une part ; et de définir la politique de mise à jour entre une base de données externes de type Altarès ou Coface et la mise à jour par les utilisateurs internes, d'autre part. Les informations sont en partie présentes de manière partielle et éparse dans différents services de l'entreprise. Elles se trouvent entre le marketing, les ventes, la livraison, la facturation, le SAV, etc., et bien souvent chacun occupe un niveau de relation qu'il souhaite conserver, même si les informations ne sont plus à jour !

De fait, le premier problème que l'on rencontre est celui des doublons ! Si un collaborateur enregistre sa société sous le nom « EDF », il est possible que d'autres collègues aient choisi « Électricité de France » ou bien encore « Elec. de F. ». Cela fait autant d'enregistrements différents, ce qui risque de créer une joyeuse pagaille. Dans les volumes importants d'informations, le recours au numéro SIRET – qui nous est envié par les étrangers – est salutaire, tout comme la centralisation de la création de comptes pour les grandes entreprises ! Et pour les entreprises qui font du commerce à l'international, le numéro D-U-N-S est souvent utilisé.

Fiche contact

La CNIL (Commission nationale informatique et liberté), impose de déclarer ses fichiers et de donner accès à celles et à ceux qui y figurent afin qu'ils puissent en connaître le contenu. Les utilisateurs doivent donc redoubler de vigilance et éviter d'écrire des propos qui pourraient être considérés comme déplacés. De très grandes entreprises ont été condamnées pour des « dérapages ». Le CRM doit également permettre de retrouver un même interlocuteur au sein de plusieurs entités lorsque la personne est, par exemple, directeur des achats, trésorier d'une association, et conseiller municipal. Si le cas du choix de la civilité entre « mademoiselle » et « madame » ne pose désormais plus de problème, le terme « mademoiselle » étant devenu la norme, le changement de nom, par exemple d'un nom de « jeune fille » à un nom de « femme mariée », ne l'est pas encore !

Fiche action

Le cœur du CRM est bien évidemment de refléter les plans d'action commerciaux, les actions réalisées et les actions planifiées. Les décisions qui doivent être prises reposent sur le bon sens et la confiance. C'est dire comme le sujet est complexe ! La bonne pratique consiste à enregistrer le minimum d'actions pour engranger un maximum d'efficacité. Inutile de passer son temps à remplir son CRM, car cela sera sans incidences sur le chiffre d'affaires. Il vaut mieux se concentrer sur la façon dont il sera exploité. Le temps passé à mettre à jour le CRM doit être réduit au minimum. Le CRM doit permettre à l'équipe commerciale d'être plus efficace et plus rapide. S'il devient lourd, il ne sera pas utilisé et perdra de son intérêt. Pour les sociétés concernées, elles devront être vigilantes sur la façon dont sont gérés les contrats de référencement, les contrats cadres et les affaires qui impliquent plusieurs commerciaux sur différents sites géographiques.

Relations avec d'autres applications

L'intérêt des solutions CRM est bien de disposer de toutes les informations en un seul et même endroit. Cela dit, il est rare que l'éditeur de CRM soit le meilleur candidat pour la gestion automatique de documents et le reporting. Dans ce sens, le CRM devra savoir s'interfacer facilement avec d'autres logiciels plus spécialisés tels que l'interrogation, le reporting, la GED, le configurateur de propositions commerciales, le module de définition du prix, la GPAO, la logistique, la facturation clients, la comptabilité clients, le recouvrement clients, les outils bureautiques, etc.

Par exemple :

- Vous prenez un rendez-vous qui est décalé par votre client. Comment se fait la mise à jour entre Outlook et le CRM ?

- Comment êtes-vous informé des problèmes de paiement par votre client ?

- Votre client n'est pas satisfait de votre produit et paie partiellement votre facture, ce qui entraîne un litige : par qui et comment est-il traité ?

- Comment se fait le lettrage entre l'écriture de banque et le compte client en cas de paiement centralisé ?

- Quelle est la procédure si vous faites appel à un tiers pour le recouvrement ?

Relations avec le marketing

Le commercial, l'assistante commerciale, le responsable commercial, le directeur commercial comme les différents acteurs de la direction marketing sont autant d'acteurs qui partagent et enrichissent les informations du CRM. Le marketing le fait plutôt en mode « de masse », par vague, et le commercial plutôt en mode unitaire, « au fil de l'eau ». En effet, de nombreux intervenants travaillent sur le CRM et partagent les informations.

Par exemple :

- le marketing doit trouver de nouveaux marchés, affiner la segmentation, mettre en place les campagnes d'e-mailing, de mailing, de télémarketing ;

- la direction commerciale travaille sur le géomarketing, la répartition des territoires, l'analyse des résultats, les canaux de ventes, etc. ;

- le responsable commercial affine le ciblage, veille à l'équilibre en prospection et fidélisation, la gestion du temps de ses équipes ; l'équipe commerciale au complet est centrée sur l'animation de son portefeuille de clients, la réalisation du chiffre d'affaires ;

- si la personne qui est à l'accueil téléphonique – donc souvent le premier contact de l'entreprise – accède au CRM, elle apporte une valeur ajoutée supplémentaire à la relation avec celui que chacun essaie de satisfaire : le client !

Le CRM englobe encore d'autres enjeux :

- L'analyse en continu de la performance : les affaires sont suivies par la hiérarchie et plus on s'éloigne du terrain, moins les modifications sur les prévisions sont comprises. La transparence de l'information a parfois ses limites !

- La connaissance de ses concurrents et des clients de ses concurrents permet de cibler très rapidement les clients d'un concurrent !

- La cohérence globale de la commercialisation multicanale doit donner un même accès à l'entreprise *via* le commercial, le site web, le centre d'appels, etc.

REPORTING & PRÉVISIONS COMMERCIALES

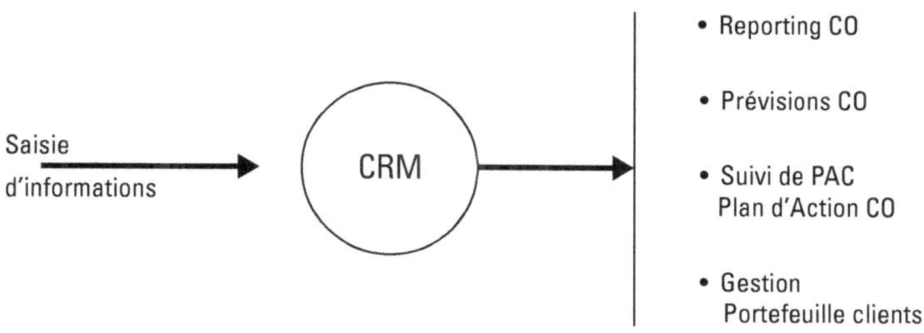

Des «sous- produits » du CRM

Facteurs clés de succès

Les projets de CRM ne sont pas tous couronnés de succès. Paradoxalement, les risques sont aussi vitaux pour une grande entreprise que pour une petite, voire plus dommageable en fonction de la taille croissante de l'entreprise. Les enjeux financiers sont également plus lourds pour les grandes entreprises et les avantages plus rapidement constatés pour les petites entreprises. L'idée de base est d'aider la fonction commerciale à pouvoir mieux travailler d'une part, et, d'autre part, de contribuer au développement de sa productivité. Bien souvent, la part du temps passé par les équipes commerciales sur « autre chose » que la vente représente plus de 60 %, principalement du travail administratif et du reporting urgent ! Par ailleurs, dans de trop nombreux cas, la gestion des agendas des commerciaux est entre les mains de leurs clients !

Le CRM doit redonner de la puissance à l'équipe commerciale, lui redonner la main sur sa stratégie commerciale. Le CRM doit conduire également le commercial à une plus grande efficacité. Il est vital que le commercial prenne du recul sur son portefeuille clients et réfléchisse avec son manager à sa stratégie commerciale. C'est pourquoi il est indispensable de bien choisir la solution que l'on va mettre en place et peut-être même encore plus important de faire de ce projet le projet stratégique de l'entreprise. La direction générale, leader en termes de maîtrise d'œuvre, doit donner mission à la direction commerciale d'assurer la maîtrise d'ouvrage pour porter le projet.

La direction générale doit également veiller à lui assurer les ressources nécessaires, humaines, techniques et financières. Cet engagement contribue à garantir le succès de l'intégration informatique, de l'accompagnement et de la formation des équipes. Comme tout projet d'ampleur, et qui plus est tout projet transversal à l'entreprise, la mise en œuvre d'un projet CRM doit comporter plusieurs phases clairement identifiées. En effet, si le fonctionnement en mode « silo » est classique et maîtrisé par tous, dès lors que l'on parle de transversalité, il existe des zones de recouvrement qui sont autant de difficultés potentielles, techniques, procédurales et humaines. D'où la nécessité de scinder le projet en sous-projets et d'associer un délai et un retour sur investissement à chaque sous-projet. Si le choix de l'éditeur, du logiciel CRM est important, il faut aussi savoir accepter de faire évoluer ses habitudes, ses processus. Il est souvent plus rentable de faire évoluer ses exigences que de demander au progiciel de savoir dire « papamaman » !

Face à la demande de son client et à la concurrence, il est difficile à la SSII d'expliquer que la demande est compliquée à satisfaire, de crainte de perdre l'affaire. Néanmoins, il faut être bien conscient que la modification et le développement spécifique apportés devront être reconduits à chaque montée de version ! Est-ce toujours indispensable ? La conduite du projet est donc traditionnelle. Les points de vigilance sont les suivants :

- régler rapidement les problèmes techniques d'intégration pour contribuer à la productivité de l'utilisateur ;

- garantir l'accès au CRM par les commerciaux nomades ; conseiller à un commercial qui n'a pas la bonne qualité de réception de la 3G d'aller déjeuner chez McDo' est assez déplacé ;

- garantir un temps de réponse acceptable, au risque de dissuader le commercial d'utiliser son CRM au quotidien.

Le dernier facteur de réussite consiste à savoir célébrer les succès et à valoriser les résultats tangibles obtenus.

Perspectives

À l'heure où chaque entreprise se trouve à un clic de ses concurrents, où les taux de croissance des marchés apparaissent durablement affaiblis, il convient d'être toujours plus efficace sur la connaissance des marchés, leur segmentation, le ciblage fin de ses prospects, l'adaptation de l'offre à la demande, l'animation des équipes, le suivi des actions commerciales, etc. Dans ce contexte, utiliser les logiciels de CRM dans les entreprises n'est plus une question de mode, mais une question de survie. À l'inverse, croire que le CRM assure seul la croissance du chiffre d'affaires est un danger à éviter : le CRM est un outil, le métier de commercial reste un art !

Le CRM apporte néanmoins à l'entreprise l'outil indispensable pour à la fois avoir une vision globale de son activité et connaître les actions en cours afin de prendre de meilleures décisions, et suivre leurs mises en œuvre. La direction commerciale et la direction marketing se retrouvent autour du CRM pour dépasser leurs clivages archaïques et travailler ensemble, avec les mêmes informations et dans un respect mutuel accru.

Pour le développement commercial, cette évolution est très opportune. Avec les logiciels de CRM, il est encore plus facile de gérer des équipes commerciales distantes pour être présent sur un plus grand nombre de territoires à moindre coût.

Les équipes commerciales deviennent encore plus efficaces, pour autant que l'ombre du « flicage » soit dépassée, et que le CRM soit un outil au service des forces commerciales qui seules font le business et pérennisent le chiffre d'affaires. En effet, pour le commercial qui prend ses fonctions, c'est un confort accru pour donner suite aux plans d'action de son prédécesseur, connaître l'historique des relations, savoir analyser son portefeuille clients et mettre en place sa propre stratégie commerciale, en coordination avec sa hiérarchie. L'informatique découvre avec les équipes commerciales une population qui vit à un rythme effréné et pour laquelle le moindre dysfonctionnement est synonyme de « perte » ! Perte de temps pour l'utilisateur et perte de compétitivité pour l'entreprise. Certaines sociétés proposent un support aux équipes commerciales vingt-quatre heures sur vingt-quatre et sept jours sur sept.

Dès le moindre problème sur un portable (téléphone, micro-ordinateur ou tablette), la procédure consiste à envoyer immédiatement du matériel de remplacement, avant de recevoir et de traiter le dysfonctionnement du matériel incriminé. Souvent, une assistance téléphonique est accessible, auquel cas le technicien de maintenance prend « la main » sur l'ordinateur portable pour un dépannage à distance d'un problème logiciel. Cela illustre bien l'importance de l'équipement des forces de ventes et confirme que le temps du commerce, c'est du temps réel. Par ailleurs, cela oblige l'informatique à mieux connaître le langage du commercial. En effet, ce que communique l'informaticien, c'est ce que comprend l'utilisateur, et réciproquement !

Cette nouvelle façon de travailler apporte son lot de bonnes nouvelles :

- Le CRM est enseigné dans les écoles de commerce.

- Les progiciels de CRM se ressemblent beaucoup, sont relativement intuitifs et donc faciles d'appropriation par les utilisateurs après une formation rapide, voire une autoformation.

- Les technologies informatiques sont matures et même si les évolutions sont permanentes, les bases sont suffisamment fiables pour que les investissements soient réalisés avec un niveau acceptable de risque pour l'entreprise.

En outre, nous pouvons affirmer que plus les entreprises utiliseront des logiciels de CRM, plus les logiciels de CRM seront performants. En effet, les utilisateurs feront évoluer les offres des éditeurs vers de nouvelles fonctionnalités. Par ailleurs, plus les dirigeants commerciaux accéderont aux fonctions de direction générale, plus les entreprises seront performantes !

Conclusion

NÉGOCIER, c'est l'art d'obtenir, grâce à son sens de la persuasion et à celui de l'adaptation, un accord pérenne et profitable aux deux parties, en mobilisant, pour ce faire, une stratégie, des techniques et des tactiques appropriées.

Alors un bon négociateur, est-ce, comme certains l'affirment, une question de « don » (« avoir la fibre commerciale ») ? Ou, au contraire, comme d'autres le certifient, avec une bonne méthode, ce métier, comme tous les autres, s'apprend ? En fait, selon moi trois composantes majeures sont nécessaires :

- Plutôt que de « don » ou de « fibre », je préfère parler de motivation et même de motivation extrême, c'est-à-dire de passion.

> *« Rien de grand ne s'est accompli dans un monde sans passion ».*
>
> G. Hegel

- Passion à laquelle doit être associée une méthodologie.
- Méthodologie qui doit être assortie de beaucoup de travail.

> *« Je crois beaucoup en la chance, et je constate que plus je travaille, plus la chance me sourit ».*
>
> T. Jefferson

Puisse cet ouvrage contribuer à défendre ces valeurs…

ANNEXES

FICHES PRATIQUES

Les atouts clés du négociateur

Atouts	Composantes-méthodes		Dysfonctionnements
L'écoute active	Comportement, état d'esprit → volonté de comprendre, tolérance, patience, intérêt sincère, disponibilité, curiosité. Respect des avis contraires ou différents. Poser des questions, acquiescer, valoriser, demander des précisions. Faire preuve d'empathie. Prendre des notes. Pratiquer la reformulation réciproque.		• *Couper la parole.* • *Poser des questions dont la réponse est induite.* • *Penser, supposer à la place de l'interlocuteur.*
L'expression orale et non-verbale	**La forme** *la voix*	• *Travailler l'intonation (relief).* • *Utiliser les atouts (silence, sourire, respiration).* • *Avoir un rythme adapté et un volume juste.*	• *Le ton monocorde.* • *Le rythme trop rapide.* • *Volume excessif.*
	Le fond *la terminologie*	• *Utiliser le présent (action).* • *Utiliser le futur (implication).* • *Privilégier les verbes d'action.* • *Avoir recours au vocabulaire positif.* • *Utiliser le «nous» (collectif) et le «je» (implication).* • *Utiliser la terminologie adaptée à la typologie de l'interlocuteur.*	• *Usage de l'imparfait.* • *Usage du conditionnel.* • *Usage abusif du «moi».* • *Utilisation du «on».* • *Les mots parasites.* • *Usage de mots affaiblis (peut-être, petit...).*
	Le non-verbal *expression, gestuelle*	• *Occupation de l'espace appropriée.* • *Gestuelle adaptée.* • *Regard franc.* • *Postures synchronisées.*	• *Négociation inconfortable.* • *Incongruence (le geste qui trahit le verbe).*
Tactiques de questionnement	**Questions d'information** Objectifs : méthodologie	• *Obtenir un savoir, collecter des connaissances.* • *Questions ouvertes (→ volume + confort + valorisation).* • *Questions fermées (→ directes, «droit au but»).*	• *Surabondance de questions fermées (= interrogatoire).*
	Questions d'approfondissement Objectif : méthodologie	• *Pour aider à comprendre, pour vérifier, contrôler, valider, pour en savoir plus.* • *Écho, ricochet, miroir, relais, reformulation interrogative.* • *Reformulation inversée – reformulation appui.* • *Reformulation contrôlée – reformulation réservée.* • *Reformulation déductive – reformulation interrogative.*	• *Manque de variété.*

.../...

Atouts	Composantes-méthodes		Dysfonctionnements
	Questions d'orientation Objectif : méthodologie	• *Pour influencer, guider, suggérer.* • *Boomerang, directe, dirigée, rhétorique, indirecte orientée, généralisée, interrogative, diversion, polémique, analogique, à choix multiples, suggestive, alternative positive.*	• *Poser des questions trop tôt dans l'entretien.*
Traitement des objections	Un état d'esprit : un interlocuteur qui objecte = un interlocuteur intéressé. Utiliser une tactique appropriée (environ 30 tactiques). Avoir une méthodologie structurée : • *Repérer l'objection (→ écoute active).* • *Admettre l'objection (→ empathie).* • *Comprendre l'objection (→ questions d'approfondissement).* • *Reformuler l'objection (→ pour valider la compréhension).* • *Isoler l'objection (→ pour anticiper d'éventuelles objections supplémentaires).* • *Traiter l'objection (→ informer, expliquer, démontrer, relativiser, compenser).* • *Contrôler (→ pour obtenir un accord explicite sur le traitement.* • *Pratiquer «l'ancrage».*		• *Être trop réactif.* • *Esquiver, ne pas traiter.* • *Considérer une objection comme un désaccord «personnel».*

Négociation pluri-interlocuteurs

	Le comportement adapté	Les pièges et dysfonctionnements
La négociation face à un groupe	• *Repérer les rôles et les fonctions.* • *Comprendre le processus de décision (signataire, décideur, prescripteurs, utilisateurs influents).* • *Repérer et prendre en compte les typologies.* • *Respecter les différences, voire les divergences.* • *Faire des propositions à options variables.* • *Prendre appui en temps réel sur les « supporteurs ».* • *S'intéresser équitablement et diplomatiquement à chaque interlocuteur.* • *Repérer et s'appuyer sur les attentes communes.*	• *Prendre parti.* • *Vouloir arbitrer les divergences.* • *Sous-estimer (voire ignorer certains interlocuteurs).*
La négociation en binôme	• *Avoir une réelle raison de se déplacer à 2 (ou +).* • *Chacun doit avoir un statut précis, par exemple, titulaire du compte + expert ou titulaire du compte + N + 1.* • *Chacun doit avoir un rôle précis et annoncé dans l'entretien.* • *Nécessite une préparation accrue.*	• *Coupures de parole.* • *Redondance* • *Contradictions* • *Perte de légitimité du titulaire du compte au profit de l'expert ou du N + 1.*

Fiche 2

La dimension humaine de la négociation : motivations et comportements

	Qui	Comment le reconnaître	Comportement adapté
SONCAS : les motivations	SÉCURITÉ	Aime réfléchir, hésite, décisions concertées.	• *Rassurer* (→ *démontrer, garantir, prouver*).
	ORGUEIL	Fier, individualiste, a des certitudes.	• *Valoriser* (→ *impliquer, mettre en valeur*).
	NOUVEAUTÉ	Curieux, recherche le changement et l'originalité.	• *Innover* (→ *être créatif, étonner*).
	CONFORT	Calme, aime ce qui est pratique et fonctionnel.	• *Assister* (→ *faciliter, être disponible*).
	ARGENT	Matérialiste, concret, recherche le gain.	• *Comparer, chiffrer* (→ *démontrer le ROI*).
	SYMPATHIE	Bavard, délicat, convivial.	• *Faire plaisir (→ être chaleureux, convivial, susciter la confiance, prendre son temps).*
Le langage des couleurs : les comportements	ROUGE	Ambitieux, indépendant, énergique, autonome, décisif, goût du défi, direct, exigeant. *Impatient, impulsif.*	• *Être parfaitement preparé.* • *Aller droit au but.* • *Avoir une approche professionnelle.* • *Être assertif.* • *Mettre en relief les résultats.* • *S'occuper de lui exclusivement.*
	JAUNE	Expressif, communicatif, enthousiaste, tonique, amical, positif, démonstratif, goût du jeu. *Désorganisé.*	• *Le laisser parler un moment.* • *Être amical.* • *Être enthousiaste, enjoué.* • *Recentrer (sur l'entretien utile).*
	VERT	Méthodique, modeste, fiable, sens de l'écoute, calme, sens des valeurs, encourageant. *Rythme lent.*	• *Prendre en compte son rythme.* • *Prendre en compte son environnement.* • *Gagner sa confiance.* • *Parler de faits (≠ opinions).* • *Mettre en évidence les valeurs.*
	BLEU	Analytique, soigneux, réservé, réfléchi, formel, attaché aux normes, précis, factuel. *Perfectionniste, pointilleux.*	• *Fournir (beaucoup) d'informations chiffrées.* • *Être précis, rigoureux.* • *Formaliser.* • *Laisser du temps (pour l'analyse).*

Fiche 3

En amont de la négociation, la préparation ; en aval, le suivi

La préparation	
Les bénéfices	• *Prévoir/anticiper : les obstacles, les freins, les solutions possibles.* • *Éviter : la dispersion, les oublis, la perte de temps, les erreurs.* • *Gagner : en aisance donc en efficacité.*
Définir ses objectifs	• *Objectif 1 : optimal* } • *Objectif 2 : réaliste* } *Stratégie de repli.* • *Objectif 3 : minimum* }
Définir son organisation	• *Quel canal ? (Visite, appel, courrier, mail.)* • *Quelle équipe ? (Seul, binôme, ressources.)* • *Quelle logistique ? (Lieu, cadre, horaires, confidentialité.)* • *Quel moment ? (Période propice, moment propice.)*
Mesurer les enjeux	• *Valeur ou poids des conséquences de la négociation.*
Collecter des informations	• *Pour connaître et comprendre (ne pas craindre la surabondance).* • *Objet : voir guide découverte.* • *Sources : historique entreprise, banques de données, presse spécialisée.*
Les composantes de la préparation	• *Construire une grille AIH.* • *Établir un plan de questionnement.* • *Construire son argumentation.* • *Rassembler les preuves et les supports.* • *Anticiper les objections et préparer les réponses appropriées.* • *Identifier les alternatives et les initiatives possibles.*

Le suivi	
Objectif : fidélisation	• *Client fidèle → client bien suivi engagements tenus.*
Respecter les engagements	• *Les avoir consignés.* • *Les transmettre (communication interne).* • *Les contrôler.* • *Les valoriser.* • *Se montrer impliqué et disponible.* • *Entretenir les relations.*

Fiche 4

Le cycle de négociation

Objectifs	Composantes/Méthodes	Comportement adapté	Erreurs courantes à éviter
Mise en situation			
• *Positionner positivement son professionnalisme et l'image de son entreprise.* • *Instaurer un climat de confiance.*	• *Ponctualité* • *Non-verbal positif.* • *Présentations réciproques (entreprises + interlocuteurs).* • *Échange cartes de visite.* • *Gestion du temps.* • *Construction ordre du jour.*	• *État d'esprit positif.* • *Convivialité.*	• *Retard.* • *Présentation trop dense.* • *Mise en situation trop rapide.* • *Inconfort.* • *Monologue.*
Découverte			
• *Valider et actualiser les informations «connues».* • *Découvrir par le questionnement les informations manquantes.*	Plan de découverte : • *L'entreprise : identité, activité, organisation, ressources, objectifs, projets.* • *Son potentiel : situation actuelle, enjeux, situation attendue.*	• *Écoute active.* • *Prise de notes (sélective).* • *Rebonds.* • *Acquiescements.* • *Questions d'approfondissement.*	• *Abus de questions fermées.* • *Déficit de préparation en amont.* • *Découverte exclusivement axée sur les besoins.* • *Les excès : insuffisance ou surabondance.*
Diagnostic			
• *Démontrer la bonne compréhension des attentes, motivations, besoins, insatisfactions, projets.*	• *Sélection des besoins clés.* • *Synthèse.* • *Évaluation.*	• *Esprit de synthèse.* • *Empathie.* • *Reformulation.*	• *Confondre «synthèse» et «répétition».* • *Évoquer des points inintéressants ou accessoires.* • *Oublier des points clés.*
Proposition			
• *Offrir une solution adaptée.*	• *Rebondir sur l'accord suscité par l'évaluation.* • *Énoncer une solution adaptée :* – de façon affirmée, – de façon suggérée.	• *Conviction.* • *Persuasion.* • *Assertivité.*	• *Proposition déconnectée du diagnostic.*

...\...

Argumentation			
• *Démontrer le bien-fondé de la solution proposée.*	• *Pratiquer l'argumentation sélective (≠ exhaustive).* • *Méthodologie :* – reformulation ; – caractéristique à avantages ; – preuves ; – avantages à bénéfices ; – valeur ajoutée (/concurrence) ; – évaluation.	• *Conviction.* • *Persuasion.*	• *Surabondance d'arguments.* • *Répétition d'arguments.* • *Arguments génériques (non reliés à la découverte).* • *Enchaînements d'arguments sans validation explicite d'intérêt.*
Valorisation			
• *Établir la contrepartie financière de l'offre globale.*	• *Choisir le mode de présentation du prix adapté :* – affirmation ; – retrait ; – minimisation ; – amplification ; – analyse. • *Pratiquer l'offre globale.*	• *Équité.* • *« Donnant-Donnant ».* • *Associer rigueur et flexibilité.*	• *Assortir l'annonce de son prix d'une remise.* • *Accepter une remise sans contrepartie.* • *Subir une tactique manipulatoire.*
Conclusion			
• *Engager un accord réciproque et équitable.*	• *Repérer les signaux d'acceptation (verbaux et non verbaux).* • *Résumer les bénéfices acceptés et susciter l'approbation.* • *Inviter à concrétiser par :* – une conclusion directe ; – une conclusion implicite ; – une conclusion alternative. • *Formaliser l'accord.*	• *Langage affirmatif.* • *Assertivité.* • *Conviction.*	• *Conclure trop tard (donc surargumenté).* • *Usage du conditionnel (affaiblissement).* • *Peur du contrat.*
Prise de congé			
• *Confirmer ses engagements.* • *Quitter son interlocuteur sur une image positive et professionnelle.*	• *S'impliquer dans l'application des engagements.* • *Se positionner comme coordinateur-facilitateur.* • *Programmer les actions de suivi.* • *Convenir du RV suivant et de son projet.*	• *Rassurer.* • *Conforter.*	• *Les excès (bavardage inutile ou précipitation).* • *Oublier de convenir du prochain rendez-vous (date, ordre du jour).*

Les calculs commerciaux

Une hausse	Hausse de 2 %	× 1,02
Une remise	Remise de 12 %	× 0,88
Une progression	120 → 180	180/120 = 1,50 = +50 %
	140 → 400	400/140 = 2,85 = +185 %
Une régression	150 → 120	120/150 = 0,80 = −20 %
Le pourcentage d'un ensemble	40 % d'un ensemble de 70	70 × 0,40 = 28
La part d'un ensemble	45 sur un ensemble de 225	45/225 = 0,2 = 20 %
Une marge en %	Par exemple : PA = 480 et PV = 600	PV − PA soit 600 − 480 = 0,2 (20 %) PV 600 = 20 %
Un prix de vente	Par exemple : PA = 480	PA/1 − marge donc 480/1 − 0,2 = 600
Un prix d'achat	Par exemple : PV = 600	PV × (1 − marge) donc 600 × (1 − 0,2) = 480
Un prix TTC	Par exemple : PHT = 300 (TVA à 19,6 %)	PV × 1,196 donc 300 × 1,196 = 358,8
Un prix HT	Par exemple : PTTC = 358,8 (TVA à 19,6 %)	PTTC/1,196 donc 358,8/1,196 = 300
Une TVA	Par exemple : PHT = 746 (TVA à 5,5 %)	PHT × 0,055 donc = 41
	Par exemple : PTTC = 787 (TVA à 5,5 %)	PTTC/1, 055 donc 787/1,055 = 746

Fiche 6

Processus de défense des marges

Si le client...	Le fournisseur doit...
Demande un prix... *Alors, quel est votre meilleur prix?*	**Isoler** *Je vais vous l'indiquer, mais, mis à part le prix, est-ce que mon offre vous intéresse?*
Insiste... *Oui, mais il faut que votre offre soit attractive!*	**Énoncer le prix initial** *Notre solution coûte x €*
Objecte... *Vous n'y pensez pas, c'est beaucoup trop cher!*	**Argumenter** *Je vous rappelle que cette solution vous permet... (par exemple, un retour sur investissement en 13 mois).*
Demande des concessions... *Je ne traiterai pas à un tel prix, il me faut une remise!*	**Résister** *C'est pourtant la juste valeur d'une solution qui répond parfaitement à votre cahier des charges...*
Énonce ses conditions... *Non! Je vous ai dit que je ne traiterai pas cette affaire sans remise, il me faut x %!*	**Refuser** *Ce que vous me demandez là est tout à fait impossible!*
Insiste encore (et trahit son intérêt!) *Écoutez faites un effort!*	**Ancrer** *Si je fais un effort, traiterons-nous cette affaire ensemble?*
Insiste toujours et appâte... *Pourquoi pas? Je vous ai dit que votre solution m'intéresse, mais faites-le!*	**Introduire un préalable** *Seriez-vous prêt à faciliter la mise en service de nos équipements?*
Interroge... *C'est-à-dire?*	**Ouvrir avec contrepartie** *Est-ce que durant la mise en service de notre système, environ une semaine, nous pourrions bénéficier de l'assistance de votre ingénieur système et de votre technicien de maintenance?*
Esquisse un accord... *C'est envisageable, je dois pouvoir vous obtenir cela!*	**Proposer une concession** *Alors dans ce cas je peux prendre en charge le poste Y ce qui optimise votre budget de x €.*
	Conclure *Je fais préparer les contrats en ce sens?*
	N. B.: selon réticences, perpétuer les concessions-contreparties de façon décroissante.

Index

Dépôt légal : septembre 2015
Imprimé en Allemagne par BoD

www.ingramcontent.com/pod-product-compliance
Lightning Source LLC
LaVergne TN
LVHW051217060726
842526LV00013B/2802